elefante

elefante

EDIÇÃO
Tadeu Breda

ASSISTÊNCIA DE EDIÇÃO
Luiza Brandino

PREPARAÇÃO
Fábio Fujita

REVISÃO
Adriana Moreira Pedro

ILUSTRAÇÕES
Aline Bispo

DIREÇÃO DE ARTE
Bianca Oliveira

ASSISTÊNCIA DE ARTE
Yana Parente

DIAGRAMAÇÃO
Daniela Miwa Taira

Rosenilton
Silva de
Oliveira

A cor da fé

“Identidade negra” e religião

Ao Giedson, por me inspirar a nunca desistir.

Agradecimentos

Uma tese, embora tenha um autor, não é feita apenas por uma pessoa: durante a pesquisa são tantas colaborações que é quase impossível creditar todos os que contribuíram direta e indiretamente para a realização do trabalho. Assim, agradeço a todos que me deram suporte ao longo desses anos.

À Fundação de Amparo à Pesquisa do Estado de São Paulo (Fapesp), que financiou este trabalho em todas as suas fases de execução, inclusive o período de estágio de pesquisa em Paris, permitindo que essa experiência fosse convertida num convênio de dupla titulação.

Aos professores e funcionários do Programa de Pós-Graduação em Antropologia Social, do Departamento de Antropologia e do Laboratório em Imagem e Som em Antropologia da Universidade de São Paulo (USP), com especial menção a Mariana Vanzolini (*in memoriam*), que sempre foram solícitos às minhas demandas. Aos funcionários do serviço de pós-graduação da Faculdade de Filosofia, Letras e Ciências Humanas (FFLCH-USP), especialmente a Regina Celi Sant Ana, pelo auxílio no enfrentamento das burocracias para o estabelecimento da convenção de cotutela.

Aos colegas do Centro de Estudos de Religiosidades Contemporâneas e das Culturas Negras (CERNe-USP) e do Laboratório de Antropologia Urbana (NAU-USP), com quem tive o prazer de debater muitos textos, especialmente a leitura generosa que fizeram de versões preliminares de partes deste livro.

Agradeço em especial ao professor Vagner Gonçalves da Silva, que, ao longo desses anos, além de exercer o papel de orientador (discutindo todos os pontos deste trabalho, desde a primeira versão do projeto de pesquisa) e de auxiliar no enfrentamento dos imponderáveis acadêmicos, tornou-se um grande amigo, com quem pude conversar sobre os mais diversos assuntos. Obrigado por sua grande disponibilidade em acompanhar este trabalho. Claro que o ônus pelas lacunas presentes no livro é totalmente meu, pois a rebeldia nos impede de seguir todos os conselhos.

Do outro lado do Atlântico, agradeço aos funcionários do Institut des mondes africains (Imaf), especialmente a Elisabeth Dubois e Carole Craz, pela acolhida e auxílio no processo de integração à "Escola Francesa".

Sou grato em especial a Emmanuelle Kadya Tall, que aceitou coorientar este trabalho e exerceu um papel-chave não só na descoberta de novas perspectivas de análise como também na resolução de um sem-número de entraves burocráticos que envolvem os convênios internacionais.

Às professoras Francirosy Campos Barbosa e Rachel Rua Baptista e ao professor Michel Cahen, agradeço pelas ponderações no relatório de qualificação. Agradeço também aos docentes Silvana de Souza Nascimento, Ricardo Mariano, Jocélio Teles dos Santos, Rémy Bazenguissa-Ganga, Dominique Vidal e José Guilherme Cantor Magnani, que compuseram a banca de avaliação da tese.

Agradeço aos meus interlocutores no campo, cuja partilha foi fundamental para acessar o conjunto de dados que subsidiam a análise apresentada neste texto. Ressalto com especial atenção as colaborações de Egbonmy Conceição Reis d'Ogum; do pastor Marco Davi de Oliveira; dos padres Jurandyr Azevedo, Ari Antônio dos Reis, José Enes de Jesus e Luiz Fernando de Oliveira; de Vera Lúcia Lopes, Pedro

Neto e mãe Liliane d'Oxum; e dos integrantes do Núcleo de Diálogo Católico-Candomblé-Umbanda.

Aos amigos de perto e de longe, daqui e d'além-mar, os quais, de uma forma ou de outra, sempre se fizeram presentes, meu muito obrigado: Giancarlo Machado, Nayara Alvim, Jacqueline Moraes Teixeira (a Jacque!), Priscila Almeida, Felipe Gabriel de Castro Freire Oliveira, Lucas Lopes de Moraes, Cleto Júnior Abreu, Yumei de Isabel Morales Labañino, Guilhermo Aderaldo, Gleicy Silva, Diego Erieudes Araújo, Keri Camargo, Damien Roy, Juliana Cristina Silva, Allison Sanders, Jérôme Berthoud, Lise Tran, Mody Faye, Chiara Brocco, Jean-Baptiste Manga, Kae Amo, Giulio Conti, Valentina Bonuglia, Max Beer, Géraud de Maintenant, Alexane de Maintenant, Louis Delpech e Waldenier Gomes da Silva.

Ao amigo Giedson Oliveira de Lima, sempre presente e, por vezes, renunciando aos seus afazeres para atender às minhas demandas, serei eternamente grato!

À minha mãe, Marinalva, que por seu exemplo me ensinou a nunca desistir. Ao meu pai, Rosalvo (*in memoriam*), às minhas queridas irmãs, Rosangela e Roseilda, e aos meus irmãos, Rondinele e Rosenildo, agradeço, pois, mesmo à distância, não deixaram de zelar por mim.

Enfim, que cada um possa receber em dobro tudo o que me proporcionou.

Ego dico, opera mea regi!

VAGNER GONÇALVES DA SILVA é antropólogo, professor e pesquisador vinculado ao Programa de Pós-Graduação em Antropologia Social da USP, onde coordena o Centro de Estudos de Religiosidades Contemporâneas e das Culturas Negras (CERNe). É autor de *Exu: um deus afro-atlântico no Brasil* (Edusp, 2022), *O antropólogo e sua magia* (Edusp, 2015) e *Orixás da metrópole* (Vozes, 1995), entre outros títulos.

Apresentação

VAGNER GONÇALVES DA SILVA

A fé e suas cores

Nos terreiros, em dia de festa aos orixás, é comum ouvirmos o som dos atabaques e das cantigas que conduzem as danças dos adeptos trajando roupas coloridas, de influência africana. A festa inclui as oferendas dedicadas às divindades: para Obaluaiê, orixá da cura, pipocas; para Oxóssi, orixá da caça e da mata, frutas; para Ogum, orixá da guerra, tubérculos.

Da mesma forma, nas igrejas católicas, em dia de "missa afro", ouviremos cânticos a Olorum acompanhados pelo ritmo dos atabaques anunciando o ofertório. Nesse momento, veremos uma procissão de pessoas, em geral negras, vestidas à moda africana e carregando cestos enquanto dançam e se dirigem ao altar cristão, onde depositam as ofertas de pipocas, frutas e tubérculos.

Por fim, em certas denominações evangélicas, é possível ouvir o pastor negro pregando aos fiéis trechos da Bíblia nos quais destaca a importância dos personagens bíblicos negros para a construção do reino de Deus na Terra, um reino livre de pecados, racismos e preconceitos. Valores negro-africanos estão presentes no avivamento do culto, na dança e na música, entre outras manifestações vistas como africanas e adequadas ao culto de um Jesus tido como uma pessoa não branca.

O que há em comum nesses três cenários? Resposta: símbolos das heranças africanas no Brasil compartilhados pela liturgia de três campos religiosos que nem sempre foram convergentes — o afro-brasileiro, o católico e o evangélico.

E mais: para além das fronteiras dos campos religiosos, a articulação desses símbolos e valores com as demandas dos movimentos político-identitários negros contra o racismo e a favor da promoção da igualdade social e racial. É sobre esses três campos e suas complexas articulações que Rosenilton Silva de Oliveira, antropólogo e professor da Universidade de São Paulo, se debruça com maestria em *A cor da fé: "identidade negra" e religião.*

O livro é resultado de sua tese de doutorado, escolhida pelo comitê interno do Programa de Pós-Graduação em Antropologia Social da USP como a melhor tese do ano (2017) para concorrer ao concurso da Associação Nacional de Pós-Graduação em Ciências Sociais (Anpocs). A pesquisa de doutorado deu continuidade ao trabalho já realizado por ele no mestrado e cujos resultados foram publicados em *Orixás, a manifestação cultural de Deus: uma análise das liturgias católicas "inculturadas"* (Mar de Ideias, 2016).

Unindo, portanto, larga experiência de trabalho de campo com as comunidades católicas, de terreiro e evangélicas a uma análise cuidadosa e atenta aos discursos e práticas de seus interlocutores, Rosenilton nos apresenta uma reflexão aprofundada sobre as disputas simbólicas e políticas em torno das práticas de origem negro-africana no Brasil contemporâneo.

No campo afro-brasileiro, os terreiros, desde suas origens, têm sido instituições privilegiadas de manutenção e dinâmica das tradições africanas em seus vários aspectos. Nesse sentido, tornaram-se epicentros de movimentos de resistência e propagação de políticas identitárias, sobretudo a partir dos anos 1980. Entretanto, esse movimento exigiu que se olhasse para o terreiro não apenas como um espaço de culto (templo) mas também como vetor de "cultura" e gerador de sociabilidades resistentes, tal como são os quilombos. Vistas assim, as comunidades de terreiros passaram a ser classificadas como povos tradicionais de matriz africana, assumindo demandas por reconhecimento da mesma forma que os povos indígenas. Esse processo, chamado de "culturalização", permitiu uma nova abordagem dessas comunidades e uma atuação mais intensa na gestão das políticas públicas do Estado, à qual passaram a integrar em cargos diversos.

No campo católico, por força da pressão dos Agentes de Pastoral Negros e das possibilidades decorrentes da autorização da Igreja católica para incorporar aspectos culturais vernaculares na liturgia da missa, deu-se um processo de "inculturação", cujo exemplo é a "missa afro", na qual vemos a presença de alguns símbolos da religiosidade de terreiro (atabaques, oferendas aos orixás etc.) tidos como marcas dos povos africanos no Brasil. Esse processo reforçaria também a opção da Igreja pelos pobres, entre os quais estaria o rebanho mais excluído da sociedade nacional: a população negra.

Para alguns articuladores do movimento negro evangélico, porém, a "religião mais negra" do Brasil seria a evangélica, pois entre esses fiéis encontraríamos um grande percentual de negros praticantes de fato do cristianismo, ao contrário do que supostamente ocorreria com os negros católicos. Nesse sentido, a articulação entre fé, identidade negra e ação política não deveria ter um paradigma nem no terreiro nem no catolicismo, ainda que nos moldes da Pastoral Afro-Brasileira. O melhor modelo de referência dessa articulação viria então de fora, do protestantismo negro dos Estados Unidos, que ajudou a protagonizar uma luta bem-sucedida pelos direitos civis da população negra naquele país.

Como vemos, a complexidade das narrativas e práticas presentes nesses campos exige uma cuidadosa exegese por parte do analista, que deve a todo momento pôr em perspectiva a fala de seus interlocutores em relação ao contexto de suas enunciações. E esse trabalho exaustivo foi feito com rigor, excelência e acuidade por Rosenilton Silva de Oliveira, que, partindo de seus diálogos com sacerdotes, padres e pastores, e de sua observação e participação em terreiros, missas afro, cultos evangélicos e encontros inter-religiosos, buscou delinear um horizonte de consensos difíceis, em que conceitos aparentemente fixados na literatura acadêmica, como "identidade", "cultura" e "negritude", se tocam para logo desvanecer no ar e anunciar novos desafios impostos continuamente à fé e a suas cores.

REGINA CÉLIA REYES NOVAES é doutora em antropologia social pela Universidade de São Paulo (USP) e professora aposentada da Universidade Federal do Rio de Janeiro (UFRJ). Foi editora da revista *Religião e Sociedade* entre 1995 e 2005. Presidiu o Instituto Superior de Estudos da Religião (Iser), o Instituto Brasileiro de Análises Sociais e Econômicas (Ibase) e o Conselho Nacional de Juventude (Conjuve). É autora de *De corpo e alma: catolicismo, classes sociais e conflitos no campo* (Graphic, 1997) e *Os escolhidos de Deus: pentecostais, trabalhadores e cidadania* (Marco Zero, 1985). É pesquisadora visitante emérita e membro do Comitê Científico da Universidade Federal do Estado do Rio de Janeiro (Unirio).

Prefácio

REGINA CÉLIA REYES NOVAES

Como se sabe, as chamadas "sociedades modernas" se definem como seculares e laicas. Sem dúvida, o mundo ocidental capitalista desejou separar a religião de outras dimensões da vida social, sobretudo da economia e da política. Contudo, no decorrer da história, os pertencimentos e as instituições religiosas não ficaram circunscritos ao âmbito da vida privada. Convivendo com a arte e com a ciência, as religiões não só continuam ofertando um sentido para a existência humana como também se fazem presentes na construção do espaço público.

No cenário internacional, o processo de secularização não atingiu da mesma forma todos os países, todas as classes, todos os grupos sociais, todas as gerações. As experiências de separação entre religião e política se fizeram de diversas maneiras e com diferentes intensidades. Com vários arranjos de poder, as fronteiras entre as motivações religiosas e os interesses políticos tornaram-se móveis e circunstanciais. Nesse sentido, sempre foram e continuam sendo delicadas as relações entre religião e política.

No Brasil, tais relações se tornam mais delicadas em situações em que as categorias de classificação étnico-racial (com seus múltiplos sentidos) entrelaçam símbolos religiosos e causas políticas. Com efeito, neste país de longo passado escravocrata, as fronteiras entre o público e o privado tornam-se porosas quando lideranças religiosas, aproximando-se de movimentos sociais, levam aos organismos governamentais demandas que envolvem reconhecimento cultural, valorização da diversidade religiosa, leis antirracistas e voltadas a programas e ações que garantam equidade racial e social.

É desse complexo jogo de relações que — com a necessária delicadeza — Rosenilton Silva de Oliveira trata neste livro. Seu objetivo é analisar, "com base em três segmentos religiosos (afro-brasileiro, católico e evangélico) o modo pelo qual lideranças religiosas acionam categorias de identificação étnico-racial no diálogo com o poder público e como se desenvolvem ações com vistas à efetivação de políticas públicas voltadas para a população negra no Brasil". Interessa ao autor saber *quando* e *como* tais protagonistas — por meio de seus pertencimentos religiosos — se apresentam no campo político para disputar a legitimidade de contar a história da população negra no Brasil.

Para dar conta dessa empreitada, Rosenilton dialoga com parte significativa da literatura antropológica buscando subsídios para a construção de sua própria abordagem, na qual os conceitos de *cultura*, *etnicidade* e *identidade* não são tomados como camisas de força teóricas nas quais deve se encaixar a realidade estudada. Ao contrário, neste livro tais conceitos são compreendidos em contexto, de maneira relacional, e são ressignificados a partir das apropriações das próprias lideranças religiosas em questão. Em outras palavras, ao autor interessa saber como alguns líderes religiosos trazem para si as questões da cultura e da identidade negra, como as interpretam para lidar com o preconceito e com a discriminação, e como as reivindicam para exigir ações afirmativas.

O suporte empírico para o desenvolvimento das hipóteses e análises do autor foi acumulado através de revisões bibliográficas, pesquisa documental, acompanhamento de redes sociais, entrevistas, observação participante (e boa dose de "participação observante") realizadas em espaços de debate, articulação e tomadas de posição políticas/religiosas nos quais esteve como pesquisador e/ou como palestrante. O resultado é uma abordagem histórica, recortada com sugestivas análises de conjunturas políticas, que oferece um mapa das principais transformações no campo religioso em nosso país. Desse modo, este livro nos ajuda compreender *como* as relações entre Estado e religião se (re)constroem de maneira mútua e constante no Brasil.

Ao apresentar o percurso da "identificação étnico-racial", ora aproximando e ora diferenciando as concepções e expedientes de lideranças dos três principais segmentos religiosos, o autor consegue estabelecer relações, explicitar especificidades e identificar certos paradoxos que caracterizam nossa história. Sem perder o fio condutor de seu objeto de estudo, *A cor da fé* oferece informações sobre o lugar do catolicismo na constituição do campo religioso até chegar nas principais mudanças informadas pelos últimos recenseamentos, que registram a significativa diminuição do número de católicos, o crescimento do número de evangélicos (sobretudo pentecostais) e o aumento daqueles que se declaram "sem religião" mas têm fé e não se consideram ateus ou agnósticos.

Dessa maneira, esta obra nos conduz ao entendimento de como a nação brasileira se conformou identificada com a Igreja católica em sua condição de religião oficial e dominante: santos e devoções católicas fazem parte do calendário oficial dos feriados da nação e se fazem presentes na nomeação de logradouros públicos. No povoamento, a Igreja católica ocupou lugares centrais e mais altos na topografia das cidades, e esteve presente nas ações públicas voltadas para educação, saúde e assistência social. O catolicismo — situado entre o erudito e o popular — atravessou toda a pirâmide social, para além das desigualdades de classes, gêneros e etnias. Escravos foram batizados, assim como devoções e irmandades reuniram negros e negras livres.

Nesse cenário histórico, as religiões de matriz afro-brasileira, inseridas em um "campo religioso de hegemonia católica", ocuparam uma posição subalterna. Não por acaso, uma parcela significativa da população negra combinou crenças, sacramentos e festas católicas com presença e pertencimento aos terreiros de candomblé, umbanda e demais expressões religiosas afro-brasileiras. Famosas "mães de santo" de várias gerações se declaram (e se sentem), em primeiro lugar, católicas e, depois, do candomblé ("sou católica e do povo de santo").

Esse "duplo pertencimento" tem favorecido as estatísticas católicas e, por outro lado, dificultado a avaliação numérica de quantos brasileiros frequentam terreiros e outros espaços de culto das religiões de matriz afro-brasileira. É verdade que se estabeleceu no Brasil uma peculiar modalidade de mútuo pertencimento cultural e religioso (que deve ser compreendida como tal), mas nunca é demais lembrar que a adesão ao catolicismo também funcionou como um expediente para fazer frente aos preconceitos raciais presentes na sociedade (que se via como branca e católica) e como reação às perseguições do poder público às religiões afro-brasileiras no decorrer de nossa história, a exemplo dos fechamentos de terreiros citados pelo autor deste livro.

Ao mesmo tempo, confirmando sua perspectiva relacional, o trabalho de Rosenilton Silva de Oliveira também nos faz refletir sobre mudanças no interior do mundo protestante. De início, os protestantes históricos, que aqui chegaram por migração ou através de missões, não ameaçaram a então estabelecida cultura católica brasileira. Herdeiros da Reforma do século XVI (batistas, presbiterianos, luteranos, metodistas etc.) foram desembarcando aos poucos no Brasil colonial e, com pouca visibilidade e crescimento vagaroso, não ameaçavam a forte identificação entre o catolicismo e a cultura brasileira. Até meados do século passado, ser brasileiro e ser católico parecia uma equação natural.

No entanto, mais tarde, sobretudo a partir da década de 1960, denominações evangélicas pentecostais, com suas ofertas de êxtase religioso e com seu ativismo proselitista, se espalharam pelo Brasil e contribuíram para diminuir as estatísticas do catolicismo no país. Nos anos 1980, os chamados "crentes pentecostais" já tinham chegado em prisões, favelas, conjuntos habitacionais e demais periferias da sociedade, marcadas tanto pela pouca presença da Igreja católica quanto pela presença precária do Estado.

De fato, as denominações pentecostais foram ganhando adeptos sobretudo entre as camadas populares e, por consequência, entre a população negra que frequentava os cultos católicos e, em grande parte, também frequentava os terreiros de maneira constante ou apenas em momentos de aflição. Nessa nova configuração, evidenciou-se a oposição ao culto de santos católicos (visto como evidência de "idolatria") e principalmente a necessidade de combater as religiões de matriz africana.

Incorporando práticas exorcistas, o pentecostalismo à brasileira elevou orixás e entidades afro-brasileiras a uma condição de poderosos demônios contra os quais vale a pena lutar. Isso se tornou justificativa para que grupos adeptos de certas denominações pentecostais atacassem terreiros, imagens, símbolos e até mesmo lojas de produtos afro-brasileiros. No "país do futebol", geralmente caracterizado pelo "jeitinho" conciliador, as ameaças às religiões afro e os conflitos religiosos provocados pelos pentecostais passaram a ser noticiados pela mídia.

No entanto, no mesmo país, simultaneamente desenhava-se outra conjugação de fatores. Influenciados por documentos internacionais (que induziam a uma perspectiva "multicultural") e respondendo a grupos de ativistas (que demandavam direitos humanos e reconhecimento identitário), os governos criaram programas e ações voltados para a valorização da diversidade cultural brasileira, o que colocou em grande destaque a recuperação da "herança africana" e de suas expressões religiosas. Neste livro, Rosenilton analisa também o surgimento de políticas públicas voltadas para o tombamento de terreiros, bem como observa uma mudança no calendário oficial dos feriados, com estabelecimento de dias de celebração da memória afro (como o dia 20 de novembro, data de morte de Zumbi dos Palmares).

Essas conquistas, porém, não eliminam as divergências presentes no tecido social nem fazem cessar as disputas no campo religioso. No passado, como lembra o autor, o fato de "políticos e intelectuais realçarem a mestiçagem como marca distintiva da brasilidade" e elevarem "elementos das religiões (como o samba, a capoeira, a feijoada etc.) à categoria de símbolos nacionais" não impediu as perseguições ao mundo afro empreendidas pela Igreja católica e pelo Estado. No presente, sobretudo a partir da década de 1990, como o autor observa, "à medida que diminui a perseguição por parte do Estado e da Igreja católica às religiões afro-brasileiras, percebe-se um acirramento da violência por parte de alguns pastores e igrejas neopentecostais" que tentam romper com o universo afro-brasileiro demonizando suas práticas e crenças. Nesse novo cenário potencialmente conflituoso, pressionado por diferentes grupos políticos e religiosos, o Estado é levado a reconhecer "oficialmente" a necessidade de combater a "intolerância religiosa".

Chamado para mediar e arbitrar os conflitos entre evangélicos e afro-brasileiros, o poder público oferece a ação de operadores da Justiça e de membros da Comissão de Combate à Intolerância Religiosa. Nesses novos juizados — conquista de movimentos sociais e de militâncias interreligiosas —, as vítimas (no geral afro-brasileiros) buscam retratação moral e reconhecimento de sua identidade religiosa. A empreitada exige que o poder público desenvolva expedientes para lidar com a garantia do direito constitucional de "liberdade religiosa" e, ao mesmo tempo, atue contra outras discriminações, como injúrias raciais e acusações homofóbicas, que geralmente acompanham tais conflitos.

De fato, são delicadas — e tornam-se mais complexas — as relações entre religião, cultura e políticas públicas. Em nosso país, como escreveu Rosenilton, "identidades nacionais e culturais se interpenetram", fazendo com que "a maioria dos símbolos acionados como sinais diacríticos da 'brasilidade' fosse 'inventariada' no universo afrorreligioso". Porém, a despeito de tal reconhecimento cultural e das conquistas em termos de políticas públicas, persistem estereótipos e hierarquias político-religiosas. Em situações de violência, para as forças policiais o primeiro suspeito é sempre o negro e/ou o "macumbeiro".

Ou seja, as religiões afro-brasileiras e seus adeptos continuaram perseguidos por agências de Estado e desvalorizados por setores de outros segmentos religiosos. Nesse sentido, é interessante notar o que acontecia no interior da Igreja católica nas décadas de 1980 e 1990. Como se sabe, a Renovação Carismática Católica não só passou a oferecer rituais com maior efervescência (de certa forma como uma reação espiritual à escalada dos pentecostais) mas também forneceu espaço para que uma parte de seus fiéis manifestasse publicamente sua adesão a pautas levadas adiante por políticos conservadores. Nessa corrente religiosa, de maneira geral, não se desnaturaliza o preconceito racial, não se apoia a demanda por políticas públicas afirmativas nem se reconhece a existência de "intolerância religiosa" no Brasil.

Por outro lado, no interior da Igreja católica, sobretudo inspiradas nos documentos do Concílio Vaticano II, as Comunidades Eclesiais de Base (CEB), propondo unir "fé e política", tornaram-se espaços de reivindicação por acesso à terra, por condições de trabalho, por moradia urbana. Durante os anos do regime militar no Brasil, as CEB e as pastorais católicas tornaram-se berços de formação de lideranças políticas que vieram a atuar em partidos, em movimentos sociais e nas lutas pela redemocratização do país. Nesse mesmo cenário, a valorização de elementos culturais africanos e a denúncia do racismo ganharam lugar e força em certas paróquias e dioceses católicas, em especial na Pastoral Católica Afro-Brasileira, como já ressaltava Rosenilton Silva de Oliveira em pesquisa anterior, realizada com vistas à sua dissertação de mestrado.

Rosenilton detalha também as trajetórias e iniciativas de "agentes-chave no campo 'evangélico'" que assumem a causa racial a partir de suas igrejas históricas, bem como as iniciativas que tiveram lugar no campo afro para combater o que hoje chamamos de "racismo religioso". Tais análises permitem ao autor concluir que, nas últimas décadas, "o campo religioso brasileiro" se tornou "um poderoso 'aqui e agora' a impelir as religiões a também se posicionarem diante da diversidade étnico-cultural de seus fiéis". Ou seja, o poder público tem sido chamado por vozes religiosas para atender a demandas de participação, reconhecimento e distribuição de oportunidades para a população que sofre as consequências do racismo no Brasil.

Dessa maneira, o autor interliga as propostas e ações de lideranças católicas, afro e evangélicas que historicamente vêm acionando categorias de identificação étnico-racial para demandar do poder público ações para a população negra no Brasil. De acordo com sua análise, lideranças de diferentes tradições religiosas encontram semelhanças na estratégia discursiva, legitimam posições, produzem consensos e contribuem para a efetivação de direitos. Mas Rosenilton encontra também as especificidades que distinguem a gramática e a semântica das diferentes expressões religiosas.

No interior do segmentado mundo das religiões afro, os "terreiros" foram ganhando reconhecimento como lócus de expressão da "cultura negra". Seus "modos de ser e fazer" devem ser salvaguardados pelo poder público, pois integram o patrimônio cultural — material e imaterial — do país. Nesse sentido, o tombamento de terreiros tornou-se um item importante das políticas de patrimonialização. "Preservar os terreiros é preservar a cultura brasileira." Por extensão, as demandas de políticas públicas devem assegurar direitos e oportunidades para "comunidades tradicionais", já que também expressam a "cultura negra". Como mostra este livro, aqui a palavra-chave é *cultura*. Somente em momentos de crise as lideranças religiosas afro-brasileiras evocam o poder público para combater a intolerância religiosa.

No que diz respeito ao catolicismo, o autor destaca o esforço intelectual em "ler a fé" de acordo com certos pressupostos raciais ou "culturais" negros ou do ponto de vista das religiões afro-brasileiras. Segundo Rosenilton, "o movimento negro católico já nasce estabelecendo um diálogo muito próximo com os religiosos afro-brasileiros". É por esse caminho que são "inventariados os sinais diacríticos que permitirão tanto a formulação de uma 'identidade negra católica' quanto o desenvolvimento de inovações rituais em direção às 'liturgias inculturadas'". Após reconhecer "o pecado da escravidão", mesmo sem o consenso do clero e dos fiéis, a instituição católica abre espaço para as experiências das "missas afro", com destaque para a famosa Missa dos Quilombos, celebrada na Praça do Recife. Não por acaso a palavra *inculturação* passa a se fazer presente nos debates (e embates) internos da Igreja católica.

Já entre as lideranças evangélicas, a procura de construção de uma "identidade negra" não passa necessariamente pela valorização dos símbolos da "negritude". A militância religioso-política de lideranças evangélicas se dá por meio da busca de personagens negros na história do cristianismo, de uma nova exegese bíblica. A não incorporação de símbolos que remetam à herança africana confirma a tradição evangélica de maior *valorização da palavra bíblica*. Como afirma Rosenilton, age-se com vistas ao combate do "pecado do racismo".

Dessa maneira, mesmo analisando os três segmentos religiosos em capítulos separados, o autor vai estabelecendo os parâmetros de comparabilidade que lhe permitem ressaltar interrelações entre religiões nas diferentes conjunturas políticas e, ao mesmo tempo, demarcar diferenças nas formas de apropriação de rituais e símbolos que compõem o universo da "herança africana".

Mas, se é verdade que lideranças religiosas foram atuantes e se somaram aos movimentos sociais nessa empreitada, nunca é demais lembrar que os personagens e os movimentos mencionados no livro não "representam" a maioria dos adeptos de suas religiões; fazem parte de minorias ativistas que assumem a causa racial e que, para promover mudanças na sociedade, não só precisam pressionar o poder público mas também, continuadamente, disputar espaço no interior de seus próprios universos e instituições religiosas. Resgatando a história, este livro recupera trajetórias de lideranças religiosas precursoras, cujas iniciativas abriram caminho para os acontecimentos posteriores.

Olhando para o passado de cada segmento religioso, *A cor da fé* rememora articulações e personagens que se ocupavam da questão racial quando, em nosso país, pouco se questionava o mito da democracia racial de colaboração das três raças.

Assim, esta obra combate o esquecimento histórico e contribui para a construção da memória de uma importante vertente das lutas antirracistas no Brasil.

Olhando para o presente, o livro nos motiva a refletir sobre o que se passa com as novas gerações de ativistas religiosamente motivados. E, pessoalmente, me motiva a dialogar com minha própria pesquisa. Por um lado, vivendo em outro momento histórico, a atual geração juvenil se movimenta num tempo em que a questão racial ganhou destaque nos governos que sucederam o regime militar e (salvo o interregno entre 2016 e 2022) foi logrando espaço crescente em organismos governamentais. Por outro lado, trata-se de uma geração que se movimenta num tempo em que as mudanças no campo religioso incorporam as novas tecnologias de informação e comunicação que interferem em suas vidas e em seu pertencimento religioso.

No "mundo evangélico", as diferenciações e tensões entre denominações pentecostais e não pentecostais não são as mesmas das décadas passadas. Hoje, em denominações históricas, encontramos alas carismáticas/pentecostais e há maior trânsito religioso interdenominacional. Nos últimos anos, também a crescente presença de "evangélicos" na política borrou fronteiras denominacionais. Políticos vinculados a denominações históricas, pentecostais e neopentecostais, alimentados pelas chamadas pautas morais, têm estimulado a veiculação de uma "identidade evangélica", deixando de lado diferenciações doutrinárias. Nesse contexto, são criadas novas justificativas para a "mistura entre religião e política".

Em contrapartida, as reações a essa apropriação política conservadora da "identidade evangélica" não se restringem, como no passado, às lideranças que pertencem às igrejas históricas. Atualmente a questão racial também atravessa a militância de jovens negros e negras que foram criados em igrejas classificadas como pentecostais ou neopentecostais. Tais jovens, seja enquanto "desigrejados" (categoria nativa), seja como parte de minorias ativistas que, no interior de suas igrejas, disputam a "identidade evangélica", definem-se como antirracistas, são favoráveis à diversidade religiosa e demandam políticas afirmativas. Suas iniciativas integram a realidade presencial e virtual. Um bom exemplo é o movimento Novas Narrativas Evangélicas, hoje presente nas ruas e nas redes.

No que diz respeito ao mundo católico, também é importante destacar que os grupos de jovens são diversos e se identificam com os diferentes espectros ideológicos do campo político. Contudo, entre aqueles que se opõem às correntes conservadoras, a urgência da questão racial tem se tornado um tema aglutinador. Assim como acontece na chamada "cultura de periferia" — que inclui o movimento hip-hop, os saraus, os slams e a literatura impressa —, entre jovens católicos é comum que se entrelacem crenças religiosas e posicionamentos políticos contra o racismo. Em suas postagens, enfatizam as inter-relações entre catolicismo, escravidão e a repressão às religiões afro, o que move seu engajamento no combate ao "racismo religioso", expressão cada vez mais usada em substituição à "intolerância religiosa" para respaldar demandas de políticas públicas que inibam discriminações e violências que, a um só tempo, são religiosas e políticas. Dessa maneira, atuando em espaços de ciberativismo, jovens católicos tornam menos eficazes clássicos expedientes de controle das autoridades religiosas católicas sobre seu rebanho juvenil. Um bom exemplo disso pode ser encontrado no canal Muro Pequeno, no YouTube.

Os jovens vinculados às tradições afro, por sua vez, são herdeiros do legado das políticas de patrimonialização, tão bem descritas nas páginas deste livro. Trata-se de jovens negros que convocam seus orixás africanos para falar sobre "resistência" a um só tempo cultural e religiosa. Em encontros presenciais e/ou por meios digitais, assumem palavras, penteados, indumentárias, adereços e adornos que ocupam a cena e produzem efeitos políticos na composição do espaço público.

Certamente, entre esses jovens afro há diferentes graus de pertencimento religioso. A existência de um pequeno núcleo constantemente ativo que sustenta em torno de si — como se fossem círculos concêntricos — diferentes graus de assiduidade aos cultos não é novidade no mundo das religiões afro-brasileiras. O que parece ser mais recente é um maior questionamento ao chamado "duplo pertencimento" e o abandono de religiões cristãs a partir do engajamento com a causa antirracista. Hoje, na internet, podemos acompanhar os movimentos, os argumentos e as atividades da Juventude de Terreiro ou da Rede de Jovens de Matriz Africana.

É sobretudo em situações de violência contra jovens negros que a juventude ativista dos três segmentos religiosos demonstra a urgência da questão racial no Brasil. Tudo começa na internet. A notícia se dissemina por meio de sites, blogs, canais no YouTube e variadas redes sociais que conectam movimentos sociais e minorias ativistas de jovens católicos, afro e evangélicos. Assim, em uma espécie de experimento ecumênico contextual, expressam indignação comum e reafirmam as demandas de ação do poder público.

Ou seja, a todo o processo bem analisado neste livro somam-se, hoje, as articulações de jovens afro, católicos e evangélicos que atuam, se manifestam e se articulam em redes buscando a implementação de ações públicas que criem constrangimentos à intolerância religiosa e/ou reconheçam os direitos de cidadania de pessoas ou grupos atingidos pelo racismo religioso. E isso renova nossa esperança.

Certamente, os paradoxos apontados por Rosenilton Silva de Oliveira persistem. Hiatos entre o país legal e o país real.

Avanços e retrocessos. Mas não estamos no mesmo lugar. Analisando o que aproxima e o que distancia ativistas afro-brasileiros, católicos e evangélicos que se envolvem com a questão racial, o autor nos oferece um rico painel de negociações e embates políticos que ocorrem dentro, fora e nas margens de diferentes instituições religiosas e cujos efeitos se evidenciam na vida de jovens negros e negras que chegam nas universidades, no mundo da cultura, na cena pública. Ainda é pouco, mas nada será como antes.

Enfim, o livro *A cor da fé* — povoado de personagens e de instituições governamentais, civis e religiosas — nos mostra que as religiões não produzem apenas legitimação da ordem social estabelecida, mas que elas podem produzir também questionamentos e resistência. As religiões são porosas às mudanças históricas da sociedade, e as lideranças religiosas antirracistas aqui apresentadas (cada qual com sua especificidade) contribuem para que, em nosso país, a defesa da laicidade do Estado e a valorização da diversidade religiosa possam ser dois lados da mesma moeda.

Revelando múltiplas dimensões da vida social no Brasil, o trabalho de Rosenilton Silva de Oliveira torna-se uma referência obrigatória para maior compreensão da questão racial e, também, para todos os que se interessam pelas mutantes relações entre religião e política em nosso país.

Introdução

A inspiração para este trabalho provém da pesquisa que desenvolvi durante o mestrado em antropologia na Universidade de São Paulo (USP), quando investiguei o encontro entre o catolicismo e as religiões afro-brasileiras[1] por meio das liturgias católicas "inculturadas". Busquei descrever especificamente os múltiplos contextos e significados que elementos presentes nos ritos afro-brasileiros assumiam nos ritos das missas, casamentos e batizados organizados pela Pastoral Afro-Brasileira.

Ao investigar como os chamados "símbolos da africanidade" eram selecionados no vasto repertório afrorreligioso e incorporados no catolicismo, para além das interpretações clássicas que descrevem esses movimentos como "sincréticos", procurei compreender como se constituía certo *continuum* entre dois universos religiosos: católico e afro-brasileiros (Oliveira, R. S., 2016, p. 249).

Naquele momento, ressaltei a necessidade de expandir o escopo do trabalho a fim de compreender os processos de construção identitária — tema já consagrado pelos estudos religiosos —, mas tendo como campo de observação empírico e teórico a relação que os agentes estabelecem entre as

1 Neste livro, os termos "religiões de matrizes africanas" e "religiões afro-brasileiras" são tomados como sinônimos do ponto de vista analítico. Sem ignorar que carregam sentidos políticos distintos, optamos pelo uso do termo "afro-brasileiro", pois era o modo como aparecia nos discursos dos interlocutores em campo e nos dispositivos legais da época.

esferas da religião propriamente dita e a da ação política, com vistas a interagir tanto no espaço público (políticas públicas) quanto no privado (organização, legitimação e manutenção de seus templos e terreiros). É, portanto, esse o exercício que ora realizo neste texto.

Apresentado inicialmente em 2017 como uma tese de doutorado, no âmbito dos programas de pós-graduação em antropologia social na USP e de etnologia na École de hautes études en sciences sociales (Ehess), na França, este texto incorpora algumas alterações realizadas ao longo dos últimos cinco anos. Após a defesa da tese, alguns capítulos foram revisados e publicados no formato de artigos. Aqui, essas versões foram recuperadas e adensadas com alguns dados etnográficos atualizados.

Estabelecendo o problema, pensando hipóteses

Desde 1745 ocorre em Salvador, na Bahia, a cerimônia da Lavagem do Bonfim. Trata-se de um cortejo afrorreligioso realizado anualmente, em janeiro. Saindo da Igreja de Nossa Senhora da Conceição da Praia, no centro da cidade, os fiéis caminham oito quilômetros até a Colina Sagrada do Bonfim (onde se encontra a igreja homônima). Ali, as escadas e o átrio da igreja são ritualmente lavados, com água perfumada, por mães de santo vestidas com seus trajes típicos de baianas.[2]

2 Os chamados "trajes típicos das baianas" foram classificados pelo Instituto do Patrimônio Histórico e Artístico Nacional (Iphan) como patrimônio imaterial da Bahia. A vestimenta é composta basicamente por anágua, saiote, saia rodada, camisu, pano da costa, torço na cabeça, fios de contas, balangandãs (espécie de colar de contas adornado com um conjunto de insígnias

Do ponto de vista da cosmologia religiosa afro-brasileira, esse evento se inspira num mito: Oxalá, ao visitar o reino de Xangô, é confundido com um ladrão de cavalos e preso injustamente por sete anos. Uma das versões dessa narrativa é descrita por Pierre Verger da seguinte forma:

> Oxalufã decidiu viajar em visita a seu velho amigo Xangô, Rei de Oyó. [...] E continuou corajosamente seu caminho, apoiado em seu apaxorô, até que passou a fronteira do reino de seu amigo Xangô. Logo, Oxalufã viu um cavalo perdido que pertencia a Xangô. Ele conhecia o animal, pois havia sido ele que, há tempos, Xangô lhe oferecera. Oxalufã tentou amansar o cavalo, mostrando-lhe uma espiga de milho, para amarrá-lo e devolvê-lo a Xangô. Neste instante, chegaram correndo os servidores do palácio. [...] Caíram todos sobre Oxalufã, cobrindo-o de pancadas.
>
> Eles o agarraram e arrastaram-no até a prisão. Oxalufã, lembrando-se das recomendações do babalaô, permaneceu quieto e nada disse. Ele não podia queixar-se, mas podia vingar-se. Usou então seus poderes, do fundo da prisão.
>
> Não choveu mais, a colheita estava comprometida, o gado dizimado, as mulheres estéreis, as pessoas eram vitimadas por doenças terríveis. Durante sete anos, o reino de Xangô foi devastado. Xangô, por sua vez, consultou um babalaô, para saber a razão de toda esta desgraça. "Kabiyesi Xangô", respondeu-lhe, "tudo isto é consequência de um ato lastimável. Um velho sofre, injustamente preso há sete anos. Ele nunca se queixou, mas não pense, no entanto... Eis a fonte de todas as desgraças." Xangô fez vir diante dele o tal ancião. "Ah! Mas vejam só!", gritou Xangô. "É você, Oxalufã! Epa Baba! Exe ê! Absurdo! É inacreditável, vergonhoso, imperdoável!... Ah! Você, Oxalufã, na prisão! Epa

religiosas), pulseiras, braceletes e brincos. O tecido pode ser branco ou de alguma cor que faça referência aos orixás.

Baba! Não posso acreditar, e ainda por cima preso por meus próprios servidores! Hei! Todos vocês! [...] Hei! Povo de Oyó! Todos e todas, vesti-vos de branco em respeito ao rei que veste branco! Todos e todas vão buscar água no rio! É preciso lavar Oxalufã! Epa Baba! Epa, Epa! É preciso que ele nos perdoe a ofensa que lhe foi feita!" (Verger, 1985, p. 67-8)

Segundo o Iphan, esse ritual de cortejo e lavagem da igreja ocorre em meio às festividades do Senhor do Bonfim, devoção católica de origem portuguesa introduzida no Brasil durante o período da colonização.

Atualmente essa cerimônia atrai milhares de pessoas (adeptas ou não das religiões afro-brasileiras ou do catolicismo) e já se apresenta como um dos grandes eventos turísticos da capital baiana. Conta, portanto, com a participação de personalidades políticas e afrorreligiosas, além de apresentações artísticas e musicais como a do bloco Filhos de Gandhy.[3]

É sabido, desde longa data, que as relações entre a Igreja católica e os terreiros de candomblé são controversas, e com

3 O bloco Filhos de Gandhy, fundado por estivadores portuários de Salvador no dia 18 de fevereiro de 1949, atualmente é considerado o maior bloco de afoxé do carnaval baiano, com cerca de dez mil membros. "Constituído exclusivamente por homens e inspirado nos princípios de não violência e paz de Mahatma Gandhi, o bloco traz a tradição da religião africana ritmada pelo agogô nos seus cânticos de ijexá na língua iorubá. Utilizam lençóis e toalhas brancos como fantasia, para simbolizar as vestes indianas. Tradicionalmente a 'fantasia' contém, além do turbante e das vestimentas, um perfume de alfazema e colares azuis e brancos. Os colares já são conhecidos tradicionalmente por 'colar dos Filhos de Gandhy', que são oferecidos para os admiradores como forma de lhes desejar paz durante o Carnaval e ao longo do ano. As cores dos colares são um referencial de paz e o afoxé enfoca Oxalá, que é o Orixá maior. O branco e o azul intercalados são o fio de contas do Oxalá menino, o Oxaguiã, [...] correspond[endo]: o branco a Oxalufã, seu pai, e o azul a Ogum, de quem é inseparável; as contas são amuletos da sorte. E cada um usa de acordo com a indumentária, da maneira que achar elegante, não existe quantidade fixa de contas para cada colar, nem quantos colares se deve usar"; ver "Afoxé Filhos de Gandhy", Pelourinho, Salvador, [s.d.]. Disponível em: https://pelourinhodiaenoite.salvador.ba.gov.br/afoxe-filhos-de-gandhy/.

a Festa do Bonfim não é diferente. Ao longo dos anos, a postura do clero católico variou: por vezes foram adotadas medidas mais condescendentes (como a exposição da imagem do Bonfim, no alto de uma sacada, durante a cerimônia da lavagem) ou repressoras[4] (tentando impedir o acesso das pessoas à igreja). Em 2009, entretanto, um fato novo ocorre: a realização de uma cerimônia inter-religiosa na Basílica de Nossa Senhora da Conceição da Praia marcando o início do cortejo. Estavam presentes um padre católico, um pastor evangélico, um representante das religiões afro-brasileiras e um do budismo. O fato foi amplamente noticiado pela mídia, inclusive evangélica.

Em 2013, outro evento inter-religioso abriu os festejos do Bonfim.[5] Na ocasião, participaram o Coral de São Francisco (que fez a abertura), o padre Valson Santos Sandes (vigário da Basílica da Conceição da Praia), Ida Meireles (coordenadora da Organização Brahma Kumaris para a região Nordeste), Marcelo Mariano Cadidé (representante da Federação Espírita da Bahia), Tata Anselmo Santos (sacerdote do terreiro de candomblé angola Mokambo) e o pastor Charleston Soares (da Igreja Batista Avivamento Profético). Além das autoridades religiosas, estavam presentes no culto o prefeito de Salvador, Antonio Carlos Magalhães Neto; o presidente da Câmara Municipal de Vereadores, Paulo Câmara; o presidente da Assembleia Legislativa da Bahia, Marcelo Nilo; o chefe da Casa Civil do estado, Rui Costa; entre outros dirigentes.

Não é novidade que os governos, tanto local quanto estadual, mantenham, de longa data, uma relação estreita com as comunidades afro, e os Festejos do Bonfim são bons exem-

4 Repressoras do ponto de vista daqueles que se sentiram ofendidos com a ação da Igreja, a qual, por sua vez, considerava que agia com legitimidade.
5 "Lavagem do Bonfim começa com culto inter-religioso", *iBahia*, 17 jan. 2013.

plos para pensar essa relação (Santos, 2005). Mas um dos fatores que impulsionaram tanto a realização da cerimônia inter-religiosa quanto a presença oficial de autoridades civis no evento foi a inscrição da festa como patrimônio imaterial nacional pelo Iphan, no ano de 2013. No comunicado sobre o tombamento, o órgão público federal, ao justificar o feito, narra da seguinte forma o festejo:

> A Festa do Senhor do Bonfim, realizada sem interrupção desde o ano de 1745 e que atrai para a capital baiana o maior número de participantes, depois do carnaval, articula duas matrizes religiosas distintas — a católica e a afro-brasileira —, assim como envolve diversas expressões da cultura e da vida social soteropolitana. A Festa do Bonfim, que ocorre desde o século XVIII e possui origem na Idade Média (Península Ibérica), tem fundamento na devoção do Senhor Bom Jesus, ou Cristo Crucificado, está profundamente enraizada no cotidiano da cidade e é elemento importante na constituição da identidade baiana. Embora se recrie a cada ano, seus elementos básicos e estruturantes permaneceram os mesmos, ou seja, a Novena, o Cortejo, a Lavagem, os Ternos de Reis e a Missa Solene. Mais que uma grande manifestação religiosa da Bahia, a celebração é uma referência cultural importante na afirmação da baianidade, além de representar um momento significativo de visibilidade para os diversos grupos constituidores da sociedade soteropolitana. A celebração que integra o calendário litúrgico e o ciclo de Festas de Largo da cidade de Salvador reúne ritos e representações religiosas (além de manifestações profanas e de conteúdo cultural), durante onze dias do mês de janeiro. Os festejos começam um dia após o Dia dos Santos Reis e terminam no segundo domingo depois da Epifania, no Dia do Senhor do Bonfim. Um dos pontos altos da Festa, e que a individualiza no conjunto das Festas de Santo e Festas de Largo da cidade de Salvador, é a Lavagem do Bonfim,

que se segue ao Cortejo de cerca de oito quilômetros, realizada por baianas e filhas de santo, acompanhada por um enorme contingente de moradores, turistas e devotos do Senhor do Bonfim. Os rituais e celebrações da Festa ocorrem em diversos espaços da cidade de Salvador, tendo seu ponto focal na Basílica Santuário Senhor Bom Jesus do Bonfim, na Colina Sagrada, península de Itapagipe. Esta igreja, construída para abrigar a imagem do Senhor do Bonfim trazida de Portugal no século XVIII, é monumento tombado pelo Iphan desde 1938. Como Festa de Largo, incorpora práticas religiosas do catolicismo e do candomblé, associando o culto dos orixás ao culto católico tradicional.[6]

Embora a Lavagem do Bonfim guarde estreita relação com a cosmologia afro-brasileira, seu tombamento como patrimônio nacional se insere no escopo das "festas religiosas católicas", ressaltando-se o fato de que são realizados uma novena, o cortejo e a lavagem. Os aspectos da religiosidade afro-brasileira, embora presentes na descrição do evento, são evocados pelo Iphan como constituidores da identidade brasileira e têm manifestação com grande capacidade de mobilização social. Desse modo, as expressões afro são minimizadas, citadas somente enquanto articuladoras ou representativas de certa "brasilidade". Esse fato ficou mais evidente na cerimônia de entrega do título de Patrimônio Imaterial Nacional à Festa do Bonfim, realizada após uma missa, na catedral da cidade, quando foram agraciados o governador do estado da Bahia, o prefeito soteropolitano, o arcebispo da Arquidiocese de Salvador, o superintendente regional do Iphan, o juiz da secular Irmandade do Nosso

6 "Festa do Senhor do Bonfim, na Bahia, pode receber título de Patrimônio Cultural do Brasil", Iphan, 2013.

Senhor do Bonfim e Nossa Senhora da Guia, mas nenhuma personalidade afrorreligiosa.

Nessa mesma edição da festa, em 2013, a vice-prefeita de Salvador se caracterizou com trajes típicos de baiana para pagar uma "promessa".[7] Além disso, a fala de Olívia Santana, então candidata a vice-prefeita da capital baiana na chapa de Nelson Pelegrino, sintetizou bem essa relação: "Aqui é o lugar para abrirmos os olhos para as manifestações populares e as cobranças do povo. *A fé se encontra com a política*".[8]

Esse quadro complexo em torno de um evento revela como o aspecto "religioso" e o "político" são postos em diálogo no espaço público, e as fronteiras entre público e privado, sagrado e profano, aparecem permeáveis. Do mesmo modo, categorias de classificação étnico-racial são evocadas em seus múltiplos sentidos. O encontro entre a "fé" e a "política" é estabelecido num evento que é "religioso" (afro e/ou "católico", portanto, "sagrado") e turístico (pertencente ao patrimônio cultural imaterial brasileiro, de modo "profano"). Nesse contexto, os conflitos entre a Igreja católica e as religiões afro-brasileiras podem se tornar mais evidentes ou ser minimizados em nome de um pretenso diálogo inter-religioso (Oliveira, R. S., 2016). Cabe notar que os evangélicos, por meio da Igreja batista local, também se fazem presentes, compondo uma cena rica de significados.

A reflexão aqui apresentada se inscreve nesse contexto em que ações e discursos políticos e religiosos se cruzam a partir do "signo da cultura", mais especificamente o da "cultura negra". Assim, o objetivo é investigar de que modo discursos e práticas em torno de políticas públicas voltadas para a população

7 "Lavagem do Bonfim: vice-prefeita cumpre promessa vestida de baiana", *Correio*, 17 jan. 2013.
8 "ACM Neto e outros políticos testam popularidade no Bonfim", *iBahia*, 17 jan. 2013 (grifos nossos).

negra brasileira têm engajado lideranças religiosas (afro-brasileiras, católicas e evangélicas) na definição dessas ações e na formulação de categorias de identificação étnico-racial.

Não há aqui a pretensão de analisar a "religião em si" (suas cosmologias, rituais e liturgias) nem os processos de adesão dos atores a determinado regime de crença, mas sim de investigar como alguns líderes religiosos estabelecem para si a questão da "identidade negra", como a interpretam e lidam com o preconceito, a discriminação e a exigência de ações afirmativas. Dito de outro modo, a reflexão ora apresentada aborda como são elaborados, no interior do campo religioso (nos segmentos aqui selecionados: afro, católico e "evangélico"), termos de identificação étnico-racial e a consequente apropriação de sinais diacríticos constitutivos dessa identidade, os chamados "símbolos da herança africana no Brasil".

As categorias de classificação étnico-racial empregadas pelos sujeitos deste livro ("identidade negra", "cultura negra", "cultura", "tradição" etc.) serão tomadas em seu sentido êmico, cujos significados são revelados somente nos contextos em que são empregados (mesmo que evoquem certas ambiguidades, essencialismos ou sentidos contraditórios), pois aqui não nos interessa saber o que é a "identidade negra" para este ou aquele grupo, e sim como o uso de determinada categoria põe atores em relação, permite estabelecer consensos e produz ações políticas.

Considerando ainda os limites deste trabalho, outros temas que tangenciam essa discussão, como sincretismo e intolerância religiosa, não serão enfrentados diretamente, mas referenciados à medida que se apresentarem como fato relevante nas ações etnografadas.

Religião e identidade étnico-racial

A proposta de entender as articulações entre práticas discursivas religiosas e identitárias implica, necessariamente, uma visão que discuta e amplie o próprio conceito de religião das abordagens clássicas (Durkheim, 2000 [1912]; Weber, 2008 [1904]), nas quais o religioso é considerado quase que em pares de oposição (sagrado/profano), e ritos e cosmologias são tidos como coisas em si. Não se trata aqui de afirmar que a religião faz o indivíduo romper com sua experiência do social, mas de procurar saber por que e de que forma o discurso identitário e o religioso, ambos sociais, precisam sair de suas esferas próprias para expressar valores convergentes. Ao estabelecermos três áreas de práticas religiosas como recorte empírico para observação, o intuito é apresentar as diferentes formas dessas articulações.

Trabalhos como os de Manuela Carneiro da Cunha (1985), Michel Agier (2001), Bruno Latour (2002), Talal Asad (2003), Vagner Gonçalves da Silva (2007; 2011), entre outros, têm demonstrado que o estudo antropológico da religião (ou dos temas relacionados ao "religioso") permite tanto estabelecer problemas mais gerais (que extrapolam o campo do "religioso") quanto compreender fenômenos que, a princípio, não aparentavam ter "feições religiosas". Isso ocorre porque, na esfera pública, as fronteiras entre os domínios são porosas, e é nas relações entre os campos que elas se (re)configuram.

Assim, como apontamos, o problema central deste livro pode ser baseado na seguinte indagação: de que modo concepções religiosas e políticas identitárias de cunho étnico ou racial se articulam diante da disputa, verificada nas duas últimas décadas, pela correlação tida como mais legítima entre conversão religiosa e identidade étnica? Ou seja, tendo como campo empírico práticas discursivas produzidas no Brasil, o objetivo principal é observar de que modo alguns líderes religiosos (afro-brasileiros, católicos e evangélicos) estabelecem a relação entre opção religiosa e "identidade negra" e manipulam essa relação "internamente" ao campo religioso (por meio de ações de proselitismo ou de construções teológicas, como a "teologia negra"), justificando "externamente" aos gestores públicos suas demandas por políticas voltadas aos segmentos religiosos específicos, como os "povos tradicionais de matriz africana".

Embora não esteja no escopo deste livro discutir diretamente essa família de categorias, uma vez que cruzaremos "etnicidade" e "religião" com base em certas concepções nativas, é necessário fazer um sobrevoo para compreender de que modo o tema das identidades étnicas tem sido recentemente abordado pela antropologia.

A partir de uma pesquisa de campo realizada no início dos anos 1980, Manuela Carneiro da Cunha publicou, em 1985, a obra *Negros, estrangeiros: os escravos libertos e sua volta à África* (reeditada em 2012), que analisa o fluxo migratório de africanos e seus descendentes que partem das Américas (sobretudo do Brasil) à África. Tendo como recorte empírico a região de Lagos, na Nigéria, e a comunidade de "retornados" vindos do Brasil, a autora investiga de que modo categorias de identificações étnicas passam pelo pertencimento religioso. Segundo suas observações, africanos e descendentes nascidos no Brasil que adotaram o catolicismo como religião, ao se instalarem na Nigéria, passam a compor a "comunidade dos brasileiros" — e aqui a categoria "brasileiro" não possui conotação de identidade nacional, mas étnica, ao lado de outras como "jeje", "nagô" etc.

É sabido que o fluxo migratório entre a costa brasileira e africana foi intenso mesmo após o término do tráfico de pessoas escravizadas. Operavam-se trocas das mais variadas mercadorias. E, no processo de estabelecimento dos "retornados" e de suas relações com os grupos vizinhos, a língua e a religião (no caso dos "brasileiros", a língua portuguesa e o catolicismo) passam a ser poderosos sinais diacríticos de identidade étnica.

> Etnicidade não é coisa que se recomende no absoluto: em si, não é boa nem má. Mas é um poderoso mobilizador de forças, que pode fortalecer subalternos ou gerar opressões e massacres intoleráveis. Isso posto, a identidade étnica se funda de saída em um paradoxo. Qualquer identidade se assenta na memória, e identidade étnica é a que se assenta, mais especificamente, na memória de uma história compartilhada, real ou putativa. A identidade étnica repousa em algo que se acredita resultar de um processo histórico. Mas a ironia, o paradoxo, é que não há nada mais a-histórico do que a construção dessa história que não olha para fora e para além de si mesma. As circunstâncias em que diferenças são mobilizadas e reconfiguradas acabam obliteradas, e essencializam-se inimizades que passam a ser chamadas "atávicas". (Carneiro da Cunha, 2012, p. 17)

Aqui emergem alguns dos temas debatidos cotidianamente por nossos interlocutores: memória, história e tradição. Acompanhando o argumento de Carneiro da Cunha, entendemos que é na longa duração que tais identidades se estabelecem. Nesse sentido, a história ocupa um lugar importante. Aqui, entendemos história como uma narrativa coletiva sobre si, sobre suas origens.

Antes de refletirmos de que forma o tema da memória é acionado no contexto empírico deste livro (qual seja, o da formulação de políticas públicas voltadas para a população negra brasileira com o consórcio de lideranças religiosas), convém recuar um pouco e pensar nos modos de construção das identidades. A clássica introdução ao *Grupos étnicos e suas fronteiras*, de Fredrik Barth (1995), apresenta uma solução para o aparente paradoxo entre *essência* e *acidente* sobre as identidades étnicas: é na fronteira que os significados são estabelecidos.

A identidade étnica, como bem asseverou Carneiro da Cunha (2012), "não pode ser entendida fora de seu contexto, em um duplo sentido: tem de ser reinserida no seu momento histórico e nas relações estruturadas da sociedade em que se manifesta". Ela corrobora, assim, a máxima sintetizada por Barth (1995) de que as identidades são contextuais, contrastivas e relacionais.

Aqui, é importante chamar a atenção para dois fatores: o caráter essencializante da identidade étnica (uma vez que ele se torna um poderoso recurso de mobilização política, como veremos mais adiante) e as contradições internas. Com relação à diversidade observada no interior dos grupos étnicos, Barth argumenta que "os grupos étnicos são categorias adscritivas e de identificação, que são utilizadas pelos próprios atores e têm, portanto, a característica de organizar a interação entre os indivíduos" (Barth, 1995, p. 10-1). Dito de outra forma,

> os grupos étnicos são, ao contrário, *categorias* adscritivas nativas, que regulam e organizam a interação social dentro e fora do grupo, sobre a base de uma série de contrastes entre o "próximo" e o "distante". Tais contrastes se "ativam" ou não segundo requisitos do contexto. A manutenção das fronteiras da etnicidade não resulta do isolamento, mas da própria inter-relação social: quanto maior a interação, mais potente ou marcado será o limite étnico. Não somente o contato com outros grupos, mas também o vínculo com o ambiente influi para que, em um contexto determinado, se ative ou não uma categoria étnica. [...] Os critérios de reconhecimento podem mudar e, com frequência, o próprio

grupo pode mudar. No entanto, o fato formal da distinção entre membros e não membros subsiste. (Villar, 2004, p. 172)

É diante do outro, portanto, que há um jogo de reconhecimento e estranhamento, entre "nós" e "eles". No caso estudado por Carneiro da Cunha (2012), ser católico entre islâmicos e "animistas", na Lagos do século XIX, era um sinal diacrítico poderoso na definição étnica dos "brasileiros". Veremos que, no caso brasileiro, o pertencimento ao candomblé foi ora acionado, ora rejeitado como elemento constitutivo da "identidade negra".

Se os contextos e as relações permitem fixar identidades, as narrativas ocupam um lugar importante nesse processo, conforme já apontamos, reverberando o que disse Carneiro da Cunha (2009). Podemos falar tanto em invenção de tradições (Hobsbawm & Ranger, 1984) quanto em regimes de historicidade (Hartog, 2003). Em ambos os casos, por razões diversas e caminhos metodológicos distintos, estamos diante dos usos políticos da história (ou ao menos das narrativas sobre si).

Se o peso da "invenção das tradições" pode ser relativizado no caso dos católicos e evangélicos negros, ao acionarem e inventariarem os símbolos da chamada herança africana no Brasil, ao menos há um uso estratégico dessas narrativas. Não é por acaso que os movimentos negros religiosos (afro, católicos e evangélicos) lançam mão de um conjunto de artifícios para "contar a história que não foi contada".

Pensar essas narrativas articuladas pelas lideranças religiosas (em diálogo com o poder público e especialistas) que "(re)contam" o processo da constituição do negro na sociedade brasileira, em termos de regimes de historicidade, parece uma estratégia interessante para fugirmos da acusação, nem sempre velada, de que esses sujeitos manipulam — no sentido depreciativo do termo — os "fatos históricos" com a finalidade de obter vantagens políticas travestidas de direitos.

> Partindo de diversas experiências do tempo, o regime de historicidade almejaria ser uma ferramenta heurística para ajudar a melhor apreender não os tempos, todos os tempos ou todo o tempo, mas principalmente os momentos de crise do tempo. Agora e justamente no momento em que elas perdem a relação evidente do passado, do presente e do futuro. (Hartog, 2003, p. 27)[9]

A ação do movimento negro, sobretudo nos últimos anos, tem continuamente revisitado a história do negro no Brasil, revelando que a cada mudança no sistema político brasileiro os negros têm sido expropriados de seus valores materiais, sociais e religiosos. A atuação decisiva desses agentes tem impactado inclusive a modificação da legislação nacional, cujo caso emblemático é o estabelecimento da obrigatoriedade do ensino de história e cultura afro-brasileiras e indígenas na educação escolar (Oliveira, 2018).

Diante da reabertura democrática após o término da ditadura militar (e da promulgação da nova Constituição Federal em 1988), seria preciso rever a situação dos negros na sociedade brasileira e denunciar tanto as atitudes racistas quanto as ideologias que invisibilizariam seus sofrimentos (como o mito da democracia racial, que supõe a não existência do racismo no Brasil). Revisita-se, pois, mais intensamente a história a partir de conceitos-chave, a fim de lhe atribuir novos sentidos. Assim, por meio do regime de historicidade, compreendemos que uma das condições de possibilidade da reprodução de histórias se dá justamente com base em relações específicas do presente, do passado e do futuro, as quais indicam os tipos de histórias, possíveis ou não (Hartog, 2003, p. 28).

9 Esta e as demais citações de obras estrangeiras foram todas traduzidas pelo autor. [N.E.]

Essa forma de olhar para os eventos históricos evidencia um presente imanente comum à narrativa tanto religiosa quanto mítica. De fato, quando, durante uma missa inculturada afro, se canta: "Foi Olorum quem mandou celebrar nossa história e festejar as vitórias de quem lutando tombou", ou quando os evangélicos apresentam o pregador Agostinho José Pereira como o "Lutero Negro" (precursor do protestantismo no Brasil), ou ainda quando os terreiros de candomblé são cristalizados como "pequenas Áfricas no Brasil", fala-se não apenas de uma ação passada, mas de sua continuidade até o presente. Dada essa perenidade no espaço e no tempo, tais práticas mereceriam hoje ser consideradas como patrimônios.

> Nessa nova configuração, o patrimônio se encontra ligado ao território e à lembrança que operam, tanto uma quanto outra, como vetores de identidade: a palavra-chave dos anos 1980. Mas trata-se menos de uma identidade evidente e certa de si do que de uma identidade sempre inquieta, ameaçada de desaparecer ou já largamente esquecida, obliterada, reprimida: de uma identidade à procura de si mesma, a ser exumada, bricolada ou mesmo inventada. Nessa acepção, o patrimônio não serve para definir menos o que se possui, o que se tem, mas circunscreve o que se é, sem o saber ou mesmo ter podido sabê-lo. O patrimônio se apresenta como um convite à anamnese coletiva. (Hartog, 2003, p. 165)

Nesse sentido, mais do que "inventar tradições", elas são atualizadas na prática por meio de políticas públicas voltadas para a população negra, sobretudo no campo da cultura, a exemplo do tombamento de terreiros e do estabelecimento de dias de celebração da memória afro (como o dia 20 de novembro, data de morte de Zumbi dos Palmares). Agentes afrorreligiosos, em certa medida, apresentam-se na esfera pública também para disputar a legitimidade de contar a história da população negra no Brasil por meio de seus pertencimentos religiosos.

É preciso ter em mente, todavia, que os usos políticos da história não são uma ação exclusiva de minorias no embate por reconhecimento de direitos, pois "a história sempre tem produzido visões sobre o mundo que comportam indissociavelmente um elemento político, cujo uso, consciente ou não, era, de todo modo, inevitável" (Levi, 2001, p. 26). Parafraseando James Clifford, Giovanni Levi reforça que se construiu, ao longo dos anos, uma "autoridade histórica", por meio da retórica de que essa disciplina seria capaz de fazer uma reconstrução fidedigna e isenta dos fatos. O problema está justamente na tomada das interpretações históricas de maneira superficial, como se houvesse uniformidade no mundo e modelos únicos de estar no mundo.

Levi chama atenção para o fato de que há, no campo da história, um movimento de rever determinadas narrativas, evidenciando justamente as diferentes perspectivas e que

> não tem por objetivo reavaliar os monumentos, os personagens ou os períodos, mas desvalorizar o passado. O tema comum foi equalizar, e de forma negativa, as duas partes no conflito [...]. A imagem do passado que renasce não é uma interpretação inversa à primeira, mas um nivelamento de posições, todas vistas como negativas. (Levi, 2001, p. 35)

O revés que tem ocorrido, segundo Levi, é uma instrumentalização da história. O que este trabalho revelou é que há muitas formas de falar sobre o negro brasileiro, assim como também são múltiplas as apropriações dos chamados símbolos da herança africana no Brasil. Os movimentos religiosos, por sua vez, ao estabelecerem um diálogo com o poder público sobre o tema, o fazem seguindo a mesma gramática: a definição de identidades, culturas e patrimônios étnico-raciais, cuja narrativa sobre suas origens e continuidades tem um peso fundamental. Dito de outra forma, na disputa pública em torno da "negritude", religiosos e políticos lançam mão da mesma estratégia discursiva, a fim de legitimar posições e produzir consensos, mesmo que os significados das categorias empregadas possam se apresentar distintos nos variados contextos.

Nesta altura do debate, poderíamos nos perguntar se, ao evidenciarmos o problema da identidade étnico-racial, a fim de compreendermos a relação entre religião e políticas públicas, não estaríamos cedendo a um falso problema ou caindo numa espécie de armadilha da identidade (Agier, 2013).

Com base em etnografias realizadas em países da América, na África e em campos de refugiados na Europa, Michel Agier investiga de que modo "identidades culturais" têm sido formuladas em contextos de conflitos e na promoção de direitos. Isso parte da "condição cosmopolita", ou seja, do pressuposto de que há, atualmente, uma globalização acelerada das conjunturas locais que vem promovendo uma emergência das "culturas identitárias" (Agier, 2001; 2013). O trabalho de Agier (2001), embora considere o caráter situacional, relacional e contrastivo das configurações de identidades, ao interpretar o caso da identidade cultural brasileira e colombiana, reforça certo pragmatismo na ação dos sujeitos. Ou seja, é como se eles agissem somente com vistas à obtenção de direitos perante o Estado. De fato, esse aspecto está presente, pois ajuda a compor o contexto no qual essas identidades são configuradas; entretanto, não se pode tomá-lo como fator principal, como demonstram os já mencionados trabalhos de Manuela Carneiro da Cunha (1985; 2009).

A noção de identidade evocada por Claude Lévi-Strauss, que também é operacionalizada por Agier, parece instaurar o problema em outro lugar. Efetivamente, para o precursor do estruturalismo,

> a identidade é uma espécie de abrigo virtual a que devemos nos referir para explicar um certo número de coisas, as quais, entretanto, jamais possuíram existência real. [...] Essa solução existe apenas como um esforço das ciências humanas em extrapolar tal noção de identidade e verificar que sua existência é puramente teórica: aquela cujo limite não corresponde, na realidade, a nenhuma experiência. (Lévi-Strauss, 1983, p. 332)

Esse "abrigo virtual" compreende um "mínimo de identidade", portanto, é necessário para que possamos falar dos grupos, sendo também acionado pelos próprios sujeitos, ao falarem de si e dos outros. Porém, se no caso da humanidade o "mínimo de identidade" permite a coesão do grupo, ao mesmo tempo que o relaciona à comunidade global (os "humanos"), em se tratando da religião parece haver um "máximo de identidade", em que o excesso de elementos seria justamente o fator que possibilitaria o trânsito dos sujeitos e o diálogo entre os grupos, e, por isso mesmo, os conflitos.

Aqui voltamos ao problema deste livro. Para tentarmos escapar dessa "armadilha", não partiremos de definições *a priori*, seja de identidades étnicas, raciais ou culturais e seus correlatos (tradição, cultura etc.). Do mesmo modo, não entraremos em um debate sobre o que é a religião (ou o religioso) e os processos de conversão. Tendo como pano de fundo essa discussão, acompanhamos a reflexão de Manuela Carneiro da Cunha, de que

> etnicidade pode ser mais bem entendida se vista em situação, como uma forma de organização política: essa perspectiva tem sido muito fecunda e tem levado a considerar a cultura como algo constantemente reelaborado, despojando-se então esse conceito do peso constituinte de que já foi revestido. Mas essa perspectiva acarreta também que a etnicidade não difere, do

> ponto de vista organizatório, de outras formas de definição de grupos, tais como grupos religiosos ou de parentesco. Difere, isto sim, na retórica usada para se demarcar o grupo, nesses casos uma assunção de fé ou de genealogias compartilhadas, enquanto na etnicidade se invocam uma origem e uma cultura comuns. Portanto, não mais que esses outros grupos, a *etnicidade não seria uma categoria analítica, mas uma categoria "nativa", isto é, usada por agentes sociais para os quais ela é relevante,* e creio ter sido um equívoco reificá-la como tem sido feito, destino que, aliás, partilha com outras categorias, nativas como ela. (Carneiro da Cunha, 2009, p. 244, grifos nossos)

Tomaremos, portanto, o conjunto de categorias operacionalizadas pelos agentes como "nativas", cujos significados não estão apartados dos contextos e dos sujeitos que as empregam. Desse modo, importa saber mais como consensos são estabelecidos por meio de discursos, e como práticas ganham significados na esfera pública, colocam atores em relação e promovem a efetivação de direitos. O recurso das aspas nos ajudará a pôr em suspeição esses termos, tal como fez a referida antropóloga ao tratar da noção de *cultura* e *"cultura"*:

> Mas a questão é justamente esta: falar sobre a "invenção da cultura" não é falar sobre cultura, e sim sobre "cultura", o metadiscurso reflexivo sobre a cultura. O que acrescentei aqui é que a coexistência de "cultura" (como recurso e como arma para afirmar identidade, dignidade e poder diante de Estados nacionais ou da comunidade internacional) e cultura (aquela rede invisível na qual estamos suspensos) gera efeitos específicos. (Carneiro da Cunha, 2009, p. 373)

Ao analisarmos o campo das religiões afro-brasileiras por meio do recorte empírico deste livro, percebemos que essa articulação estava na base de sua origem. Identificadas como "religiões africanas" ou "negras", seu caráter racial ou étnico se definiu nos títulos dos primeiros trabalhos etnográficos que as abordaram em fins do século XIX, como em *O animismo fetichista dos negros baianos* (1886), de Nina Rodrigues, ou em meados do século XX, como em *As religiões africanas no Brasil* (1960), de Roger Bastide.

A transformação dessas religiões de origem africana em religiões "afro-brasileiras" expressava uma mudança na base demográfica de seus adeptos (de africanos a mestiços e brancos brasileiros) e na própria natureza de suas divindades. Os outrora "deuses étnicos" (orixás, voduns, inquices etc.) se transformaram em divindades universais, ou seja, a religião se universalizou (Bastide, 2001; Silva, 1995), fazendo do orixá não mais um ancestral totêmico ou clânico, de uma linhagem ou grupo, mas um deus que rompeu a ideia do ventre como forma de passagem de uma herança simbólica. Obviamente, quando isso ocorre, a religião se abre para o mundo e também para disputas pela legitimidade do seu exercício.

> As pessoas, portanto, tendem a viver ao mesmo tempo na "cultura" e na cultura. Analiticamente, porém, essas duas esferas são distintas, já que se baseiam em diferentes princípios de inteligibilidade. A lógica interna da cultura não coincide com a lógica interétnica das "culturas". (Carneiro da Cunha, 2009, p. 359)

Essa transformação foi importante para o próprio desenvolvimento do campo religioso afro-brasileiro, que refletia uma sociedade miscigenada, sendo a umbanda a expressão máxima dessa "síntese", com seu culto aos caboclos (espíritos indígenas), pretos velhos (espíritos dos africanos escravizados) e orixás (deuses africanos associados aos santos católicos dos brancos). Entretanto, a partir dos últimos trinta anos, no bojo de um processo de "dessincretização" (ou descatolização), patrocinado por lideranças baianas,[10] essa articulação entre religião e identidade étnica vem passando por grandes transformações (Silva, V. G., 2011). Os movimentos sociais de afirmação étnica dos anos 1980 também foram importantes por sugerir uma guinada na compreensão dessas religiões, especialmente do candomblé, em direção à sua "reetnicização", e pela legitimidade de determinados grupos raciais ao se apresentarem como guardiões da "herança africana" no Brasil (Santos, 2005).

Por outro lado, com o crescimento no número de fiéis evangélicos, sobretudo entre segmentos populacionais pobres e, portanto, pretos e pardos, essa relação entre identidade negra e religiões afro passa a ser questionada. Igrejas evangélicas, em particular do setor neopentecostal, por exemplo, iniciaram na década de 1970 um processo de demonização de divindades, elementos e valores das religiões afro-brasileiras, inclusive daqueles presentes nos ícones da "identidade nacional", como a capoeira, o Carnaval, o samba etc. (Mariano, 1999; Oro, Steil & Rickli, 2012; Burdick, 1999; Giumbelli, 2001; Silva, 2007). Paradoxalmente, a partir dos anos 1980, surgiram algumas associações de evangélicos negros com um discurso de salvação que leva em conta o pertencimento étnico-racial de seus fiéis, sem, no entanto, ressaltar o que fora tradicionalmente evidenciado como "símbolos da cultura negra".

A postura dos evangélicos, mais uma vez, faz oposição ao catolicismo que, desde os anos 1970, vem empreendendo uma série de ações pastorais cuja liderança (formada por fiéis, padres e bispos) e cujos destinatários são negros. Nesse pro-

10 Josildeth Consorte (2002) analisou o manifesto contra o sincretismo religioso, divulgado por Mãe Stela de Oxóssi (do Ilê Axé Opó Afonjá, em Salvador), em que lideranças de candomblés baianos apelam para o fim do sincretismo afrocatólico presente nas religiões afro-brasileiras e no catolicismo popular.

cesso, destacam-se o surgimento dos Agentes de Pastoral Negros (APN) e, na metade da década de 1980, a oficialização da Pastoral Afro-Brasileira. A relação entre católicos e afros se dá desde as primeiras etnografias realizadas por Nina Rodrigues, muitas das quais realçaram a presença de símbolos religiosos católicos em rituais das religiões afro-brasileiras, a tentativa de "dessincretização", a participação de fiéis católicos e afros de forma conjunta em ambos os sistemas e, mais recentemente, as chamadas liturgias católicas inculturadas (Damasceno, 1990b; Borges, 2001; Sanchis, 2002; Oliveira, R. S., 2016). Neste livro, tais fenômenos são lidos à luz de um diálogo de longa duração entre o catolicismo e as religiões afro-brasileiras, que nas últimas décadas tem assumido novas feições com a criação dos núcleos de diálogo inter-religiosos (como será investigado no segundo capítulo).

Como não se trata de fazer um trabalho sobre religiões afro-brasileiras, protestantismo ou catolicismo em si mesmos, a dificuldade de estabelecer o recorte empírico é contornada justamente porque a religião não será observada via categorias de análise, tais como liturgia, magia, cosmologias etc., e sim a partir do modo pelo qual agentes específicos desses campos se articulam em torno de práticas discursivas sobre identidade étnico-racial e impactam outras esferas.

Partimos do princípio de que os discursos não constituem um campo apartado das práticas sociais que produzem as identidades e os sinais diacríticos da identificação étnico-racial seletivamente construídos; os grupos étnicos serão "vistos como formas de organização de novas e adaptadas identidades ao 'aqui e agora'" (Carneiro da Cunha, 2009, p. 226). O entendimento é de que o campo religioso brasileiro, nas últimas décadas, tem sido um poderoso "aqui e agora" a impelir as religiões a também se posicionarem diante da diversidade étnico-cultural de seus fiéis. Portanto, ao descrevermos os processos discursivos (Asad, 2003) que orientam as práticas desses sujeitos, pretendemos verificar como são produzidos os conceitos em disputa ("identidade negra", "cultura negra", "negritude", "herança africana" etc.), os quais põem em diálogo, na esfera pública, segmentos religiosos distintos. Com isso, não imputamos às categorias investigadas significados *a priori*; queremos, na verdade, compreender seu processo de elaboração.

Esses três segmentos religiosos parecem apontar diferentes formas de diálogo entre religião e "identidade negra". As religiões afro-brasileiras (sobretudo o candomblé) se aproveitam de uma herança dada pela própria constituição do campo e se impõem no espaço público como representantes por excelência da "cultura negra", com o patrocínio de políticas públicas (como tombamento de terreiros, políticas de patrimonialização etc.). O catolicismo, por sua vez, vem se apropriando desses valores religiosos do mundo afro traduzindo-os em seu próprio campo religioso (por meio das liturgias inculturadas), como forma de estender sua mensagem para a comunidade negra. Por fim, os evangélicos se põem no extremo oposto às religiões afro-brasileiras, pois alguns de seus membros tentam romper com o universo afro-brasileiro (demonizando suas práticas e crenças), enquanto outra parcela procura construir uma identidade negra que não passe pela valorização dos símbolos da "negritude".

Entendemos que, atualmente, há um descentramento da identidade, isto é, o indivíduo não pode mais ser identificado por meio de dados apriorísticos ou essencializantes. É por força da globalização que as identidades centradas e "fechadas" são deslocadas e pluralizadas. Dessa forma, a construção da identidade via interação com o grupo de origem não resulta em uma única definição, mas "produz uma variedade de possibilidades e novas posições de identidades [...], [tornando] as identidades mais posicionais, mais políticas, mais plurais e diversas; menos fixas, unificadas ou trans-históricas" (Hall, 2003, p. 87).

Considerando que, no jogo das identidades, estamos "constantemente em negociação, não com um único conjunto de oposições que nos situe sempre na mesma relação com os outros, mas com uma série de posições diferentes" (Hall, 2009, p. 328), as lideranças religiosas em questão disputam a autoridade de legitimar a "identidade negra" a partir de seus pressupostos doutrinários. Dessa forma, os agentes religiosos buscam autoridade para enunciar um discurso tanto na esfera pública, acerca das políticas étnico-raciais, quanto no exercício do proselitismo, uma vez que as religiões também seriam articuladoras na construção da "negritude".

Sujeito e etnicidade, por conseguinte, se constituem de forma simultânea e recíproca, contrariando a preexistência de um sobre o outro. Aqui acompanhamos a interpretação de Sergio Costa, de que novas identidades "são formações discursivas contingentes que permitem que um sujeito se articule e se posicione, conforme as circunstâncias e possibilidades existentes" (Costa, 2006, p. 114). Atrelando essa concepção ao universo religioso, como propõe Vagner Gonçalves da Silva,

> as formas pelas quais essas teologias e práticas [afro, católica e protestante] se relacionam com esses novos agentes sociais e políticos parecem induzir a posicionamentos inusitados sobre o que é sincretismo, mestiçagem, herança africana, cultura brasileira, participação política, justiça social etc. (Silva, V. G., 2011, p. 299)

Retomando um pouco a história, é importante considerar que, no Brasil, particularmente durante o período de consolidação dos estudos acadêmicos das manifestações afrorreligiosas, o debate sobre a "cultura negra" não se estabelecia para além do debate em torno da identidade nacional. Como nota

Maria Isaura Pereira de Queiroz, desde fins do século XIX, intelectuais e políticos estavam engajados na tentativa de firmar uma relação entre o contexto cultural e a identidade nacional brasileira:

> Releva notar que, efetivamente, nos dois períodos históricos brasileiros, a identidade cultural se confundiu sempre com a identidade nacional e até mesmo com o nacionalismo; constituíram realmente sinônimos [...]. A sinonímia indica a enorme diferença na definição de tais conceitos, por parte de cientistas sociais brasileiros e europeus. De fato, para os europeus, a identidade nacional une entre si coletividades culturais que podem ter patrimônios culturais muito diversos; a união é essencialmente política e se faz através de sentimentos comuns de adesão e de devotamento a uma sociedade global. Para os brasileiros, as duas concepções, de identidade cultural e de identidade nacional, se confundem — em sua nação, todas as coletividades étnicas, todos os estratos sociais estão interligados por um patrimônio cultural semelhante e este fato compõe o nacional, algo que se exprime de forma concreta, independentemente de uma conscientização. Os elementos culturais são basicamente os mesmos; a variação que existe é do grau em que cada complexo pesa num ou noutro estrato, numa ou noutra etnia. (Queiroz, 1989, p. 28)

Se as identidades nacionais e culturais se interpenetram, ao menos do ponto de vista desses intelectuais que estão pensando o Brasil no início do século passado, de tal modo que podem ser considerados como sinônimos, é importante ressaltar que a maioria dos símbolos acionados como sinais diacríticos da "brasilidade" foi "inventariada" no universo afrorreligioso. Paradoxalmente, esse movimento não impediu que as religiões afro-brasileiras e seus adeptos fossem perseguidos tanto pelo Estado quanto por outras instituições religiosas.

"A religião mais negra do Brasil": usos dos dados censitários

De acordo com os dados do censo demográfico de 2011, divulgados pelo Instituto Brasileiro de Geografia e Estatística (IBGE), o número total de "evangélicos" corresponde a cerca de 22% da população nacional, ou aproximadamente 42 milhões de pessoas, das quais 53% (cerca de 23 milhões) se autoclassificam como pretas e pardas.

No Gráfico 1, é possível observar a distribuição da população residente segundo os grupos de religião.

Como já é de amplo conhecimento, a Igreja católica detém o maior número de fiéis, mais de 123 milhões (o que representa 64% da população). Se olharmos mais de perto (ver Tabela 1), notamos que, entre os "evangélicos", o maior número de adeptos se encontra na vertente pentecostal, especificamente na Assembleia de Deus, que detém cerca de 60% desse público (ou seja, mais de 12 milhões de adeptos).

Ressaltamos, porém, que é preciso certa cautela com os dados disponibilizados pelo IBGE, pois a metodologia adotada pelo órgão permite um retrato macro da situação nacional sem, no entanto, dar conta das inúmeras particularidades do campo religioso brasileiro. Entre as várias ressalvas, vale destacar: (a) a declaração da pertença religiosa de todos os residentes de um mesmo local pode ser feita por uma única pessoa; (b) às crianças que não podiam declarar sua religião atribuiu-se a mesma da mãe; (c) algumas religiões de grande visibilidade na esfera pública não figuram de maneira específica, mas podem compor categorias como "outras evangélicas de missão", ou "outras igrejas evangélicas de origem pentecostal", ou ainda "evangélica não determinada" (esses três grupos são responsáveis por mais de 14

Gráfico 1 — Distribuição da população brasileira segundo os grupos de religião

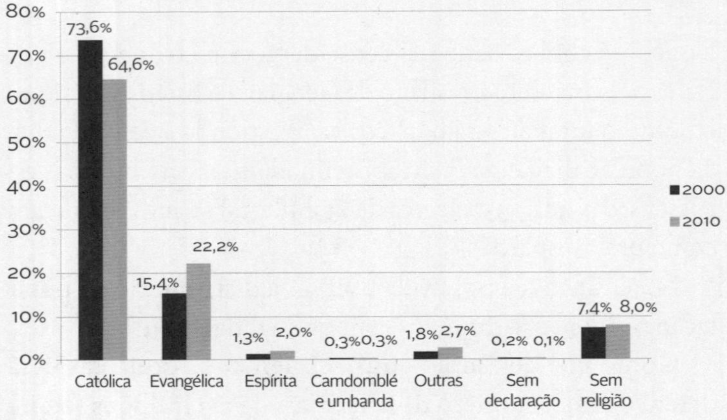

Fonte: IBGE, Censo 2010.

milhões de "evangélicos").[11] De todo modo, apesar dessas observações, é mister ressaltar que o censo demográfico produzido pelo IBGE é o principal instrumento quantitativo que norteia as políticas públicas, pois possibilita um retrato amplo da população nacional, ao mesmo tempo que permite algumas análises baseadas na divulgação dos microdados.

Tendo isso em conta, os dados apresentados neste texto são "bons para pensar" de que modo os agentes (públicos e religiosos) têm se apropriado dessas informações, realizado suas ações e fundamentado alguns discursos na esfera pública. Como veremos a seguir, diuturnamente, resultados do recen-

11 Para mais informações sobre a metodologia utilizada pelo IBGE na coleta de dados do censo demográfico de 2010, é possível consultar a *Sinopse do Censo Demográfico 2010* (IBGE, 2011) e a *Metodologia do Censo Demográfico* (IBGE, 2003). A revista *Comunicações do Iser* dedicou o seu número 69 (de 2014) à análise dos dados sobre religião do censo demográfico de 2010; destacamos o artigo de Menezes (2014).

Tabela 1 — População residente no Brasil segundo os grupos de religião

Grupos de religião	População residente		
	Total	Homens	Mulheres
Católica apostólica romana	123.280.172	61.180.316	62.099.856
Evangélicas de missão	7.686.827	3.409.082	4.277.745
Igreja Evangélica Luterana	999.498	482.382	517.116
Igreja Evangélica Presbiteriana	921.209	405.424	515.785
Igreja Evangélica Metodista	340.938	149.047	191.891
Igreja Evangélica Batista	3.723.853	1.605.823	2.118.029
Igreja Evangélica Congregacional	109.591	48.243	61.348
Igreja Evangélica Adventista	1.561.071	704.376	856.695
Outras Evangélicas de Missão	30.666	13.786	16.880
Evangélicas de origem pentecostal	25.370.484	11.273.195	14.097.289
Igreja Assembleia de Deus	12.314.410	5.586.520	6.727.891
Igreja Congregação Cristã no Brasil	2.289.634	1.060.218	1.229.416
Igreja O Brasil para Cristo	196.665	85.768	110.897
Igreja do Evangelho Quadrangular	1.808.389	774.696	1.033.693
Igreja Universal do Reino de Deus	1.873.243	756.203	1.117.040
Igreja Deus é Amor	845.383	365.250	480.133
Evangélica não determinada	9.218.129	4.100.554	5.117.575
Espírita	3.848.876	1.581.701	2.267.176
Umbanda	407.331	182.119	225.213
Candomblé	167.363	80.733	86.630
Outras declarações de religiosidades afro-brasileiras	14.103	6.636	7.467
Total — População brasileira	**190.755.799**	**93.406.990**	**97.348.809**

Fonte: IBGE, Censo 2010.

Tabela 2 — População residente, por cor/raça, segundo os grupos de religião no Brasil

Grandes grupos de religião	População residente						
	Total	Cor ou raça					
		Branca	Preta	Amarela	Parda	Indígena	Sem declaração
Católica apostólica romana	**123.280.172**	**60.189.864**	**8.348.310**	**1.261.350**	**53.064.179**	**416.201**	**269**
Evangélicas	**42.275.440**	**18.867.446**	**3.461.646**	**413.261**	**19.323.780**	**209.259**	**48**
De missão	7.686.827	3.964.315	533.181	75.877	3.060.776	52.678	-
De origem pentecostal	25.370.484	10.470.009	2.144.552	237.121	12.401.216	117.538	48
Evangélica não determinada	9.218.129	4.433.122	783.912	100.264	3.861.788	39.043	-
Religiões afro-brasileiras	**588.797**	**277.150**	**124.514**	**3.408**	**181.214**	**2.511**	-
Umbanda	407.331	220.526	70.927	2.158	112.435	1.286	-
Candomblé	167.363	50.670	48.849	1.214	65.777	853	-
Outras declarações de religiosidades afro-brasileiras	14.103	5.954	4.739	37	3.002	372	-
Outras religiosidades	**5.185.065**	**2.481.484**	**439.473**	**159.064**	**2.038.402**	**66.642**	-
Sem religião	**15.335.510**	**6.075.781**	**1.698.719**	**224.333**	**7.217.638**	**118.877**	**163**
Total — População brasileira	**190.755.799**	**90.621.281**	**14.351.162**	**2.105.353**	**82.820.452**	**821.501**	**36.051**

Fonte: IBGE, Censo 2010.

Tabela 3 — População residente por cor/raça, segundo os grupos de religião evangélica no Brasil

Grupos de religião	População residente					
	Total	Cor ou raça				
		Branca	Preta	Amarela	Parda	Indígena
Evangélicas de missão	**7.686.827**	**3.964.315**	**533.181**	**75.877**	**3.060.776**	**52.678**
Igreja Evangélica Luterana	999.498	904.636	13.255	3.105	77.077	1.424
Igreja Evangélica Presbiteriana	921.209	531.597	45.375	11.495	327.465	5.277
Igreja Evangélica Metodista	340.938	184.852	27.233	4.114	123.736	1.004
Igreja Evangélica Batista	3.723.853	1.591.525	326.331	39.334	1.731.109	35.554
Igreja Evangélica Congregacional	109.591	58.532	6.271	783	43.926	79
Igreja Evangélica Adventista	1.561.071	671.414	113.464	16.297	750.577	9.319
Outras Evangélicas de Missão	30.666	21.759	1.252	749	6.885	22
Evangélicas de origem pentecostal	**25.370.484**	**10.470.009**	**2.144.552**	**237.121**	**12.401.216**	**117.538**
Igreja Assembleia de Deus	12.314.410	4.584.114	1.047.167	117.688	6.500.792	64.621
Igreja Congregação Cristã no Brasil	2.289.634	1.257.980	130.327	15.823	879.929	5.575
Igreja O Brasil para Cristo	196.665	94.960	14.279	1.664	85.216	547
Igreja do Evangelho Quadrangular	1.808.389	877.080	142.269	15.263	768.412	5.365
Igreja Universal do Reino de Deus	1.873.243	700.669	205.177	19.126	943.248	5.023
Igreja Casa da Benção	125.550	43.312	13.903	1.373	66.652	310
Igreja Deus é Amor	845.383	296.418	81.701	6.962	451.247	9.056
Igreja Maranata	356.021	153.257	26.130	3.272	172.408	953
Evangélica renovada não determinada	23.461	11.353	1.857	201	9.997	53
Comunidade evangélica	180.130	89.688	14.134	1.880	74.103	324
Outras igrejas evangélicas de origem pentecostal	5.267.029	2.320.343	458.182	52.762	2.410.216	25.507
Evangélica não determinada	**9.218.129**	**4.433.122**	**783.912**	**100.264**	**3.861.788**	**39.043**

Fonte: IBGE, Censo 2010.

seamento são evocados como forma de justificar (e por vezes deslegitimar) a presença ou ausência de determinado agente no debate em torno da herança cultural africana. O livro *A religião mais negra do Brasil* (2015), do pastor Marco Davi de Oliveira, é um bom exemplo desse movimento.

Ao observar os dados do censo, Oliveira conclui que a maioria de pretos e pardos que professam uma religião se encontra no segmento evangélico pentecostal. Seu argumento é de que, embora cerca de 61 milhões de negros[12] se declarem católicos (contra aproximadamente 15 milhões de evangélicos pentecostais), "a maioria dos negros que professam o catolicismo não frequenta ativamente a igreja, ao contrário do que acontece com os negros pertencentes a igrejas evangélicas, que participam de forma efetiva de suas comunidades locais" (Oliveira, 2015, p. 18). Ele ainda ressalta que, dos adeptos do candomblé e da umbanda, apenas 297.988 são negros.

À primeira vista, é possível verificar que, de fato, as "igrejas evangélicas de origem pentecostal" detêm o maior percentual de membros pretos e pardos em relação ao número total de fiéis em seu segmento (14.545.768, ou seja, 57,33%), em comparação às igrejas "evangélicas de missão" (3.593.957, ou 46,75%). Contudo, esse quadro se modifica quando observado mais de perto.

Entre os "evangélicos", 29% pertencem às Assembleias de Deus (ou seja, cerca de 12.314.410, num universo de 42.275.440 adeptos), dos quais 61% (7.547.959) se autodeclaram pretos ou pardos. Na comparação com o candomblé, temos 68% de negros (cerca de 114.629 adeptos). Em termos relativos, portanto, o candomblé continua sendo a "religião mais negra do Brasil", extrapolando essa denominação.

12 Para análise dos dados do IBGE, tomaremos a categoria "negro" como o conjunto dos autodeclarados "pretos" e "pardos".

Dizer que a maioria dos negros se encontra nas igrejas evangélicas é uma das possibilidades de interpretar os dados do IBGE, desprezando, por um lado, os números absolutos (nesse caso, os católicos teriam o maior número de fiéis) e relativos (cujo topo do ranking ficaria ainda com o candomblé). Os dados permitem dizer que, no campo religioso "evangélico", os negros estão alocados nas igrejas "evangélicas de origem pentecostal" e, em sua maioria, nas Assembleias de Deus.

Não se trata aqui de contrapor o argumento de Oliveira (2015), mas de demonstrar as diversas formas de apropriação dos dados censitários pelos agentes religiosos. O objetivo do autor não é simplesmente demonstrar qual é a fé da maioria dos negros religiosos, mas chamar a atenção dos evangélicos para a invisibilidade dessa população em seu interior. Essa constatação daria visibilidade para algo mais importante: o fato de os negros estarem optando pelas igrejas evangélicas pentecostais, o que exigiria uma resposta das lideranças (sobretudo das igrejas evangélicas de missão) no combate ao racismo e no acolhimento dessa população. Voltaremos a esse ponto mais adiante; antes, porém, convém retomarmos alguns aspectos da presença evangélica no Brasil.

Caminhos da pesquisa: os dados organizados

A coleta de dados adotada abrangeu três níveis complementares: (i) documental; (ii) observação participante (em campo); e (iii) entrevista e/ou coleta de depoimentos dos agentes observados. Essa metodologia foi proposta a fim de atingir os objetivos específicos deste livro, quais sejam: analisar como alguns líderes religiosos colocam a questão da "identidade negra", como a interpretam e lidam com o preconceito, a discriminação e a exigência de ações afirmativas — por exemplo, por meio de instituições como Aliança de Negras e Negros Evangélicos do Brasil (Anneb), Pastoral Afro-Brasileira e Instituto Nacional da Tradição e Cultura Afro-Brasileira (Intecab) — e refletir como esses atores, em seus contextos, apropriam-se dos chamados símbolos da herança africana no Brasil e quais significados lhes atribuem.

DOCUMENTAL

Para a análise, foram úteis os materiais informativos (panfletos, reportagens, apostilas, sites na internet etc.) produzidos pelos grupos enfocados e apresentados explicitamente ora como sendo de natureza "teológica" (para justificar posturas e instruir os novos membros no interior do campo religioso), ora como frutos de um discurso "científico" (no embate com os poderes públicos e a sociedade civil). É comum que especialistas (tanto das ciências humanas quanto das áreas médicas ou das ciências exatas) sejam convidados para participar da confecção desse material.

A análise que fiz desses materiais, recolhidos durante a pesquisa de campo, não está descolada dos contextos em que foram produzidos, quando foi possível acessá-los. No último ano, por exemplo, tivemos acesso às atas das reuniões do Núcleo de Diálogo Católico-Candomblé-Umbanda (DCCU), formado por religiosos católicos e afro,[13] à Cartilha da Pastoral Afro

13 Neste texto, utilizaremos o termo "afro" para classificar os adeptos das religiões afro-brasileiras; com isso, não marcaremos nenhuma especificação étnica ou racial, mas apenas um coletivo genérico, como denominam os termos "católico" ou "evangélico".

e a inúmeros folhetos informativos e de divulgação das atividades realizadas por entidades católicas, do candomblé e da umbanda.

OBSERVAÇÃO PARTICIPANTE

A pesquisa empírica foi realizada de 2012 a 2016, em três etapas consecutivas, à medida que os contatos com os interlocutores eram adensados: primeiro os afro, seguidos dos católicos e, por fim, os evangélicos. Essa restrição foi motivada, em parte, pela dificuldade de acesso a alguns líderes evangélicos, algo que se revelou providencial para a pesquisa, pois pude acompanhar mais de perto as ações de alguns líderes, enquanto recolhia material secundário produzido pelos evangélicos e mapeava a relação dos interlocutores que se mostravam mais profícuos para o objetivo deste livro. Apesar dessa divisão sistemática, o contato com os três segmentos foi simultâneo durante todo o período de trabalho de campo. Metaforicamente, poderíamos dizer que procedemos a coleta de dados de modo espiralado, conforme boa parte dos dados era colhida durante as várias atividades que acompanhei (congressos, simpósios, cursos de formação, celebrações, cerimônias públicas, manifestações etc.). Esses eventos possibilitaram ainda a realização de entrevistas e o registro de depoimentos dos participantes.

Entre os vários eventos dos quais participei junto aos religiosos afro, destaco a 14ª edição do Alaiandê Xirê: Seminário e Festival Internacional de Alabês, Xicarangomas e Runtós (2013); o Seminário Nacional Multidisciplinar de Diálogo Inter-Religioso contra a Intolerância Religiosa no Brasil (2013); a 7ª edição do evento As Águas de São Paulo; o curso Povos e Comunidades Tradicionais de Matriz Africana, promovido pelo Sesc São Paulo (2015); o 1º Fórum da Fé e Cultura de Tradição Religiosa Africana de Franco da Rocha (2015); e o lançamento do Fórum Inter-Religioso Municipal de São Paulo (2015).

No contexto católico, participei de algumas edições da Romaria do Povo Negro à Aparecida (entre 2012 e 2023) e dos Congressos Nacionais das Entidades Negras Católicas, de reuniões do Núcleo de Diálogo Católico-Candomblé-Umbanda em São Paulo (2009 a 2015), de uma reunião do Grupo de Reflexão do Diálogo Inter-Religioso (Gredir), em Belo Horizonte (2013), bem como de uma série de encontros regionais da Pastoral Afro-Brasileira na Região Metropolitana de São Paulo e de várias missas afro realizadas nas regiões Nordeste, Sudeste e Sul do país e no Distrito Federal.

No caso dos evangélicos, que possuem uma agenda mais incipiente e menos centralizada, tive mais dificuldades em acompanhar os eventos: etnografei apenas uma atividade na Faculdade de Teologia Metodista Livre, em São Paulo (2015). Entretanto, essa dificuldade foi contornada com a participação em diversas comunidades virtuais (entre as quais a comunidade Afrokut e o movimento negro evangélico) e o acesso aos registros (entrevistas, reportagens etc.) das atividades pelos próprios religiosos.

ENTREVISTAS

A participação nesses eventos foi registrada no caderno de campo, em fotos e algumas com gravador digital e em vídeo. Foram agregadas a esse material de campo atas das reuniões, mensagens trocadas por e-mail, postagens nas redes sociais (especialmente no Facebook) e reportagens. Foram realizadas coletas informais de aproximadamente sessenta depoimentos (alguns registrados no caderno de campo e outros em formulário) e quatro entrevistas com roteiro semiestruturado (e que foram gravadas).

O segmento evangélico foi o mais complexo da pesquisa, se forem levados em consideração a dificuldade de inserção no campo e o fato de o movimento negro evangélico ainda estar se constituindo. Diferente dos outros dois universos, em que a relação entre religião, etnicidade e cultura possui longa duração (e há um número razoável de etnografias sobre o tema), entre os "evangélicos" há certa escassez de trabalhos acadêmicos. Minha estratégia, na tentativa de driblar essa dificuldade, foi abordar o tema a partir de dois sujeitos correlatos: as ações inter-religiosas e a presença dos protestantes no debate em torno dos direitos humanos. Ressaltamos que esses dois temas não se constituem como preocupações centrais do livro, mas como a via pela qual foi possível acessar alguns agentes-chave no campo "evangélico".

Ao entrarmos em contato com alguns pastores envolvidos em ações voltadas para a defesa dos direitos humanos (sobretudo das pessoas empobrecidas e/ou socialmente vulneráveis, como aquelas em situação de rua), fomos fixando paulatinamente a nossa atenção naqueles que se têm voltado exclusivamente para o trabalho com a população negra. Nesse aspecto, foi revelador que a maioria das atividades se mostrasse intraeclesia (ou seja, voltada para o próprio campo religioso evangélico), com vistas ao combate do "pecado do racismo".

Convém ressaltar, por fim, que a escolha dos eventos não foi aleatória, tendo obedecido à própria dinâmica do campo religioso, em que atores vão se conectando por caminhos diversos, compondo uma trama complexa de relações que precisa ser decupada em vários níveis.

Optamos por organizar os dados em três capítulos, nos quais analisamos a dinâmica própria de cada segmento (afro, católico e evangélico), destacando os pontos privilegiados de diálogo com os outros grupos religiosos. Nas considerações finais, ensaiaremos uma reflexão diacrônica, na tentativa de compreender como os debates internos reverberam e se articulam na esfera pública. Uma vez que esse movimento é circular e constante, a separação "dentro" e "fora" da "esfera religiosa" é tomada de maneira analítica, pois há gramáticas e semânticas distintas em cada um dos dois universos.

1

O "lócus da cultura negra": de terreiro a território tradicional africano

Terreiros como territórios tradicionais africanos

A Constituição republicana, no final do século XIX, estabeleceu a laicidade do Estado brasileiro e assegurou, do ponto de vista legal, a livre manifestação religiosa no país.[14] Essa medida atendeu aos interesses tanto da classe política, que se viu livre da ingerência direta do clero católico, quanto da própria Igreja — que, inclusive, defendia uma maior independência em relação ao Estado. Por extensão, as igrejas evangélicas e os judeus tiveram a liberdade de se manifestar publicamente, o que provocou, ao longo do século XX, uma reconfiguração do cenário religioso nacional. Mas essa abertura não se estendeu às religiões afro-brasileiras, que continuaram sofrendo perseguições seja do Estado, seja das

14 Após a proclamação da República em 1889, a nova Constituição Federal foi promulgada em 1891; no artigo 72, ela evidencia o caráter laico do Estado por meio de uma educação não confessional e do reconhecimento do casamento civil, da liberdade de culto e da separação entre instituição religiosa e poder civil.

denominações cristãs, as quais tinham na Igreja católica a sua maior expressão. As manifestações afrorreligiosas, aliás, não eram sequer consideradas práticas religiosas.

A perseguição às expressões religiosas de origens africanas se assentava também sobre aspectos culturais. Nesse sentido, vigorava nas ciências sociais nascentes a leitura evolucionista que tendia a dividir e hierarquizar os seres humanos em raças, atribuindo a cada uma delas graus diferentes de "civilidade"; no polo positivo e superior se encontravam as expressões caucasiano-europeias, e, no outro extremo, o universo negro-africano.

Até 1946, a legislação brasileira chegou a materializar o preconceito com relação aos cultos afro-brasileiros no Código de Processo Penal, condenando-os enquanto expressão "mágico-religiosa" (associados a charlatanismo, curandeirismo e exercício ilegal da medicina) e cultural, classificando manifestações como o samba e a capoeira como vadiagem e perturbação da ordem pública (Maggie, 1992). Não foram poucos os casos de profanação dos espaços sagrados, prisão de sacerdotes e cerceamento das cerimônias. Paradoxalmente, nesse período, políticos e intelectuais realçavam a mestiçagem como marca distintiva da brasilidade e elevavam à categoria de símbolos nacionais elementos dessas mesmas religiões (como o samba, a capoeira, a feijoada etc.).

Nesse sentido, é paradigmática a Missão de Pesquisas Folclóricas[15] organizada pelo escritor paulista Mário de Andrade, em que foram captadas expressões culturais e religiosas no interior do país. Mas, para o registro das manifestações de origens africanas (como os candomblés), era necessário obter autorização prévia das autoridades policiais. Ou seja, por um

15 A Missão de Pesquisas Folclóricas foi financiada pelo Departamento de Cultura de São Paulo e realizada entre 1935 e 1938, com o objetivo de registrar manifestações folclóricas nos estados do Norte e do Nordeste do Brasil.

lado, o Estado reconhecia a importância de tais expressões (sobretudo como constitutivas da brasilidade) e, por outro, as repreendia como danosas a essa mesma cultura nacional (Silva, 2013).

Esse cenário começa a mudar com a ação combinada de alguns políticos, intelectuais e religiosos afro, que, em meados dos anos 1960, passam a estabelecer alianças cada vez mais sólidas, cada um deles com interesses distintos. A partir da década de 1970, a aproximação de setores do movimento negro com lideranças das religiões afro-brasileiras permitiu o adensamento das estratégias de combate à discriminação religiosa.

À medida que diminui a perseguição por parte do Estado e da Igreja católica às religiões afro-brasileiras, percebe-se um acirramento da violência por parte de alguns pastores e igrejas neopentecostais. Embora a Constituição de 1988 e a reabertura democrática brasileira, após quase três décadas de ditadura militar, tenham reforçado o direito à livre expressão religiosa no espaço público, também possibilitaram a manifestação de outro fenômeno inesperado: o aumento da intolerância religiosa.

A Igreja católica, nesse novo contexto político-religioso, manteve sua posição historicamente ambígua: enquanto alguns padres e bispos se expressavam publicamente como contrários às religiões afro-brasileiras, o trânsito entre terreiro e Igreja sempre foi intenso. A partir dos anos 1970, a Igreja se aproxima oficialmente dos sacerdotes afro, culminando, hoje, em algumas parcerias institucionais e políticas, como veremos no segundo capítulo.

O aumento vertiginoso da visibilidade dos cultos afro e dos símbolos da herança africana na esfera pública provocou reações em várias instâncias: no campo legal (com a aprovação da Lei nº 7.716/89 — "Lei Caó" —, que regulamentou o crime de intolerância religiosa),[16] intelectual e sobretudo religioso. Dadas a complexidade e a amplitude desse tema, neste texto evidenciaremos apenas o aspecto político, acionando pontualmente alguns elementos do campo legal e a posição de alguns religiosos afro.

Se os católicos e protestantes históricos assumem, de certa forma, uma posição mais respeitosa para com as religiões afro, boa parte dos líderes neopentecostais tende a assumir uma postura mais combativa. Vagner Gonçalves da Silva (2007, p. 10) sintetizou esses ataques:

> (1) no âmbito dos cultos das igrejas neopentecostais e em seus meios de divulgação e proselitismo;
> (2) agressões físicas *in loco* contra terreiros e seus membros;
> (3) ataques às cerimônias religiosas afro-brasileiras realizadas em locais públicos ou aos símbolos dessas religiões existentes em tais espaços;
> (4) ataques a outros símbolos da herança africana no Brasil que tenham alguma relação com as religiões afro-brasileiras;
> (5) ataques decorrentes das alianças entre igrejas e políticos evangélicos;
> (6) reações públicas (políticas e judiciais) dos adeptos das religiões afro-brasileiras.

Se, por um lado, há ataques, por outro, há também reações. E estruturalmente seguem a mesma lógica. Embora não detenham os mesmos aparatos financeiros e midiáticos, os religiosos afro têm reagido, sobretudo acionando o Estado por meio de denúncias no campo jurídico e de alianças com o poder público para o reconhecimento religioso e cultural das expressões afro.

16 Sobre o uso da Lei Caó como ferramenta de combate à intolerância religiosa, ver Bortoleto (2014).

No aspecto jurídico, a liderança afro tem evidenciado dois argumentos principais: intolerância religiosa e racismo. De fato, numericamente, os adeptos das religiões afro-brasileiras são, em sua maioria, negros e das classes sociais C e D, como indica o Censo de 2010.

A partir de 2003, com a ascensão de um governo federal cuja agenda política prioriza as questões sociais, o Brasil começa a passar por uma transformação importante no campo político-social cujos efeitos ainda são difíceis de mensurar. O Partido dos Trabalhadores (PT), que governou o país por treze anos (2003-2016) — e que retomou a gestão federal em 2023 —, conseguiu materializar diversas reinvindicações históricas dos movimentos sociais: a aprovação de políticas de ação afirmativa para as populações negra e indígena, e o combate à fome e à pobreza extrema.

Essa mudança de paradigma governamental é embalada por uma visibilidade cada vez maior dos movimentos reivindicatórios no espaço público. Nesse contexto, os religiosos afro também passam a visibilizar a perseguição que têm sofrido e como a combatem. A realização de seminários e congressos envolvendo religiosos, acadêmicos e representantes do poder público para debater questões que afetam diretamente as comunidades religiosas tem sido cada vez mais frequente, bem como a intensa utilização das redes sociais e a realização de manifestações nas ruas. Neste último caso, dois eventos são significativos para o tema da reflexão que aqui propomos: a Caminhada em Defesa da Liberdade Religiosa (realizada anualmente no Rio de Janeiro, em setembro) e o cortejo As Águas de São Paulo (que normalmente acontece em janeiro, na capital paulista).

Percebe-se ainda a produção e a circularidade de determinados termos que têm norteado a discussão pública sobre intolerância religiosa de modo mais amplo, e mais especificamente do preconceito racial, que atinge os membros das religiões afro-brasileiras.

Do ponto de vista da produção socioantropológica sobre o universo afrorreligioso brasileiro, após atravessarmos uma fase de inspiração culturalista, na qual são ressaltados trabalhos de pesquisadores importantes como Arthur Ramos, encontramos na obra de Roger Bastide (1945; 2001) um adensamento nas interpretações sobre as religiões afro-brasileiras (em especial de seus dois modelos mais conhecidos, candomblé e umbanda, mas não exclusivamente). O trabalho do sociólogo francês estabeleceu um novo paradigma nesse campo de estudos, influenciando uma geração de pesquisadores, apesar das críticas às suas interpretações.

No presente capítulo, analisaremos como se tem dado a presença pública das religiões afro-brasileiras e suas relações com o Estado, por meio das ações de inventário e salvaguarda do patrimônio cultural nacional na atualidade. Nossa hipótese é de que o reconhecimento público dos cultos afro-brasileiros enquanto religiões passa, paradoxalmente, pela valorização de seus espaços de culto, liturgias e cosmologias como expressões "culturais negras", os quais precisam ser preservados por meio de políticas públicas específicas. Dito de outra forma, nas últimas décadas, o movimento negro afrorreligioso tem conseguido articular forças políticas no sentido de estabelecer ações de combate à intolerância religiosa e valorização dos "povos de terreiro". O revés desse quadro é que parece haver um processo de "culturalização" dessas religiões.

Na primeira parte do capítulo, discutimos o processo de patrimonialização das religiões afro-brasileiras, e na segunda analisamos as relações entre terreiro, agentes da academia e do poder público para que se estabeleçam ações de combate à intolerância religiosa e ao racismo contra a população negra.

A partir da década de 1980, com a visibilidade crescente de casos de intolerância religiosa, percebemos aumentar a articulação entre poder público, religiosos e intelectuais. No âmbito patrimonial, por exemplo, um grande movimento em Salvador culminou com o primeiro tombamento de um terreiro de candomblé, o Ilê Axé Iyá Nassô Oká — ou Casa Branca do Engenho Velho — em 1986, pelo Instituto do Patrimônio Histórico e Artístico Nacional (Iphan). Esse fato abriu a possiblidade para a realização de novos tombamentos nas esferas federal, estadual e municipal. Assim, segundo Christine Douxami, "a política do patrimônio imaterial dá uma nova legitimidade ao folclore em geral e, particularmente, ao dos afro-brasileiros, freando os aspectos depreciativos aos quais estavam associados" (Douxami, 2015, p. 78).

Ainda de acordo com Douxami, a política patrimonial brasileira está associada tanto à valorização de aspectos da cultura popular nacional quanto a manifestações culturais dos grupos minoritários, entre as quais as religiões afro-brasileiras. Para compreender como esse quadro é possível, convém fazer um recuo até o início do século XX, quando são lançadas as bases dessa política no contexto brasileiro.

O debate em torno da identidade nacional, que movimentou intelectuais, políticos e artistas no início do século XX, contrapôs duas hipóteses possíveis para a configuração da população: uma que apostava numa visão pessimista da mestiçagem e defendia o "branqueamento" da população por meio do incentivo à imigração de europeus (política que foi adotada até a falência das teorias racistas sobre a configuração dos seres humanos); e outra que investia na positivação da mistura, cujo grande representante é Gilberto Freyre.

O movimento modernista (que teve seu ponto alto na Semana de Arte Moderna de 1922) e a realização da Missão de Pesquisas Folclóricas (1932-1938) contribuíram para estabelecer a "brasilidade" como uma mistura de raças, cores e sabores. Tal perspectiva implicou uma série de ações políticas que, por um lado, enalteceu elementos das comunidades negras brasileiras (consideradas representativas da identidade nacional) e, por outro, significou a invisibilização dessa mesma população, cristalizando o que atualmente é chamado de "mito da democracia racial". Ou seja, o Brasil seria um país onde os grupos convivem harmoniosamente sem nenhum tipo de atitude racista.

Essas formulações impactaram sobremaneira a política patrimonial nacional, de tal forma que os marcos legais estabelecidos nesse período continuam reverberando nas ações de inventário e salvaguarda dos bens que são realizadas atualmente.[17] Em 1937, Getulio Vargas, por meio do Decreto-Lei nº 25, estabeleceu a salvaguarda do patrimônio artístico e cultural nacional brasileiro; no mesmo ano, foi criado o Serviço de Patrimônio Histórico e Artístico Nacional (SPHAN), que, em 1938, já havia tombado 292 bens, a maior parte composta de igrejas barrocas do século XVIII. Com exceção das cidades mineiras de Diamantina, Mariana, São João del-Rei, Serro, Tiradentes e Ouro Preto, os bens tombados eram todos individuais. "Isso demonstra a importância dada ao barroco por aqueles que integravam a cena patrimonial e que, procurando criar um repertório que pudesse definir 'a cultura nacional', privilegiaram o universo simbólico das elites brasileiras" (Capone & Morais, 2015, p. 8).

17 A coletânea organizada por Stefania Capone e Mariana Morais (2015) apresenta uma síntese desse processo.

Já destacamos anteriormente as ambiguidades desse processo de reconhecimento do patrimônio afro-brasileiro. Se, por um lado, os símbolos da brasilidade eram inventariados no seio das comunidades afrorreligiosas (como samba, Carnaval, capoeira, feijoada, maracatus etc.), seus produtores e seus espaços de culto não eram preservados; na verdade, sofriam intensa perseguição policial. Além do acervo da Missão de Pesquisas Folclóricas, havia a Coleção de Magia Negra (conservada no Museu da Polícia Civil, no Rio de Janeiro), composta de itens recolhidos de terreiros de candomblé durante ações violentas de agentes públicos.[18]

Na década de 1960, o SPHAN é transformado em Diretoria do Patrimônio Histórico e Artístico Nacional (DPHAN) e se associa à Organização das Nações Unidas para a Educação, a Ciência e a Cultura (Unesco), que abre seu escritório no Brasil em 1964. Essa aproximação entre os dois órgãos visa desenvolver uma política patrimonial ligada ao turismo, tendo o barroco como carro-chefe (Capone & Morais, 2015).

Durante o período da ditadura militar, o caráter "miscigenado" e diverso do patrimônio sofre alguns abalos:

> O Estado começou a estimular a cultura como uma forma de integração sob seu controle. A ditadura militar reagia com violência contra tudo aquilo que expressava divergência com a política econômica, social e política adotada pelo regime. A censura

18 Apenas em março de 2023 o Iphan renomeou a coleção, que hoje se chama Acervo Nosso Sagrado. Com mais de quinhentos objetos de religiões de matriz afro-brasileira, o acervo foi tombado em 1938, mas durante muito tempo ficou relegado ao esquecimento: "Por muitos anos, a referência oficial a essa coleção *sui generis* não apareceu listada nos documentos que arrolavam os bens e valores culturais móveis e imóveis tombados pelo Serviço do Patrimônio Nacional; simplesmente era ocultada dessas listas informativas" (Alexandre Fernandes Corrêa, "A Coleção Museu de Magia Negra do Rio de Janeiro: o primeiro patrimônio etnográfico do Brasil", *Mneme*, v. 7, n. 8, out.-nov. 2005, p. 408). [N.E.]

> exercida tornou impossível a emergência de certos tipos de obras artísticas, sobretudo com o forte controle à imprensa estudantil. (Capone & Morais, 2015, p. 10)

Na década de 1980, com o declínio do sistema ditatorial e o aumento do movimento pela abertura democrática, a noção de patrimônio também é transformada. Antropólogos passam a debater questões relacionadas ao patrimônio, produzindo um alargamento do conceito de cultura (que assume uma acepção antropológica), culminando com a inclusão, na noção de "patrimônio cultural", "das práticas, representações, expressões e conhecimentos dos diversos grupos sociais" (Capone & Morais, 2015, p. 13), proposta que, aliás, já constava no pré-projeto de Mário de Andrade, apresentado em 1936. Essas reinvindicações são cristalizadas na nova Constituição Federal de 1988 e em suas emendas, que definem, nos artigos 215 e 216, a necessidade de inventário e salvaguarda do patrimônio cultural nacional e incluem, no rol dos bens a serem protegidos, aqueles associados às expressões indígenas e afro-brasileiras:

> Art. 215. O Estado garantirá a todos o pleno exercício dos direitos culturais e acesso às fontes da cultura nacional, e apoiará e incentivará a valorização e a difusão das manifestações culturais.
>
> § 10 O Estado protegerá as manifestações das culturas populares, indígenas e afro-brasileiras, e das de outros grupos participantes do processo civilizatório nacional.
>
> § 20 A lei disporá sobre a fixação de datas comemorativas de alta significação para os diferentes segmentos étnicos nacionais.
>
> § 30 A lei estabelecerá o Plano Nacional de Cultura, de duração plurianual, visando ao desenvolvimento cultural do País e à integração das ações do poder público que conduzem à:
>
> I – defesa e valorização do patrimônio cultural brasileiro;
>
> II – produção, promoção e difusão de bens culturais;

> III – formação de pessoal qualificado para a gestão da cultura em suas múltiplas dimensões;
> IV – democratização do acesso aos bens de cultura;
> V – valorização da diversidade étnica e regional.
> Art. 216. Constituem patrimônio cultural brasileiro os bens de natureza material e imaterial, tomados individualmente ou em conjunto, portadores de referência à identidade, à ação, à memória dos diferentes grupos formadores da sociedade brasileira, nos quais se incluem:
> I – as formas de expressão;
> II – os modos de criar, fazer e viver;
> III – as criações científicas, artísticas e tecnológicas;
> IV – as obras, objetos, documentos, edificações e demais espaços destinados às manifestações artístico-culturais;
> V – os conjuntos urbanos e sítios de valor histórico, paisagístico, artístico, arqueológico, paleontológico, ecológico e científico.

Atualmente, cabe ao Iphan, órgão que substituiu o DPHAN, proceder ao registro dos bens culturais na esfera federal; estados e municípios possuem seus organismos próprios. Essa mudança na legislação — que, como pontuamos, reflete uma transformação no modo de pensar as expressões culturais no Brasil — possibilitou o tombamento de terreiros de candomblé em todo o país. E é importante destacar o debate interno sobre o tipo de tombamento realizado.

O já citado Decreto-Lei nº 25, de 1937, ainda é a base legal que orienta as políticas de tombamento em âmbito nacional. O artigo 1º define o patrimônio histórico e artístico nacional como o "conjunto de bens móveis e imóveis existentes no país e cuja conservação é de interesse público, quer por sua vinculação a fatos memoráveis da história do Brasil, quer por seu excepcional valor arqueológico ou etnográfico, bibliográfico ou artístico". O Iphan, ao incorporar os princípios preconizados na Constituição Federal citados acima, define que os bens de natureza material podem ser "imóveis como as cidades históricas, sítios arqueológicos e paisagísticos e bens individuais; ou móveis, como coleções arqueológicas, acervos museológicos, documentais, bibliográficos, arquivísticos, videográficos, fotográficos e cinematográficos".[19]

A essa conceituação, acrescentou-se a definição de bens imateriais proposta pela Unesco, ratificada pelo Brasil em 2006:

> As práticas, representações, expressões, conhecimentos e técnicas — com os instrumentos, objetos, artefatos e lugares culturais que lhes são associados — que as comunidades, os grupos e, em alguns casos, os indivíduos reconhecem como parte integrante de seu patrimônio cultural.[20]

Nessa distinção entre patrimônio material e imaterial, notamos uma disputa que vai além de um jogo de palavras, envolvendo a forma como esses espaços são percebidos (ou, em alguns casos, estrategicamente alocados de acordo com a legislação em vigor).

Num determinado contexto histórico-político, o reconhecimento como patrimônio material permitiu a preservação dos espaços físicos, mas não deu conta de estabelecer uma defesa contra a violência simbólica, sobretudo nas formas do preconceito e da intolerância religiosa. O Axé Ilê Oba, por exemplo, estava sendo ameaçado de demolição para viabilizar a construção de uma rodovia. Tombada como sítio arqueológico em 1990 pelo Conselho de Defesa do Patrimônio Histórico, Arqueológico, Artístico e Turístico (Condephaat), órgão da Secretaria de Cul-

19 "Patrimônio material", Iphan, [s.d.]. Disponível em: http://portal.iphan.gov.br/pagina/detalhes/276.

20 "Patrimônio imaterial", Iphan, [s.d.]. Disponível em: https://www.gov.br/iphan/pt-br/patrimonio-cultural/patrimonio-imaterial.

Quadro 1 — Relação dos terreiros inventariados pelo Iphan

Localização		Informações sobre o bem		
UF	**Município**	**Nome do bem**	**Situação**	**Ano de abertura da inscrição no livro do tombo**
MA	São Luís	Terreiro Casa das Minas Jeje	Tombado	2000
BA	Salvador	Terreiro da Casa Branca	Tombado	1982
BA	Salvador	Terreiro de Candomblé do Bate Folha	Tombado	2001
BA	Salvador	Terreiro de Candomblé Ilê Axé Oxumarê	Tombado	2002
BA	Salvador	Terreiro de Candomblé Ilê Iyá Omim Axé Iyamassé	Tombado	2000
BA	Salvador	Terreiro do Alaketo — Ilê Maroiá Láji	Tombado	2001
BA	Salvador	Terreiro do Axé Opô Afonjá	Tombado	1998
BA	Cachoeira	Terreiro Zogbodo Male Bogun Seja Unde (Roça do Ventura)	Tombado	2011
BA	Itaparica	Terreiro Culto aos Ancestrais — Omo Ilê Agbôulá	Tombado	2002
BA	Guanambi	Terreiro de Aché Ilê Cicôngo Roxo Mucumbe de H'anzambi	Instrução	2014
BA	São Félix	Terreiro de Candomblé do Cajá (Fazenda Capivari)	Instrução	2008
BA	Salvador	Terreiro do Ilê Aché Iba Ogum	Instrução	2000
BA	Lauro de Freitas	Terreiro do Ilê Axé Opô Ajagunã	Instrução	2000
GO	Valparaíso	Terreiro Ilê Axé Opô Afonjá — Ilê Oxum	Instrução	2011
BA	Salvador	Terreiro Mokambo — Onzó Nguzo Za Nkisi Dandalunda Ye Tempo	Instrução	2005
BA	Lençóis	Terreiro Palácio de Ogum	Instrução	2007
BA	Salvador	Terreiro Tumba Junsara da Nação Angola	Tombado	2004
BA	Cachoeira	Terreiro Viva Deus — Asepò Erán Opé Olùwa	Instrução	2016
RJ	Nova Iguaçu	Terreiro de Candomblé Asé Nassó Oká Ilê Osun	Instrução	2006
RJ	Duque de Caxias	Terreiro Santo Antônio dos Pobres — Ilê Ogum Megegê Asé Barulepé	Instrução	2006
PE	Recife	Terreiro Obá Ogunté (Sítio Pai Adão)	Tombado	2009
RJ	Belford Roxo	Culto Corte Real da Nação de Ijexá — Ilê Osum Omi Iya Iiya Oba Ti Òdo Ti Ogum Alé	Instrução	2013
SP	Santo André	Espaço Religioso Cultural Afro-Brasileiro Neguito Pai Dancy	Instrução	2013
RJ	São João de Meriti	Terreiro Ilê Omulu Oxum	Instrução	2014
BA	Maragogipe	Terreiro Bandalecongo	Instrução	2015
BA	Santo Amaro	Ilê Axé Ya Oman	Instrução	2015
BA	Lauro de Freitas	Terreiro São Jorge Filho da Gomeia	Instrução	2015
SP	São Paulo	Terreiro Ilê Axé Oxóssi Caçador	Instrução	2016
BA	Cachoeira	Terreiro Aganjú Didê da Nação Nagô-Tedô — Ilê Axé Icimimó Aganju Didè	Tombamento emergencial	2016
RS	Canoas	Centro de Umbanda Ogum Lanceiro e Iemanjá	Instrução	2016
BA	Salvador	Terreiro Zoogodô Bogum Malê Rundó	Instrução	2019
BA	Santo Amaro	Ilê Axé Omin J'Jarrum — Terreiro Viva Deus	Instrução	2019
BA	Salvador	Terreiro Ilê Axé Ojú Onirê	Instrução	2020
BA	Caetité	Terreiro de Candomblé Ilê Asé Dana Dana	Instrução	2020
BA	Salvador	Terreiro Axé Maroketu	Instrução	2021

Fonte: "Lista dos bens tombados e processos em andamento", Iphan, 29 dez. 2022. Disponível em: http://portal.iphan.gov.br/pagina/detalhes/126.

tura do Estado de São Paulo, foi a primeira casa de candomblé a ser tombada em São Paulo e atualmente se encontra em processo de tombamento como patrimônio imaterial.

Todos os terreiros descritos no Quadro 1 foram tombados, sendo reconhecidos os seus valores arqueológicos, etnográficos, paisagísticos e históricos. Entretanto, não foram inscritos como patrimônios imateriais; não se reconhecem "práticas e domínios da vida social que se manifestam em saberes, ofícios e modos de fazer; celebrações; formas de expressão cênicas, plásticas, musicais ou lúdicas".[21] Nesse contexto, a etnografia clássica já demonstrou que a relação entre os religiosos afro e os espaços físicos não é somente de natureza pragmática — os terreiros são como seres vivos, compondo um todo junto com a comunidade, os deuses e os iniciados que frequentam seus espaços.

Em paralelo ao debate na esfera pública sobre a natureza dos tombamentos e a dicotomia presente nas políticas de patrimonialização, há reflexões que visam analisar a indissociabilidade entre material e imaterial quando se trata de bens culturais (Telles, 2011). Nesse sentido, embora seja um passo importante, a salvaguarda dos terreiros deve ir além do tombamento do seu espaço físico.

Conforme demonstrou Vagner Gonçalves da Silva (2021), é preciso considerar os terreiros como territórios vivos e dinâmicos em que os aspectos material e imaterial se interpenetram e se retroalimentam, rompendo inclusive com as oposições entre natureza e cultura. Percebemos atualmente um novo movimento envolvendo religiosos, políticos e intelectuais militantes que pensa as religiões afro-brasileiras como

21 "Patrimônio imaterial", Iphan, [s.d.]. Disponível em: http://portal.iphan.gov.br/pagina/detalhes/234.

comunidades tradicionais de matriz africana, para modificar a lógica de patrimonialização dos espaços afrorreligiosos.

De acordo com o artigo 3º do Decreto nº 6.040, de 7 de fevereiro de 2007, que institui a Política Nacional de Desenvolvimento Sustentável dos Povos e Comunidades Tradicionais,

> Povos e comunidades tradicionais de matriz africana[22] são definidos como grupos que se organizam a partir dos valores civilizatórios e da cosmovisão trazidos para o país por africanos para cá transladados durante o sistema escravista, o que possibilitou um contínuo civilizatório africano no Brasil, constituindo territórios próprios caracterizados pela vivência comunitária, pelo acolhimento e pela prestação de serviços à comunidade.

No campo das políticas públicas, essa nova categoria jurídica possibilita que o Estado promova a valorização e a preservação dos espaços de culto enquanto ambientes de reprodução de certos "valores civilizatórios africanos". Como desdobramento desse decreto, em janeiro de 2013 foi lançado o 1º Plano Nacional de Desenvolvimento Sustentável dos Povos e Comunidades Tradicionais de Matriz Africana. Coordenado pela Secretaria de Políticas de Promoção da Igualdade Racial (Seppir), órgão vinculado ao Ministério dos Direitos Humanos, sua elaboração envolveu a participação de representantes de onze instituições, entre ministérios e órgãos federais, como a Fundação Cultural Palmares, o Instituto Nacional de Colonização e Reforma Agrária (Incra) e a Empresa Brasileira de Pesquisa Agropecuária (Embrapa). Além disso, nos encontros regionais de discussões, houve a participação de líderes religiosos afro-brasileiros.

22 O que no plano foi definido como "comunidades tradicionais de matriz africana", onde estão os terreiros de candomblé, o Ministério da Cultura classifica como Povos de Terreiro.

A ação da Seppir visou atender às reivindicações de líderes religiosos afro, mas, como o ministério não poderia desenvolver políticas públicas para religiões, o plano passou a pensar essas comunidades em outra perspectiva. Silvany Euclênio Silva, representante da Seppir e coordenadora do Grupo de Trabalho Interministerial que elaborou o 1º Plano, relembra que a secretária da Seppir chegou a ser procurada por alguns evangélicos negros que também reivindicavam políticas de Estado para si.

Retomaremos mais adiante os desdobramentos desse evento. Aqui ressaltamos que a aproximação do terreiro com os poderes públicos (sobretudo aqueles voltados para a política de promoção da igualdade racial e do combate ao racismo e à discriminação religiosa) tem permitido o compartilhamento de certos termos-chave que estão norteando o debate público em torno das religiões afro-brasileiras.

Pensar "valores civilizatórios" significa estabelecer novas formas de organização social, produção de saberes e expressões religiosas. Estrategicamente, na esfera pública, apresentar os terreiros como comunidades tradicionais africanas os insere discursivamente no mesmo plano dos povos indígenas e das comunidades quilombolas, para além da diversidade interna das várias casas e tradições religiosas.

Percebemos uma dinâmica que possibilita a criação de categorias internas de classificação que são transformadas em categorias jurídicas e voltam para o campo como categorias de organização social. Parece-nos que a "noção de África em conserva", de Roger Bastide (1967), foi radicalizada a tal ponto que a valorização das expressões culturais afro-brasileiras prescinde da materialidade de um grupo.

Todavia, é preciso considerar, como reforça Emmanuelle Kadya Tall, que a transformação de categorias éticas em êmicas, embora não seja uma novidade no jogo das classificações sociais, tem ocorrido cada vez mais rápido.

> Hoje, como somos todos contemporâneos uns dos outros, qualquer enunciado científico de ordem ética assume rapidamente um valor êmico numa lógica de legitimação e de deslegitimação em torno de questões identitárias: criações étnicas, invenção de tradições ou reafricanização são, em alguma medida, os ingredientes necessários para o bom funcionamento dos cultos [afro-brasileiros] na Bahia do terceiro milênio. (Tall, 2002, p. 457)

Esse constante movimento das categorias é observado tanto no campo das identidades quanto no dos estudos religiosos como um todo, como demonstrou Melvina Araújo (2011). No caso francês, por exemplo, a noção de "identidade racial", por vezes, é evocada como sinônimo de "identidade cultural" ou de classe social, e acionada politicamente nos momentos em que a "identidade nacional" (ou seja, "república") é tida como ameaçada. E Jean-Loup Amselle argumenta que esse movimento pode ser entendido em escala global, isto é, "a etnicização, a indigenização ou ainda a indianização do mundo estão em curso, e, nesse sentido, a etnicização da sociedade francesa é apenas um elemento nesse dispositivo global de etnicização do planeta" (Amselle, 2011, p. 136).

Ora, diante da aparente impossibilidade de definirmos categorias de identificação, talvez estejamos sucumbindo a uma "armadilha da identidade" (Agier, 2013), e o ideal seria abandoná-las. Mas, como bem ressaltou Tall (2002), não é possível abrir mão de determinados elementos, uma vez que eles são categorias estruturantes dos sistemas classificatórios, cuja semântica sempre carece de contextualização — o que não impede, paradoxalmente, que se estabeleçam consensos na esfera pública, mesmo que os conteúdos dos termos sejam diferentes.

Podemos expandir essa reflexão sobre a relação entre Estado e agentes religiosos se tomarmos como base outras duas ações desenvolvidas por religiosos afro: o Alaiandê Xirê e o cortejo As Águas de São Paulo.

Manifestações afro contra a intolerância religiosa

Diferentemente do caso francês — que, em nome da laicidade do Estado, pretende depurar do espaço público manifestações e símbolos que guardem alguma relação religiosa, relegando-os ao espaço privado dos templos e das residências dos fiéis —, no Brasil o esforço político para assegurar a laicidade do Estado é dar a toda e qualquer religião a possibilidade de se manifestar publicamente. O artigo 5º da Constituição Federal de 1988 assegura que "é inviolável a liberdade de consciência e de crença, sendo assegurado o livre exercício dos cultos religiosos e garantida, na forma da lei, a proteção aos locais de culto e a suas liturgias".

Portanto, em vez de serem expurgados do espaço público, os símbolos religiosos são barrocamente apresentados. Em um país onde, segundo o Censo de 2010, quase 95% da população se diz pertencente a uma religião, é comum observar a presença de crucifixos em estabelecimentos oficiais, placas nas entradas das cidades com dizeres "[nome da cidade] é do Senhor Jesus" ou estátuas de deuses africanos em locais públicos. Atualmente, porém, a legitimidade da presença desses símbolos tem sido objeto de grandes debates.[23]

A profusão desses símbolos nos espaços públicos, bem como a enorme quantidade de templos religiosos espalhados pelas cidades, pode fazer crer que, no "país da mestiçagem", a plurirreligiosidade é isenta de conflitos. Ora, assim como no campo racial o preconceito está presente e marca as relações interpessoais, a intolerância religiosa também possui suas facetas, mais ou menos explícitas; entretanto, a maior parte delas se volta contra um grupo específico: as religiões afro-brasileiras.

Foi como uma maneira de combater essa violência que líderes religiosos afro começaram a desenvolver, no espaço público, ações de denúncia da intolerância religiosa. Em São Paulo, uma manifestação que tem ganhado eco é o evento As Águas de São Paulo, que nasceu sob inspiração da Lavagem do Bonfim (de Salvador) e da Caminhada em Defesa da Liberdade Religiosa (do Rio de Janeiro), iniciativas, respectivamente, de cunho religioso e político.

AFROCORTEJOS: AS ÁGUAS DE SÃO PAULO

Idealizado por Iyá Edelzuita de Oxaguiã, o evento As Águas de São Paulo surge para dar visibilidade ao Dia das Tradições das Raízes de Matrizes Africanas e Nações do Candomblé, Umbanda e seus segmentos, estabelecido em São Paulo pela Lei Municipal nº 14.619/07. Ao longo dos anos, o evento ganhou corpo, foi institucionalizado e assumido

23 O trabalho de Emerson Giumbelli (2014), por exemplo, analisa essa controvérsia.

por pais e mães de santo. Um de seus objetivos é "denunciar atos de preconceito e de vilipêndio à laicidade garantida na Constituição Federal, promoção da cultura de paz, liberdade religiosa e preservação das tradições de matriz africana".[24]

O movimento social e religioso, como o definem seus organizadores, é realizado anualmente no centro de São Paulo (inicialmente em 25 de janeiro, dia em que se comemora o aniversário da cidade, mas essa data não é fixa; a edição de 2016, por exemplo, foi programada para outubro).

Sob a bandeira da "luta contra a intolerância religiosa sofrida pelos adeptos dos cultos de matriz africana", a 7ª edição aconteceu em outubro de 2013, no Vale do Anhangabaú, com o apoio da Prefeitura de São Paulo, da Secretaria Municipal de Promoção da Igualdade Racial, da Assessoria de Gênero e Etnias da Secretaria da Cultura do estado de São Paulo e dos gabinetes da deputada estadual Leci Brandão e dos vereadores Orlando Silva e Laércio Benko, que estiveram presentes. O ato contou ainda com a participação de várias personalidades do universo religioso afro, como o babalaô Ivanir dos Santos, interlocutor da Comissão de Combate à Intolerância Religiosa (CCIR-RJ), e o pai de santo Francisco de Oxum, que foi candidato a deputado estadual em São Paulo e participa das missas afro na Igreja Nossa Senhora Achiropita.[25] Como já dito, o evento foi divulgado numa das reuniões do Núcleo de Diálogo Católico-Candomblé-Umbanda (DCCU) por dois pais de santo que integraram a comissão organizadora (um da umbanda e outro do candomblé), os quais encontrei circulando entre os convidados. Ao

24 Ver página oficial do grupo no Facebook, disponível em: https://www.facebook.com/aguasdesaopaulo/.

25 A relação do pai Francisco de Oxum com a Igreja católica foi analisada em minha pesquisa de mestrado. Ele foi, inclusive, um dos entrevistados devido a sua aproximação com a Pastoral Afro-Brasileira da Igreja Nossa Senhora Achiropita, localizada no bairro da Bela Vista, em São Paulo.

serem questionados sobre a programação, eles não souberam informar: um deles sugeriu que eu olhasse no Facebook e outro me apresentou o coordenador-geral da Associação Águas de São Paulo, o qual era solicitado por várias pessoas, o que impediu um diálogo.

O evento, cuja concentração estava agendada para as 9h, começou por volta das 11h com uma louvação aos orixás, feita por alabês do candomblé nagô, seguida da fala de autoridades civis e religiosas. À abertura sucedeu-se um cortejo até a estátua da Mãe Preta, no Largo do Paissandu, que foi lavada com água de cheiro e enfeitada com flores brancas e amarelas. O babalorixá Ofaniré, presidente do movimento, explicou o motivo da lavagem ritual: "O monumento Mãe Preta é o símbolo mais marcante da ancestralidade africana em São Paulo e representa as mulheres negras que lutaram e ainda lutam pela manutenção das tradições e da liberdade religiosa".

Durante o cortejo se entoavam cânticos de louvor à deidade da criação, Oxalá, e a Oxum, divindade do amor e das águas doces. De acordo com os organizadores, as canções remetem à criação do universo, segundo a mitologia iorubá, e levam a mensagem do clamor pela paz religiosa em São Paulo. À frente da caminhada iam os pais e as mães de santo de braços dados, seguidos pelos afoxés e por todo o povo, que cantava e dançava alegremente. Diante da imagem, entoavam mais cânticos a Oxum, fez-se um discurso inflamado contra a intolerância religiosa, e, por fim, realizou-se a libação com água perfumada.

Após o cortejo e a lavagem da estátua, os presentes tornaram a se posicionar diante do palco a fim de acompanhar as apresentações gratuitas de música e de dança de Carol Aniceto, Chapinha do Samba da Vela, Samba de Roda do Pai Tonhão, MC Lenda ZN, Rose Calixto, Liz Hermann e Arrastão do Beco, além de um show especial de encerramento com a cantora Fabiana Cozza, que acabara de gravar um DVD especial em homenagem a Clara Nunes. A maioria das pessoas vestia branco com indumentárias típicas das religiões afro-brasileiras: guias no pescoço, dorso na cabeça, pano da costa sobre os ombros, saiotes ou ainda os ternos típicos do candomblé angola e da umbanda. O clima era festivo: as pessoas riam e conversavam animadamente. A música só foi silenciada no momento dos discursos: ora se ouvia um grupo de percussão (que tocava seus instrumentos no meio do povo), ora era o aparelho de som que reverberava cantigas às divindades afro ou sambas com temática afrorreligiosa.

Com a institucionalização, o movimento As Águas de São Paulo atualmente possui inúmeras parcerias, inclusive com a Fundação Cultural Palmares, para a realização do encontro "Olhares de Dentro: Presença das Matrizes Africanas na Cidade de São Paulo". O evento fez parte da agenda de comemoração dos 25 anos da fundação e contou com um debate para analisar as religiões de matriz africana sob os pontos de vista cultural, acadêmico, político e de comunicação na capital paulista.

Parece-nos, portanto, que pais e mães de santo com trânsito na academia, nos órgãos públicos (em especial naqueles responsáveis pela promoção da igualdade racial e de combate à discriminação nas esferas municipal, estadual e federal) e na sociedade civil organizada (em instituições como o Instituto Nacional da Tradição e Cultura Afro-Brasileira [Intecab], a CCIR etc.) têm apresentado uma postura pela qual as religiões afro-brasileiras (agora defendidas como de "matriz africana") são vitimadas em função de seu pertencimento étnico ou racial de origem — ou seja, os ataques a essas religiões são motivados por racismo. Tal explicação passou a encontrar eco principalmente depois que o governo e alguns trabalhos acadêmicos as apresentaram como lócus da cultura africana.

DIÁLOGOS PARA ALÉM DO TERREIRO: A ACADEMIA E O PODER PÚBLICO

A circulação de intelectuais, políticos e artistas nos terreiros não representa por si só uma novidade, como já temos apontado. Até mesmo as manifestações públicas de apoio às lideranças afrorreligiosas, suas casas ou ao conjunto das religiões afro-brasileiras já vêm de longa data. Em seu livro publicado em 2005, Jocélio Teles dos Santos descreveu e analisou essa complexa relação, que mescla aproximações e distanciamentos, favorecimentos e perseguições. Apesar de eleger a Bahia como campo empírico, suas conclusões podem ser expandidas para o contexto nacional.

Embora a Constituição Federal assegure a liberdade de culto desde 1946, a adoção de medidas efetivas por parte dos estados para assegurar o cumprimento da lei é recente; nesse cenário, é possível observar algumas alianças entre os terreiros baianos e o poder público, em parte mediadas pelos intelectuais. Dois eventos atestam essas alianças: as comemorações do cinquentenário da liderança de Mãe Menininha do Gantois,[26] com a ida de adeptos do candomblé à sede do governo do estado da Bahia; e as repercussões do ato de liberação dos terreiros da ação policial,[27] por meio da promulgação da Lei

26 Nascida Escolástica Maria da Conceição Nazaré em 1894, em Salvador, Mãe Menininha do Gantois foi uma importante sacerdotisa do candomblé baiano e uma das mais influentes mães de santo do Brasil. Ela assumiu o comando do Ilê Iyá Omin Axé Iyamassê (o "terreiro do Gantois") em 1922.

27 Convém destacar que o artigo 3º do Decreto-Lei nº 1.202, de 8 de abril de 1939, proibia estados e municípios de "estabelecer, subvencionar ou

Estadual nº 25.095, de 15 de janeiro de 1976, pelo governador Roberto Santos (Santos, 2005, p. 143).

O escritor Jorge Amado, o fotógrafo Pierre Verger e o artista plástico Carybé organizaram a festa de comemoração dos cinquenta anos de liderança de Mãe Menininha. O evento contou com a presença de intelectuais, da elite política (do governador da Bahia, Antônio Carlos Magalhães; do prefeito de Salvador; do cônsul dos Estados Unidos; do diretor-geral da Polícia Federal, entre outros). "Embora o cinquentenário possa ser lido como o reconhecimento oficial da legitimidade do candomblé — afinal, tivemos uma representação estatal no espaço religioso —, seria a absorção de signos dos terreiros o fato a ser destacado na tessitura oficial" (Santos, 2005, p. 144).

Há certa continuidade entre esses dois eventos, de acordo com Jocélio Santos: em um, as autoridades estão no espaço sagrado e desterram uma placa de bronze comemorativa; no outro, as filhas e mães de santo se encontram nos espaços públicos e oferecem aos chefes políticos "oferendas saídas dos segredos do seu culto" (Santos, 2005, p. 146). O autor prossegue, considerando que, para os adeptos do candomblé, acontece a incorporação do discurso do sagrado no espaço público, enquanto o discurso oficial destaca a valorização da herança cultural africana na Bahia — aspecto que, aliás, já havia sido anunciado em 1973 com a criação da Bahiatursa, órgão estatal responsável por divulgar as atrações turísticas do estado através da revista *Viver Bahia*, o que inclui ressaltar a presença dos signos do candomblé na configuração do espaço público. "O poder público, portanto, se manifesta como uma instância capaz de promover e também regular a religião em nível de legitimação social, através do que foi

---

embargar o exercício de cultos religiosos". Esse dispositivo jurídico não era observado em muitos estados, como demonstra o caso baiano.

elevado como uma das nossas representações nacionais: a cultura de origem africana" (Santos, 2005, p. 155).

Essa assertiva de Jocélio Santos continua válida e nos permite entender a relação atual entre terreiro e poder público. Esse processo, que se desenrolou de maneira paradigmática no contexto baiano, teve consequências em todo o território nacional, uma vez que o diálogo entre lideranças religiosas, políticas e acadêmicas extrapola o contexto estadual e atinge a esfera nacional, sobretudo aliado ao movimento negro e à luta pelos direitos da população negra, acentuados na década de 1980. A seguir, veremos alguns exemplos de como essas alianças têm se replicado na atualidade e que novos contornos têm assumido.

ALAIANDÊ XIRÊ

O Alaiandê Xirê: Festival Nacional de Alabês, Xicarangomas e Runtós é uma instituição[28] criada pelo ogã e babalorixá Roberval Marinho e por Agbeni Xangô Cléo Martins, membros do Ilê Axé Opô Afonjá, na Bahia. É realizado anualmente desde 1998, e seu patrono é o orixá Xangô. De acordo com a comissão organizadora, o festival

> tem por objetivo debater questões diversas sobre os povos e comunidades tradicionais de matriz africana com ênfase naquelas relacionadas aos músicos sagrados dos candomblés de todas as nações. O encontro já foi realizado na Bahia, em Recife e em Brasília, unindo membros dos candomblés e reconhecidos

28 Assim como As Águas de São Paulo, o Alaiandê Xirê é, ao mesmo tempo, um evento e uma instituição com personalidade jurídica.

intelectuais e acadêmicos de inúmeras universidades do Brasil e do exterior. Neste ano, o orixá homenageado será Logunedé, patrono do terreiro Ilê Afro-Brasileiro Odé Loreci, onde se realizará o encontro.[29]

A inspiração para a realização de um evento em homenagem aos tocadores veio em 1983, após a realização da 2ª Conferência Mundial da Tradição dos Orixás e Cultura, no terreiro de candomblé Ilê Axé Opô Afonjá, em Salvador. Segundo as memórias de Roberval Marinho, o objetivo principal desse encontro — cuja primeira edição ocorreu em 1981 em Lagos, na Nigéria — era promover um "intercâmbio mundial da história e cultura afro-americana". Ainda de acordo com o ogã,

> por muitos anos, o Axé Opô Afonjá promoveu discussões acadêmicas dentro do terreiro, e o Alaiandê nasceu de um seminário chamado "Irê Aió, o caminho de alegria". Roberval sugeriu a Cléo que era preciso fazer alguma coisa diferente daquela fria atividade acadêmica. A ideia era provocar uma visão diferente, sem aquilo de todo mundo sentadinho assistindo fala acadêmica, sem participação ativa. Então, sugeriu-se uma competição de tocadores de candomblé. Nesse ínterim, chegou-se à conclusão de que uma competição não seria propícia, porque todos os tocadores eram bons. Um festival seria mais apropriado. Cléo sugeriu um primeiro nome para o festival: "Alaiandê Nilê, o grande tocador na casa". Depois de um pouco mais de reflexão, Roberval, num momento de grande inspiração, sugeriu "Alaiandê Xirê, a brincadeira do grande tocador". Por essas razões, foram considerados criadores do Alaiandê Xirê,

29 "Começa o Festival de Culturas Africanas em Embu das Artes", Prefeitura da Estância Turística de Embu das Artes, 10 nov. 2013.

> nascido de uma vontade de trazer o acadêmico por meio do lúdico, já que não existe coisa melhor que brincadeira. (Marinho, 2013)

Desde sua origem, portanto, o festival de tocadores preocupou-se em produzir uma reflexão crítica que extrapolasse o universo lúdico das manifestações afrorreligiosas. Da fala dos idealizadores também se depreende o contrário: era preciso "aquecer" a atividade "fria" da reflexão acadêmica com uma apresentação e homenagens àqueles responsáveis por estabelecer a relação entre fiéis e deuses por meio dos toques dos tambores sagrados.

Vale notar que tanto Roberval Marinho quanto Cléo Martins são sacerdotes inseridos na universidade e nas artes. Com bacharelado em direito e especialização na área trabalhista (ambos pela USP), Cleofe de Oliveira Martins, a Cléo Martins, é também escritora e roteirista. Entre romances e livros não ficcionais, a sacerdotisa baiana assina mais de dez títulos publicados e quase uma dezena de documentários. É conhecida pelas lideranças de candomblé na Bahia e tem filiação ao Axé Opô Afonjá.

> Filha de Oyá e Ogum, dois orixás guerreiros, foi iniciada em 1970 pela falecida Oba Sanhá (Casa Branca) e terminou suas obrigações com Mãe Xagui e, posteriormente, com Mãe Stella de Oxóssi, do Opó Afonjá, onde atuou diretamente por vinte anos, tornando-se conhecida como o "braço direito" da famosa ialorixá. Tem orgulho de ter convivido com grandes sacerdotes e mulheres do axé, como Mametu Xagui (Carmelita Luciana Pinto), entre outros e outras.[30]

30 "Cléo Agbeni Martins: A escritora e ialorixá conta por que ficou seis anos em um mosteiro beneditino", *Agência África*, 20 mar. 2016.

Em 2009, Cléo Martins surpreendeu a comunidade afrorreligiosa e proferiu votos provisórios num mosteiro beneditino localizado no Sul do país. Permaneceu nessa condição por seis anos, quando voltou a atuar em um terreiro de candomblé. Numa entrevista à *Agência África*, em 2016, comentou sobre essa experiência de trânsito religioso:

> Agência África: O que aconteceu para, em 2009, a senhora decidir se recolher em um mosteiro, em Santa Cruz do Sul? Foi um chamado?
>
> Cléo Martins: O chamado eu tive a vida inteira para o sagrado. Em 2009 eu quis experimentar esta minha vocação beneditina. Uma vocação de silêncio, contemplação, algo que eu sempre fiz. Talvez eu tivesse ficado o resto da minha vida lá. [...]
>
> Agência África: Você sentia a presença do orixá neste período?
>
> Cléo Martins: O orixá está com qualquer um e onde você estiver. Sim, fiz até acarajé lá... Além de momentos de muita intimidade. Teve muitos momentos de reconhecimento, é quando a gente percebe que foi feliz, como aquilo de sentir o gosto do vinho, depois que tomou.
>
> Agência África: É possível comparar a reclusão em um monastério com a dedicação e muitas vezes a reclusão no candomblé?
>
> Cléo Martins: O roncó [em] que eu estava escondida estes seis anos e meio foi um mosteiro beneditino (*risos*). [...] Eu posso testemunhar a força do orixá, no sentido do que é a vontade do sagrado, no que é vontade de Deus. Porque, às vésperas da profissão solene no mosteiro, aconteceram coisas impensáveis, incríveis que me trouxeram de volta. Alegria de estar entre pessoas alegres. No candomblé você não precisa mentir. Quem é bom é, você não esconde.[31]

31 "Cléo Agbeni Martins: A escritora e ialorixá conta por que ficou seis anos em um mosteiro beneditino", *Agência África*, 20 mar. 2016.

Sem aprofundar as implicações dessa circulação entre terreiro e mosteiro, a reportagem lança luz sobre a trajetória de militância e a contribuição da escritora no processo de reconhecimento público da "cultura afrorreligiosa". A entrevista citada foi concedida no Instituto Latino-Americano de Tradições Afro Bantu, importante terreiro de candomblé angola, localizado em Itapecerica da Serra (município da Grande São Paulo) e comandado pelo tata Nkisi Katuvanjesi (Walmir Damasceno). A presença de Cléo Martins nesse espaço se deu justamente em atenção ao convite do sacerdote para participar da organização da edição seguinte do Encontro Internacional das Tradições Bantu no Brasil (Ecobantu), evento voltado à difusão da "cultura bantu" no país.

O outro idealizador do Alaiandê Xirê, Roberval Marinho, doutorou-se em arte e educação pela USP após concluir a licenciatura em artes plásticas e o mestrado em educação na Universidade Federal da Bahia (UFBA), onde lecionou por vinte anos (até se aposentar). Atualmente, é professor na Universidade Católica de Brasília. Além de pesquisador e professor universitário, Roberval ocupa o cargo de ogã no Axé Opô Afonjá.

O encontro põe em diálogo intelectuais, religiosos, artistas e políticos que muitas vezes acumulam essas "identidades", ou seja, alguns desses célebres convidados também eram adeptos de alguma religião afro-brasileira, e, por vezes, esse duplo lugar de fala conferia mais legitimidade ao conteúdo de seus discursos.

Três momentos marcam o Alaiandê Xirê: debate acadêmico, apresentação dos tocadores e homenagem a personalidades ligadas a religiões afro-brasileiras. Organizados em mesas temáticas, pesquisadores refletem sobre aspectos de um tema geral, proposto anualmente para cada encontro. O Alaiandê Xirê é constituído em torno da figura do ogã, e, no momento das apresentações, procura-se garantir que todas as "nações" dos candomblés sejam contempladas (seja pela presença de tocadores, seja pela percussão de cantigas representantes de cada tradição). Por fim, no momento denominado "dobra de couros", são mostradas pessoas ou instituições que, na história recente, contribuíram para a valorização pública das religiões afro-brasileiras.

Da primeira à oitava edição (1998-2005), o evento foi celebrado no Ilê Axé Opô Afonjá. A partir de 2006, decidiu-se que o evento seria itinerante, isto é, ocorreria em casas diferentes. Assim, outros terreiros da capital baiana sediaram o Alaiandê Xirê entre 2006 e 2008. Em 2009, com o afastamento de Cléo Martins, então reclusa no Mosteiro da Encarnação, o palco do festival foi o Sítio Pai Adão, em Pernambuco, e a partir desse momento os encontros passaram a ser bienais. Em 2011 foi a capital federal que sediou a 12ª edição do Alaiandê, reunindo representantes dos terreiros localizados no Centro-Oeste. Por fim, os tambores ressoaram também no Sudeste, numa pequena cidade da Região Metropolitana de São Paulo: Embu das Artes, no terreiro Ilê Axé Odé Lorecy. O Quadro 2 oferece um panorama das edições do Alaiandê Xirê.[32] É importante destacar que o evento é divido em duas partes: um seminário e um festival. Ou seja, há a organização de mesas, conferências, debates em torno de um tema central e a apresentação dos tocadores das mais variadas nações de candomblé. Por esse motivo, ao lado do nome oficial da instituição — Alaiandê Xirê: Festival Internacional de Alabês, Xicarangomas e Runtós — acrescentou-se o termo "seminário", de modo que cada edição do evento é nomeada

32 O quadro foi construído a partir das memórias apresentadas por Roberval Marinho (2013) e Cléo Martins (na entrevista concedida à *Agência África*, em 20 de março de 2016); alguns dados não puderam ser recolhidos.

Quadro 2 — Edições do Alaiandê Xirê (1998-2013)

Ano	Local	Tema	Dobra de couros
1998	Ilê Axé Opô Afonjá Salvador (BA)	Alaiandê Xirê, a brincadeira do grande tocador	Velha-guarda dos terreiros e homenagem póstuma ao pintor Carybé, falecido em 1994
1999	Ilê Axé Opô Afonjá Salvador (BA)	O que Xangô quer, toma e tomba	Tombamento, pelo Iphan, do Ilê Axé Opô Afonjá
2000	Ilê Axé Opô Afonjá Salvador (BA)	O Bambá do terreiro na roda de bamba	Mãe Caetana Bangboshê
2001	Ilê Axé Opô Afonjá Salvador (BA)	Xangô dobra os couros para as mulheres do mercado	Mulheres do mercado, que têm como patrona Oyá/Iansã
2002	Ilê Axé Opô Afonjá Salvador (BA)	Xangô dobra os couros para a identidade e a soberania	Identidade e soberania das religiões de matriz africana
2003	Ilê Axé Opô Afonjá Salvador (BA)	Xangô na África e na diáspora	Iabás, isto é, orixás femininos
2004	Ilê Axé Opô Afonjá Salvador (BA)	Xangô dobra os couros para Oxóssi e Exu: Grande Senhor da Floresta e o Avesso do Avesso	Debate sobre ecumenismo ecológico
2005	Ilê Axé Opô Afonjá Salvador (BA)	As guardiãs da sabedoria: Xangô dobra os couros para os oitenta anos de vida das ialorixás	Stella de Oxóssi e Olga do Alaketu
2006	Mansu Bandu Kenkê (Terreiro Bate Folha) Salvador (BA)	O fogo que fica	Comemoração dos noventa anos de fundação do Bate Folha
2007	Ilê Axé Iya Nasô Oka (Terreiro da Casa Branca do Engenho Velho) Salvador (BA)	Engenho Velho: ética, religiosidade e tradição	Homenagem ao Axé Iyá Nassô Oká
2008	Ilê Axé Odô Ogê (Terreiro Pilão de Prata) Salvador (BA)	Xangô dobra os couros para o centenário da imigração japonesa no Brasil	Centenário da imigração japonesa no Brasil
2009	Ilê Axé Odô Ogê (Terreiro Pilão de Prata) Salvador (BA)	[sem dados]	Xangô pernambucano
2011	Ogbé Ògún Egbe Àse Eko Brasília (DF)	Musicalidade afro-brasileira praticada no Centro-Oeste	Personalidades afrorreligiosas do Centro-Oeste do país
2013	Ilê Axé Odé Lorecy Embu das Artes (SP)	Origens, tradições e continuidades: desafios da cultura afro-americana no século XXI	Lideranças de terreiros de candomblés e umbanda do estado de São Paulo

como Alaiandê Xirê: Seminário e Festival Internacional de Alabês, Xicarangomas e Runtós.

A cada edição, os organizadores do evento elegem um orixá para ser homenageado (mesmo que de forma menos explícita), tendo sempre Xangô como regente, uma vez que ele é o patrono do terreiro dos idealizadores do encontro. Cruzam-se, portanto, cosmologias religiosas e ações políticas, como nas edições de 1999 e 2001, em que foram celebrados o tombamento do Ilê Axé Afonjá como patrimônio cultural nacional e a importância das mulheres no comércio local.[33] Merece destaque o fato de que, em 2004, o evento incorporou representantes de outras religiões: batistas, budistas, judeus e católicos, além dos afro-brasileiros.[34]

A 14ª edição do Alaiandê Xirê foi organizada pelo instituto homônimo com o apoio da USP, da Associação Cultural Agô Lona e da Prefeitura de Embu das Artes. A coordenação do Instituto Alaiandê Xirê convidou o professor Vagner Gonçalves da Silva para compor a comissão organizadora, convite que foi estendido a mim, o qual aceitei prontamente, uma vez que vi ali uma oportunidade de acompanhar de perto algumas alianças entre líderes das religiões afro-brasileiras, o poder público e a academia. Portanto, além de acompanhar todo o processo de organização, coordenei duas mesas: uma delas sobre religião e patrimônio, composta por pesquisadores internacionais, e outra formada por religiosos (nacionais e internacionais) que debateram o tema teológico do sistema oracular que tem movimentado o campo das religiões afro no Brasil e em Cuba, provocando algumas reconfigurações

33 Em 2005, o Iphan registrou o Ofício das Baianas de Acarajé como patrimônio cultural imaterial e elemento constituinte da "identidade baiana".

34 Os organizadores classificaram o evento como ecumênico, embora, do ponto de vista católico, ele fosse categorizado como inter-religioso. Voltaremos ao tema do ecumenismo mais adiante.

importantes. Os debates que se seguiram e as demais mesas ajudaram a compreender a proposta de alguns líderes religiosos afro: apresentar os terreiros como espaços de produção e reprodução da "cultura africana".

O festival de 2013 apresentou algumas particularidades que permitiram inscrever o evento no debate nacional sobre a relação entre religião e políticas públicas voltadas para a população negra em geral e para o universo afrorreligioso em particular. O comitê organizador foi composto por pesquisadores da USP, religiosos do candomblé (ligados ou não à academia) e agentes culturais, o que possibilitou a interlocução das áreas com as quais o Alaiandê dialoga: o debate científico de questões relacionadas à religiosidade afro-americana e às políticas públicas (sobretudo de cunho patrimonial), e a exaltação da "cultura afrorreligiosa brasileira".

A edição durou quatro dias, três deles reservados ao seminário internacional e o último dedicado ao festival de tocadores. A participação de não acadêmicos nas mesas-redondas viabilizou um intercâmbio em duas formas de produção de saber sobre as questões apresentadas. Dois eventos políticos marcaram o evento: a cerimônia de abertura, que contou com a presença do prefeito de Embu das Artes, de representantes da Seppir e de autoridades religiosas afro-brasileiras, e a roda de conversa sobre o 1º Plano Nacional de Desenvolvimento Sustentável dos Povos e Comunidades Tradicionais de Matriz Africana, que encerrou o seminário para o início do festival.

As seis mesas abordavam desde temas teológicos até relações entre o poder público e as religiões. Em cada uma delas, estavam presentes pesquisadores (do Brasil, de Cuba, da França e de Moçambique) e religiosos (com destaque para três sacerdotes nigerianos: um babalaô e duas sacerdotisas do culto de Logunedé). Por vezes, a mesma pessoa encarnava o papel de pesquisador e de religioso, como na discussão sobre arte. Uma exposição sobre a obra do artista plástico Carybé foi realizada por um iniciado no candomblé e mestre em artes pela USP.

Tanto a mesa de abertura quanto a roda de conversa sobre o 1º Plano nos ajudam a compreender algumas das facetas do movimento de "culturalização" das religiões afro-brasileiras por meio das políticas públicas. Há tempos ocorre um debate nos órgãos de patrimônio (nas esferas municipal, estadual e federal) e entre os pesquisadores (sobretudo antropólogos) sobre a salvaguarda de alguns espaços de culto afro-brasileiro (como terreiros e santuários ecológicos) ou manifestações (como a festa de Iemanjá realizada anualmente na cidade de Praia Grande, no litoral paulista) como forma de referendar a importância desses sítios e expressões não apenas para o contexto cultural afro-brasileiro, mas para o entendimento da identidade nacional. Essas ações, inclusive, têm auxiliado algumas lideranças no enfrentamento de depredações que seus locais de culto e suas liturgias vêm sofrendo por parte de atores contrários a manifestações afrorreligiosas, sobretudo — mas não exclusivamente — pessoas autoidentificadas como pertencentes a igrejas evangélicas de vertente neopentecostal. Esse debate também influenciou os organizadores do evento, que vislumbraram uma excelente oportunidade para pautar essas questões.

Assim, na mesa de abertura, após as falas das autoridades, oportunamente foi apresentado ao prefeito municipal, ao seu secretariado e aos representantes do governo federal três abaixo-assinados, solicitando o tombamento do Terreiro de Candomblé Santa Bárbara (cujo registro é o mais antigo de que se tem notícias em São Paulo), do Santuário Nacional da Umbanda, na cidade de Santo André, e do próprio Ilê Afro-Brasileiro Odé Lorecy. Os políticos não puderam recuar do pedido, de forma que se procedeu à assinatura dos documentos e os referidos processos foram abertos.

Acompanhado dos secretários municipais Valdir Luís Barbosa (Turismo), Alan Ricardo Martins Leão (Cultura), Paulo Vicente dos Reis (Educação) e Daniela Santos de Almeida Brito (Assistência Social, Trabalho e Qualificação Profissional), além das assessoras de Promoção da Igualdade de Gênero e Raça, Marisa Araújo Silva, e de Saúde da População Negra, Regina Barros Goulart Nogueira, o prefeito de Embu das Artes, Chico Brito, assim justificou a presença do poder público no evento:

> Estamos aqui porque nosso governo implanta políticas públicas que têm como pano de fundo o respeito à diversidade. Um dos valores mais caros à humanidade é a tolerância e o respeito à diversidade. [...] Não existe em nenhum lugar do mundo uma nação com essa diversidade e esse encontro de culturas. Durante séculos, os colonizadores e depois a elite que os representa colocaram na cabeça dos brasileiros que éramos menos, por causa dessa miscigenação. Estamos provando para o mundo que essa grandeza do povo está justamente nessa diversidade cultural e biológica.[35]

O seminário contou com um público de cerca de 350 pessoas durante os três dias de atividades. E o prefeito aproveitou a oportunidade para entregar a "Cartilha de orientação para legalização de casas religiosas de matriz africana — Embu das Artes", produzida pela prefeitura, contendo uma série de orientações práticas para que os terreiros de candomblé sediados no município possam obter a documentação necessária para seu funcionamento como espaços religiosos.

35 "Começa o Festival de Culturas Africanas", Prefeitura de Embu das Artes, 10 nov. 2013.

Os dados empíricos permitem afirmar que a aproximação do terreiro com os poderes públicos (em especial aqueles voltados para a política de promoção da igualdade racial e do combate ao racismo e à discriminação religiosa) fez circular certos termos-chave que estão orientando o debate acerca das religiões afro-brasileiras. Por exemplo, a roda de conversa sobre o lançamento do 1º Plano Nacional de Desenvolvimento Sustentável dos Povos e Comunidades Tradicionais de Matriz Africana, que contou com a presença de Silvany Euclênio (secretária de Políticas para Comunidades Tradicionais da Seppir) e Regina Nogueira (médica e coordenadora de Saúde da População Negra de Embu das Artes), revelou um discurso em que as categorias jurídicas utilizadas pelos representantes do poder público encontravam eco na fala das lideranças religiosas, isto é, a gramática do diálogo era a mesma e produzia efeitos políticos importantes, ainda que os significados internos de cada termo fossem diferentes.

Um dos babalorixás que participaram da formulação do termo "comunidades tradicionais de matriz africana" defendia que os terreiros não poderiam ser "reduzidos à religião", pois seriam detentores de "valores civilizatórios africanos". A representante do Painel de Saúde para a População Negra de Embu das Artes chamou a atenção para uma oposição entre os valores ocidentais e africanos, estes últimos assentados sobre a tradição. Embora alguns dos religiosos presentes estivessem interessados em discutir problemas internos das religiões (como segredo, tradição e pureza litúrgica), os representantes do poder público, alguns pais de santo e intelectuais (que são também chefes de cultos afro) se esforçavam para apresentar o novo conceito como uma categoria que está além dos valores religiosos.

O pertencimento étnico-racial das lideranças religiosas e dos terreiros implicados nesse processo de salvaguarda dos espaços de culto não é acionado como um sinal diacrítico importante, nem como algo que põe em xeque a credibilidade do bem em processo de tombamento. Por exemplo, boa parte dos frequentadores do Ilê Afro-Brasileiro Odé Lorecy se autodeclara branca, inclusive o dirigente, que descende de italianos; do mesmo modo, o idealizador do Santuário Vale dos Orixás também não se considera negro. Para os articuladores desse processo que nomeamos de "culturalização das religiões afro-brasileiras", esse dado não é relevante, porque o que está em jogo não é a identidade do sujeito, mas o templo e suas práticas.

Diferente dos movimentos negros cristãos (católico e evangélico), entre os afros o pertencimento étnico-racial não é invocado como marca principal para o engajamento no debate sobre políticas públicas patrimoniais. Uma vez que as religiões afro-brasileiras já se estabeleceram como "religiões negras", no sentido de que são tomadas como lócus dos sinais diacríticos da chamada "cultura negra" no Brasil, elas não dependem mais que seus adeptos se autodeclarem pretos ou pardos (seguindo as categorias do IBGE), ainda que, olhando de perto e de dentro, as religiões afro-brasileiras (sobretudo os candomblés) continuem detendo o maior número relativo de fiéis autodeclarados pretos e pardos.

Nesse sentido, mesmo terreiros cujo líder ou a maioria dos adeptos sejam considerados brancos podem ser tidos como espaços de legitimação da "cultura negra", desde que obedecidos os cânones que os façam configurar como uma "casa tradicional" ou um "território tradicional de matriz africana". Isso implica, no limite, rejeitar a classificação dos terreiros como religião, conforme expressou pai Paulo de Oliveira[36] em sua fala no Alaiandê Xirê:

36 Baba Paulo César Pereira de Oliveira é iniciado na tradição dos orixás, fundador do Centro Cultural e Afoxé Omó Orùnmilá. É também membro da Liga das Escolas de Samba de Ribeirão Preto, do Conselho Municipal de Cultura de Ribeirão Preto e do Colegiado Nacional Setorial de Culturas

Não falo de religião, porque é uma palavra dada. E que nós incorporamos sem refletir muito, como tantas outras que nos foram dadas. Religião, no meu entendimento, só serve para designar a relação do sagrado judaico-cristão. [...]

Nós que, além de sacerdotes de tradição, somos ativistas do movimento social negro e que viemos [...] defendendo o Estado laico — eu defendo a escola laica —, não podemos reivindicar do Estado política pública para religião, seja afro, seja evangélica, seja qualquer outra coisa. [...] A negação de cultura e valores civilizatórios é o que faz com que incida a violência sobre o fato de que, seja branco ou nissei, usar esse *guilé alarambara* na cabeça da senhora [apontando para uma das pessoas presentes, de origem oriental e iniciada no candomblé] a transforma em alguém que adotou aquilo que este país passa quinhentos anos negando: cultura aos seus africanos e seus descendentes. E isto é racismo, e não é intolerância. Isto é racismo. A palavra que se dá é racismo. [...] Para executar política pública, você tem que delimitar o objeto. Qual o público dessa política pública? E [é preciso haver] um conceito de quem são esses atores que receberão essa política pública por parte do Estado. Fizemos uma primeira reunião com Sérgio Ferretti, Muniz Sodré, e chegamos à conclusão — nessas discussões com vários outros atores — sobre a denominação correta daquilo que somos: um povo tradicional de matriz africana, herdeiro de um processo civilizatório neste país. O que, através do Decreto nº 6.040 (o Projeto de Lei nº 7.447/10 está tramitando no Congresso [Nacional]), possibilita a execução de políticas públicas para os povos tradicionais de matriz africana. E aí surge este documento — que a secretária da Seppir estará lançando aqui, no sábado — que é o Plano Nacional para a Sustentabilidade para os Povos Tradicionais de

---

Afro-Brasileiras no Conselho Nacional de Política Cultural do Ministério da Cultura.

> Matriz Africana. [...] Quando nos referimos aos povos indígenas, ninguém reduz. Porque nos tratar apenas como religiosos é reducionista. Ninguém os reduz apenas à sua relação com o sagrado, são os povos indígenas. Mas lá dentro se cultua Tupã, se cultua aquilo que eles acreditam [...]. Mas são reconhecidos como povo na sua amplitude. (Oliveira, 2013)

De certo modo, a fala desse sacerdote sintetiza o que aponta este capítulo: (i) é preciso romper com a noção de religião ao tratar dos "povos de terreiro"[37] enquanto comunidades autônomas cuja cosmologia religiosa é apenas um de seus aspectos constitutivos (como no caso dos indígenas e quilombolas); (ii) os ataques sofridos pelas comunidades afro devem ser tratados como casos de racismo, e não de intolerância religiosa; e (iii) o pertencimento étnico-racial dos membros dessas comunidades não é decisivo para a configuração dos terreiros enquanto "povo tradicional de matriz africana".

Ao evocar a legislação em vigor para subsidiar sua afirmação, o sacerdote reconhece que ela é fruto de um conjunto de negociações realizadas antes de sua promulgação. Esse diálogo só foi possível porque religiosos afro ocupam cargos tanto na academia quanto em órgãos públicos (como ele próprio, que integra conselhos municipal e federal de culturas afro-brasileiras).

Uma vez que nem o pertencimento étnico-racial dos fiéis nem a noção de religião afro-brasileira sustenta a categoria "povos tradicionais de matriz de africana", o que sustentaria? O exame das categorias dá algumas pistas. No Decreto nº 6.040/07, que institui a Política Nacional de Desenvolvimento Sustentável

37 O termo "povos de terreiro" é empregado tanto por religiosos afro quanto por agentes do poder público para se referir aos espaços de culto afro e suas expressões. Ele foi transformado em categoria jurídica por meio do Decreto Federal nº 6.040/2007.

dos Povos e Comunidades Tradicionais, evocado por Pai Paulo, encontramos as seguintes definições:

> Artigo 3º: Para os fins deste Decreto e do seu Anexo compreende-se por:
>
> I – Povos e Comunidades Tradicionais: grupos culturalmente diferenciados e que se reconhecem como tais, que possuem formas próprias de organização social, que ocupam e usam territórios e recursos naturais como condição para sua reprodução cultural, social, religiosa, ancestral e econômica, utilizando conhecimentos, inovações e práticas gerados e transmitidos pela tradição;
>
> II – Territórios Tradicionais: os espaços necessários à reprodução cultural, social e econômica dos povos e comunidades tradicionais, sejam eles utilizados de forma permanente ou temporária, observado, no que diz respeito aos povos indígenas e quilombolas, respectivamente, o que dispõem os artigos 231 da Constituição e 68 do Ato das Disposições Constitucionais Transitórias e demais regulamentações; e
>
> III – Desenvolvimento Sustentável: o uso equilibrado dos recursos naturais, voltado para a melhoria da qualidade de vida da presente geração, garantindo as mesmas possibilidades para as gerações futuras.

Realizando quase um exercício de ressignificação semântica, os terreiros são lidos por meio dessas novas categorias. O *éthos* do candomblé (Amaral, 2002) é relido na chave de "valores civilizatórios de matriz africana". Por isso, nos discursos desses atores, termos como "tradição", "circularidade", "oralidade", "ancestralidade" etc. assumem significados que ultrapassam os descritos na literatura afro-brasileira. Em outro momento, por exemplo, pai Paulo complementa que não se deve mais falar em sacrifício ou imolação ritual de animais, mas em "abate tradicional". Essa distinção entre "cultura" e "religião" possui implicações que impactam diretamente a dinâmica das próprias casas, ou ao menos a forma como elas pensam a si mesmas enquanto pertencentes ao escopo das religiões afro-brasileiras.

Durante a roda de conversa sobre o 1º Plano, o debate entre os religiosos presentes foi bastante intenso. Um dos pais de santo tomou a palavra e sintetizou os termos do conflito:

> Tem que existir uma análise racional entre cultura e religião. A Regina [Nogueira] está falando em cultura de uma matriz africana. Certo? A senhora [Silvany, representante da Seppir] também falou que uma comunidade tem que ter cultura, e ela enfatizou que não é questão da religião. Que ninguém vai perguntar para uma tribo de índio ou um grupo de ciganos qual é a religião deles. Eles vão saber a cultura. Só que, no nosso caso, a cultura não aparece, a religião pula na frente. Certo? E a grande verdade é que a maior parte dos terreiros tem *religião africana*, mas tu não tens *cultura africana*. Aí, quando você diz, na história do mapeamento: como vai ficar? Uma casa, tanto de candomblé, umbanda, de matriz africana... aí, em meia hora de conversa com eles, descobre que a casa é cristã, que os valores são cristãos. Não tenho nada contra o cristianismo, gente. Nada disso. Vocês entendem? Então, num mapeamento, eu posso garantir que mais da metade das casas são templos cristãos. Eu estou falando uma coisa muito triste, muito lamentável. *Então, é só isso que eu quero dizer: existem casas que têm religião africana, mas não têm cultura africana.* Eu diria para vocês que [...] a maioria dos meus filhos de santo não tem cultura africana. Eles professam uma religião africana por conveniência, por "n" fatores. Mas eles não têm cultura africana. *Ao passo que eu, que tenho pele branca, tenho cultura africana; Iyapetebí [que é de ascendência japonesa] tem cultura africana, e eu tenho certeza que há muitos negros retintos aqui*

> *que são cristãos, ocidentais.* Não temos solução para isso, a solução é você ir formando a cultura da pessoa. É um processo, gente. Você não põe cultura em cima de alguém. (Nogueira, 2013, grifos nossos)

Percebe-se que, ao estabelecer a distinção entre "cultura" e "religião" africana, a preocupação do sacerdote possui uma vertente para dentro e outra para fora do espaço religioso. E nessa distinção, reforçando o que dissemos, importa menos o pertencimento étnico-racial do sujeito do que os "valores" que ele professa (que podem ser "africanos" ou "cristãos"). No debate com o poder público, faz-se necessário que as casas apresentem a "cultura" africana, deixando a "religião" na esfera doméstica; nesse sentido, o exemplo do mapeamento dos terreiros é paradigmático, uma vez que o sacerdote entende que essa política pública reconhece os espaços de culto como "expressões culturais" e não "religiosas".

Ainda que essa interpretação possa ser contraposta, a lógica nativa é reveladora do modo pelo qual os consensos estão sendo estabelecidos. Isto é, embora as categorias operacionalizadas por agentes do Estado e por religiosos sejam as mesmas, seus significados podem não coincidir, inclusive no mesmo contexto. Ora, o mapeamento dos templos das religiões afro-brasileiras que ocorreu em várias regiões do país foi motivado tendo em vista também a importância religiosa desses espaços, como atesta o texto de apresentação do inventário realizado na capital baiana:

> Salvador é a terceira cidade mais populosa do Brasil (2.714.119 habitantes) pela estimativa de 2005, depois de São Paulo e Rio de Janeiro. Também é a capital brasileira com o maior contingente negro entre a população. Mais de 70% dos seus habitantes são afrodescendentes e a negritude se expressa através da sua

> forma de organização geográfica, cultural e social. Tal herança deu origem às religiões de matriz africana que se diferenciam por nações com diferenças rituais e no vocabulário (Angola, Ketu, Jeje, Ijexá). As secretarias municipais da Reparação e da Habitação, em parceria com o Centro de Estudos Afro-Orientais da UFBA, realizaram uma grande pesquisa sobre as religiões de matrizes africanas na cidade de Salvador. *O objetivo foi conhecer os terreiros da nossa cidade: saber quantos são, onde estão localizados, suas condições de documentação, regularização fundiária e infraestrutura, entre outros aspectos socioculturais e demográficos.* Esta pesquisa compõe o Programa de Valorização do Patrimônio Afro-Brasileiro, além de ser o ponto de partida para uma série de políticas públicas a serem adotadas nas comunidades. *Ações que vão colaborar para a legalização e regularização fundiária desses espaços, diminuir o preconceito sobre as religiões afro-brasileiras e, principalmente, valorizar a cultura afro-brasileira.*[38]

Contrariamente ao que afirmam alguns dos sacerdotes afro, vê-se que, para o Estado, importa, sim, o aspecto religioso dos espaços, justamente porque ele compõe o "patrimônio" e, por extensão, a "cultura afro-brasileira". Ou seja, do ponto de vista do agente público, "religião" e "cultura" estão imbricadas, e as ações afirmativas devem incidir sobre um e outro aspecto.

Ainda durante a roda de conversa, a fim de equalizar o debate, o moderador (que é também religioso e participou da formulação do 1º Plano) tomou a palavra, afirmando que:

> Parece uma coisa simples, mas ela é determinante na continuidade, no desenvolvimento, nesta conversa com o Estado brasileiro. [...] Todas as casas têm os seus problemas, tanto de ordem ampla, de

38 "Apresentação", Mapeamento dos Terreiros de Salvador, [s.d.]. Disponível em: http://www.terreiros.ceao.ufba.br/ (grifos nossos).

> abrangência social, quanto religiosos. Isso nós resolvemos entre nós. A gente não vai [...] falar para o Estado resolver questões que são nossas. Ele não tem que se intrometer. O Estado não tem que determinar marcos legais para dizer como a gente tem que lidar um com outro, como se inicia, como não se inicia, como a gente toca o tambor, como a gente se cumprimenta. A gente não tem que chegar no Estado e falar para ele [como fazemos essas coisas], porque isto não é competência dele.

O moderador salienta que cabe aos próprios religiosos resolverem os problemas referentes à "religião", mas é preciso que, na conversa com o Estado, transpareça a uniformidade. Percebe-se um alerta para que o jogo comum de acusações sobre o quanto esta ou aquela prática é ou não "pura"[39] não extrapole para o campo da "cultura", a fim de não dar margem para a inviabilidade das políticas públicas voltadas para os terreiros.

Corroborando a fala do moderador, pai Paulo tomou a palavra e expôs o modo como surgiu o termo "povo tradicional de matriz africana":

> Estávamos eu, Muniz Sodré, Makota Valdina, Sérgio Ferretti, numa reunião no Rio de Janeiro, definindo este conceito [...], e num momento Sodré diz: Makota, nós precisamos definir o conceito, o que nós somos, como vamos nos relacionar com o Estado? Porque aqui dentro, se você quiser falar eu sou do santo, do axé, sou macumbeiro... isto não interessa para a gente, cada um se define como quiser. O problema aqui [é quando] nós estamos perante o Estado brasileiro. Este conceito é: como é que eu chego no Estado brasileiro para reivindicar política pública

39 Sobre o debate em torno da pureza dos candomblés, ver, entre outros, Dantas (1988) e Matory (1998).

> para esse povo, meu povo? Daí que surge: "povos tradicionais de matrizes africanas".

Portanto, a formulação da categoria identitária, que se transforma posteriormente em categoria jurídica, segue um caminho circular: é forjada por religiosos em diálogo com pesquisadores (tanto Muniz Sodré quanto Sérgio Ferretti são referências nos estudos sobre as religiões afro-brasileiras), referendada pelo poder público como normativa (neste caso específico, por meio de um decreto federal), retornando depois para o campo religioso e produzindo debates como esse observado no Alaiandê Xirê.

Percebe-se que a intenção não é uniformizar ou apagar a diversidade de expressões religiosas do campo afro, mas encontrar uma categoria ampla o suficiente para englobar todas as casas e que permita o diálogo com o poder público. Nesse sentido, a preocupação de haver uma sacerdotisa presente no evento, e que também ocupa um cargo público, sendo responsável pela elaboração de políticas públicas voltadas para a população negra, sinaliza que, mesmo colaborando com a fala de pai Paulo, é preciso que todas as casas estejam cientes do significado dessa categoria e se reconheçam nele, pois há o risco do efeito contrário: em vez de ampliarem, essas novas formas de classificação podem limitar o acesso aos direitos que buscam reivindicar. "Porque não dá para dizer que somos povos tradicionais e correr o risco de fazer uma casa que é totalmente cristã sem essa nossa representação e discussão com o Estado. O conceito [fica] frágil se não discutirmos internamente", pai Paulo complementa.

Mais uma vez, portanto, estamos diante de um processo de fixação de identidades, e ainda no escopo de uma identidade étnica, uma vez que esses "povos tradicionais" são de "matrizes africanas". Paradoxalmente, na tentativa de expulsar a "religião" dessa formulação, ela retorna como a categoria que permite aglutinar todas essas expressões. Aqui podemos retomar o que enunciamos com a lição de Lévi-Strauss (1983): a identidade, enquanto conceito guarda-chuva capaz de reunir um conjunto de expressões e sinais (por vezes contraditórios), é necessária quando se refere a algo, e, no caso das religiões, não se exige um "mínimo de identidade", mas um "máximo". Isto é, não é a redução a um denominador comum que permite a identificação, mas justamente a pluralidade de expressões, como veremos mais adiante no contexto católico.

Resguardadas as especificidades de cada segmento religioso apresentado neste livro, percebemos que o diálogo entre sacerdotes e acadêmicos assume diversas facetas. Nesse sentido, podemos acionar mais dois exemplos desse fenômeno: o seminário sobre intolerância religiosa (que reuniu sacerdotes católicos, afros e intelectuais) e a criação de um fórum de combate à intolerância religiosa na cidade de São Paulo.

SEMINÁRIO CONTRA A INTOLERÂNCIA RELIGIOSA

Em 2009, ocorreu em Belo Horizonte a 1ª Caminhada Cultural pela Liberdade Religiosa e pela Paz, ocasião em que se gestou a ideia de realizar outro evento para discutir as relações entre as religiões e o combate à intolerância religiosa. Um dos organizadores, o professor universitário e sacerdote do candomblé Erisvaldo Pereira dos Santos, por meio do grupo de pesquisa de Formação de Professores e Relações Étnico-Raciais e Alteridade (Gredir), da Universidade Federal de Ouro Preto (Ufop), assumiu a coordenação do seminário, realizado em parceria com os programas de pós-graduação em história da Universidade Federal de Minas Gerais (UFMG), de ciências da religião da Pontifícia Universidade Católica de Minas Gerais (PUC Minas) e de ciências das religiões da Universidade Federal da Paraíba (UFPB). O evento contou também com o apoio da Conferência Nacional dos Bispos do Brasil (CNBB), por meio da Pastoral Afro-Brasileira.

A participação ativa de representantes da Igreja católica na realização do evento se deu sobretudo porque o assessor nacional da Pastoral Afro-Brasileira compõe, junto com outros padres e sacerdotes afro (entre os quais o professor Erisvaldo), um grupo de diálogo inter-religioso católico-candomblé, que se reúne periodicamente em Belo Horizonte.

O 1º Seminário Nacional Multidisciplinar de Diálogo Inter-Religioso contra a Intolerância Religiosa no Brasil foi realizado entre 9 e 11 de maio de 2012, nas dependências da UFMG, na capital mineira, dirigido a um público variado, que incluía professores da rede pública, pesquisadores e religiosos. A programação contou com uma conferência de abertura, oito mesas-redondas (que não eram concomitantes) e uma confraternização de encerramento com apresentação musical da cantora Fabiana Cozza. Reuniram-se pesquisadores de várias universidades brasileiras, além de religiosos do candomblé, tanto nas mesas quanto na plateia.

Assim como o Alaiandê Xirê, o seminário teve participação ativa de religiosos, em particular de religiões afro-brasileiras, que tomaram parte nas mesas junto com os pesquisadores. A mesa "Religião de matriz africana, tradição e história" contou apenas com religiosos do candomblé, o que provocou a reação de algumas pessoas da plateia, que pediram a presença da umbanda. O coordenador-geral do evento (professor numa universidade federal e também babalorixá) acatou a crítica e disse que ela seria levada em consideração na próxima edição, explicando, em sua defesa, ter encontrado dificuldades em localizar representantes de diversas religiões afro-brasileiras; e, mesmo que os tivesse encontrado, não seria possível incluir um de cada.

A centralidade nas religiões afro-brasileiras foi assim justificada pelos organizadores:

> (a) o protagonismo desse segmento religioso na resistência contra a hegemonia da tradição judaico-cristã e na luta pelo direito à liberdade religiosa no Brasil; (b) o aumento das atitudes de intolerância de evangélicos e neopentecostais contra esse segmento religioso; (c) os temas de projetos de extensão e de pesquisa que o proponente vem desenvolvendo na Região Metropolitana de Belo Horizonte.[40]

A conferência de abertura, proferida pelo professor Júlio Braga, intitulada "A diversidade compartilhada como geradora da religião afro-brasileira", deu o tom do debate: abordou o complexo processo de configuração das religiões "de matriz africana" no Brasil, ressaltando sua diversidade, e apontou a necessidade de enfrentar a intolerância presente no interior do candomblé, para que seus adeptos, unidos, possam lutar contra os ataques externos.

Cada mesa-redonda teve a participação de ao menos um religioso e em muitas das falas ficou evidente a relação direta entre intolerância e preconceito racial. A professora Fernanda Lemos, ao apresentar uma análise dos dados do último recenseamento do IBGE relativos à realidade religiosa brasileira, chegou a afirmar que "o Brasil continua cristão, [as] pessoas [se] afirmam [como cristãs] por causa do preconceito racial".

40 1º Seminário Nacional Multidisciplinar de Diálogo Inter-Religioso Contra a Intolerância Religiosa no Brasil, Belo Horizonte, 2013 (Caderno de Resumos).

Nesse contexto, dois termos têm sido utilizados: "religiões de matriz africana" e "comunidade tradicional africana". Eles são comumente acionados para se referir à configuração das religiões afro-brasileiras, aparentemente na tentativa estratégica de assegurar certa continuidade com a "cultura africana" conservada e reelaborada nos terreiros brasileiros. Percebemos aqui uma centralidade em tomar os cultos afro e sua relação com um grupo étnico-racial específico em suas várias facetas.

Após a realização do seminário contra a intolerância, fui convidado a participar das reuniões do Gredir. Como elas ocorrem em Belo Horizonte, em locais diferentes a cada mês, não pude estar presente em mais de um encontro. Acompanhei o grupo por meio dos relatos enviados pelo padre Jurandyr Azevedo e analisei as ações desse grupo em paralelo com as discussões ocorridas em São Paulo, no âmbito do DCCU.

A Arquidiocese de São Paulo mantém um conjunto de "núcleos de diálogo" inter-religioso e ecumênico. Uma das prerrogativas do diálogo, além das reuniões e da realização de atividades em conjunto, é a divulgação de eventos e convites para participação de cerimônias religiosas. Tais convites não tinham intuito proselitista, mas de promover o conhecimento mútuo das liturgias, na tentativa de desconstruir os estereótipos negativos. Nesse sentido, por exemplo, fui convidado para festas em terreiros de candomblé e umbanda, para uma cerimônia inter-religiosa na Catedral da Sé e para um jantar de Páscoa organizado pelo Núcleo de Diálogo Judaico-Católico.

Por fim, outro exemplo paradigmático de como a relação entre religiosos e poder público tem garantido espaços legítimos de enunciação pública foi a criação, no dia 21 de janeiro de 2016, do Fórum Permanente de Liberdade de Crença e Cultura de Paz. Composto por representantes do poder público municipal (um integrante da Secretaria Municipal de Direitos Humanos e Cidadania e outro da Secretaria Municipal de Promoção da Igualdade Racial) e por doze representantes da sociedade civil (sendo os titulares um ateu, um budista, um católico, um evangélico, um hare krishna, um judeu, um islâmico, quatro candomblecistas e um umbandista), o núcleo pertence ao grupo de trabalho que fomenta a criação de políticas públicas de combate à intolerância religiosa no município de São Paulo.

Criado por meio da Portaria Intersecretarial 01/2015, o fórum é subordinado à Secretaria Municipal de Promoção da Igualdade Racial. Dos membros representantes da sociedade civil, quase 50% das cadeiras são ocupadas por integrantes das religiões afro-brasileiras (nenhuma outra religião possui mais de um representante). Além disso, a própria secretaria possui uma Coordenação de Patrimônio Cultural e Comunidades Tradicionais, responsável por "zelar pelo acervo cultural, memória e ancestralidade da população negra na cidade, assim como os territórios em que estes aspectos se encontram. Neste sentido faz-se essencial o diálogo e a preservação dos saberes e costumes das comunidades de matriz africana na cidade".[41]

41 "Matriz africana", Prefeitura de São Paulo, 6 ago. 2014. Disponível em: https://tinyurl.com/4annmdvv.

Embora a ocupação desses cargos não gere vantagens financeiras para seus membros (eles não se tornam funcionários públicos e não são remunerados), o ganho simbólico é importante. Por um lado, há o reconhecimento público da presença e da importância das religiões afro-brasileiras no cenário paulistano, assim como de outros regimes de crença. Por outro, o poder público elege essas religiões como representantes das chamadas "comunidades tradicionais de matriz africana". E é por meio dessa dupla pertença que religiosos afro circulam pelas instituições da administração pública e reivindicam políticas específicas voltadas para suas comunidades.

Na sessão de efetivação do Fórum Permanente de Liberdade de Crença e Cultura de Paz, estavam presentes o prefeito, os secretários municipais de Promoção da Igualdade Racial e de Direitos Humanos e Cidadania, a presidente do Fórum (uma sacerdotisa da umbanda) e uma deputada estadual que se apresenta publicamente como adepta de uma religião afro-brasileira, negra e defensora da comunidade negra.

Se, por um lado, a umbandista presidente do Fórum tinha legitimidade perante o poder público para representar a comunidade afrorreligiosa, por outro, essa mesma comunidade contestava tal legitimidade — seu pertencimento étnico-racial foi posto em xeque, pois alguns pais e mães de santo presentes não a consideravam negra. Em nenhum momento foram questionadas as competências morais, éticas e religiosas que legitimassem sua participação na mesa, mas somente o seu pertencimento étnico-racial.

Embora o discurso corrente dos religiosos afro seja o de que as religiões afro-brasileiras são abertas a todos, sem nenhum tipo de distinção (o que realmente se pode observar na prática, ao visitar qualquer templo), quando se trata da representação pública desses grupos o pertencimento étnico se torna um fator determinante. Se, ao longo dos anos, foi por meio das disputas em torno da "identidade negra" que se viabilizou o alcance de políticas públicas que beneficiaram casas de candomblé e umbanda, parece que esse caráter étnico não pode ser abandonado, uma vez que, juridicamente, o Estado já o reconheceu, ao estabelecer que comunidades tradicionais de matriz africana são:

> grupos culturalmente diferenciados e que se reconhecem como tais, que possuem formas próprias de organização social, que ocupam e usam territórios e recursos naturais como condição para sua reprodução cultural, social, religiosa, ancestral e econômica, utilizando conhecimentos, inovações e práticas gerados e transmitidos pela tradição. Também denominados de povos de terreiro ou povo do santo, estas comunidades originadas predominantemente das etnias Ewe-Fon, Iorubá e Bantu desenvolvem em seus territórios uma série de hábitos que são parte de tradições de matriz africana ligadas à ancestralidade na música, alimentação e na maneira de lidar com o meio ambiente e a espiritualidade.[42]

Terminada a cerimônia solene no salão nobre da prefeitura, o evento teve continuidade no Largo do Paissandu (também no centro da cidade, onde se encontra a Igreja de Nossa Senhora do Rosário dos Homens Pretos), local que sediou uma feira de "empreendedorismo negro" e apresentações artísticas de dança e música. Antes do início das apresentações, subiram ao palco o secretário municipal de Promoção da Igualdade Racial, um membro do Fórum Permanente de Liberdade de Crença e Cultura de Paz (este sim, um padre negro) e a presidente da

42 "Matriz africana", Prefeitura de São Paulo, 6 ago. 2014. Disponível em: https://tinyurl.com/4annmdvv.

Intecab-SP. Em seus discursos, todos ressaltaram a importância do combate à intolerância religiosa, da denúncia ao racismo e do respeito à liberdade de crença. Nessa versão do evento, todas as pessoas no palco eram negras, reforçando o caráter da cerimônia: uma ação de negros voltada para negros.

Conclusão: a religião como cultura

Neste primeiro capítulo, analisamos de que modo lideranças das religiões afro-brasileiras têm participado do debate público sobre as políticas de patrimonialização. Fica evidente que há um processo de culturalização dessas religiões, cujo ápice é observado na categorização dos espaços de culto como "povos tradicionais de matrizes africanas".

No início do século XX, quando o Estado brasileiro (por meio de sua classe intelectual, política e artística) começa a pensar a identidade nacional, algumas convicções que dominaram o final do século anterior entram em choque. Se, sob a influência do determinismo social, havia a crença de que a miscigenação era um problema e a sociedade brasileira estava fadada ao fracasso (salvo se conseguisse eliminar o sujeito híbrido de seu seio), o movimento modernista contestou essa máxima e celebrou a mistura.

De fato, embora guardando algumas políticas higienistas e criminalizando as religiões afro-brasileiras, é justamente no interior dessas religiões que os "agentes da brasilidade" vão inventariar os símbolos que comporão a identidade nacional. Samba, Carnaval, feijoada, capoeira etc. serão os elementos celebrados na literatura, na música, na dança e nas artes em geral; ao mesmo tempo, a positivação das relações entre brancos, negros e indígenas passa a ser celebrada como uma grande conquista. Fala-se, portanto, em "democracia racial".

Dado que não houve, no Brasil, leis específicas que estabelecessem a segregação racial (como ocorreu em países como Estados Unidos e África do Sul), criou-se a ideia de que todas as "raças" e "culturas" aqui viviam harmoniosamente. Na prática, porém, as populações negra e indígena eram marginalizadas: a primeira tida como inferior (e sobre a qual recaíam todos os estigmas sociais), e a segunda considerada infantil (a tal ponto que precisaria ser tutelada pelo Estado, uma vez que havia o entendimento de que o indígena não era capaz de se exprimir na gramática "moderna do Estado").

Esse aparente paradoxo — valorização de símbolos da herança africana no Brasil, inventariados no contexto afrorreligioso, ao mesmo tempo que essas religiões e seus adeptos eram perseguidos e impedidos de se expressar livremente no espaço público — advinha justamente do fato de tais coletivos não serem considerados "religiosos" pelo Estado. Foi a partir da atuação da militância negra que essa concepção viria a se transformar.

A Frente Negra Brasileira (FNB), com grande atuação nos anos 1930, teve como principal objetivo "integrar o negro na sociedade de classes", ou seja, possibilitar, por meio da educação, que a população negra alcançasse o mesmo nível socioeconômico dos brancos. Para tanto, contraditoriamente, recomendava-se o abandono de práticas religiosas de origem africana. Essa postura da FNB se justifica pelo próprio contexto da época, em que tais crenças eram vistas como primitivas e punham em xeque a capacidade cognitiva dos negros. Deixar de praticar os ritos das religiões afro-brasileiras seria, portanto, uma forma de demonstrar que os negros eram tão "civilizados" quanto os brancos. Apesar dessa posição conservadora, a atuação da FNB foi importante na denúncia e no combate ao racismo, e na promoção de ações voltadas para a formação e a ascensão social dos negros.

Nos anos seguintes, o movimento negro assumiria novas facetas (e se multiplicaria), entre as quais se destaca a valorização de uma "estética afro" presente no imaginário e no repertório da identidade nacional. É como se os militantes negros dissessem: "os símbolos da brasilidade são de origem africana, que foi preservada sobretudo no interior dos candomblés". De fato, o trabalho de intelectuais e artistas como Roger Bastide e Pierre Verger reforçou os traços e continuidades entre África e Brasil, no que tange à religiosidade e à cultura.

Quando as "pequenas Áfricas" presentes nos terreiros ganham mais visibilidade na literatura, na fotografia, nas artes plásticas — a exemplo, respectivamente, das obras de Jorge Amado, Pierre Verger e Carybé — e na música — do samba à bossa, como demonstraram Amaral e Silva (2006) —, seus "representantes", pais e mães de santo, passam também a dialogar mais diretamente com figuras da academia e do poder público, negociando políticas de valorização das "tradições afrorreligiosas", cujo ápice são as políticas de patrimônio.

Quanto mais as políticas públicas de valorização das heranças africanas no Brasil avançam, menos os espaços de culto afro são vistos como "religiosos". Ou seja, tendo como caso exemplar os candomblés, quanto mais eles são reconhecidos como "lócus da cultura negra no Brasil", menos são vistos como "religião", a ponto de serem reconhecidos oficialmente como "povos tradicionais de matrizes africanas".

Afirmar que os terreiros são "povos tradicionais" não exclui necessariamente o caráter religioso desses espaços e das ações ali praticadas, mas não deixa de minimizá-los. Por essa razão, o poder público passa a desenvolver e financiar projetos gestados por liderança afrorreligiosas, uma vez que elas seriam também lideranças comunitárias e a fleuma laica do Estado não permite o intercâmbio com a religião.

O caráter, por assim dizer, "religioso" desses "povos tradicionais" vem à tona, geralmente, nos momentos de conflito, no embate público entre grupos religiosos distintos (em geral entre afros e cristãos). É diante de ações consideradas intolerantes que as fronteiras da "religião" se sobrepõem às da "cultura". Dito de outra forma, diante dos ataques de algumas lideranças de igrejas evangélicas (sobretudo neopentecostais) contra símbolos, espaços, cultos e adeptos de religiões afro-brasileiras, é possível visualizar com clareza as fronteiras entre o "religioso" e o "cultural". Por exemplo, o ataque às imagens dos orixás dispostas em espaços públicos ocorre não porque elas são expressões das culturas africanas no Brasil, mas justamente por serem identificadas como pertencentes a um regime de crença específico que, segundo os "intolerantes", precisa ser "aniquilado".

"Culturalizar" uma religião é, portanto, pressupor uma divisão entre aspectos "religiosos" e "culturais", e sobrepor o segundo ao primeiro. Esse é o movimento que parece ocorrer, no espaço público, quando se observa a relação entre as religiões afro-brasileiras e o Estado, com vistas à promulgação de políticas de reconhecimento e valorização das heranças africanas no Brasil.

Como veremos no próximo capítulo, esse contexto produz efeitos no interior do campo religioso quando, por exemplo, agentes católicos começam a pensar as diferenças étnico-raciais e a propor a realização de liturgias que expressem "o jeito do negro rezar".

2

"Eu sou negro sim, como Deus criou": as ações afrocatólicas

As faces do movimento negro católico

Que negro é esse da "cultura negra", pergunta-se Stuart Hall. Ao formular a questão, ele a insere em um debate mais amplo sobre a necessidade das identidades culturais na pós-modernidade, entendendo que "a identidade é um desses conceitos que operam 'sob rasura', no intervalo entre a inversão e a emergência: uma ideia que não pode ser pensada de forma antiga, mas sem a qual certas questões-chave não podem ser sequer pensadas" (Hall, 2009, p. 104).

Tomar a noção de identidade como um termo em suspeição nos leva a refletir sobre o lugar das lutas das comunidades por reconhecimento público e aquisição de direitos socais. De fato, como apontamos, e como demonstrou Manuela Carneiro da Cunha, o acionamento de sinais diacríticos para compor uma identidade étnica ou racial revela um processo de sujeição, ou seja, de construção de sujeitos sociais, a partir do qual a diferença permite estabelecer relações entre grupos.

Para o segmento afrorreligioso, apostar na "religião como cultura" tem sido um poderoso instrumento de validação de políticas públicas voltadas para valorização da comunidade negra em geral, e dos templos religiosos em particular (apesar do acirramento dos debates públicos em torno da intolerância religiosa). Os católicos, por sua vez, têm desenvolvido uma série de ações que reforçam as lutas dos negros e asseguram sua legitimidade enquanto grupo religioso, capaz de mobilizar forças políticas para beneficiar as comunidades negras. Em outras palavras, embora a Igreja católica brasileira não se apresente como uma "igreja negra", há uma tentativa cada vez maior de se estabelecer como uma "igreja para negros".

O movimento negro católico, assim entendido como o conjunto de grupos que, desde a década de 1970, vem articulando atividades voltadas para a promoção de certa visibilidade institucional do negro no interior da Igreja, direcionou suas ações, desde o início, embasado em três pilares: (i) formulação de uma "teologia negra" (ou "sobre a negritude"), (ii) narrativa da história do negro no Brasil (e na Igreja) e (iii) estabelecimento de uma "liturgia negra". Essas três linhas de ação moviam os agentes católicos (e aqueles que a eles se associavam) a realizar um conjunto de ações coordenadas, de modo que pensar uma ou outra dimensão impactava necessariamente as outras.

Este capítulo pretende desdobrar esses três aspectos do movimento negro católico, a fim de compreender de que modo os chamados "símbolos da herança africana no Brasil" são apropriados por esses agentes para que possam legitimar suas ações políticas voltadas para a população negra dentro e fora do campo religioso. Dito de outro modo, evocam-se aqui algumas características da configuração do movimento negro católico, sem, no entanto, refazer todo seu processo de criação.[43] Esse recuo estratégico tem por objetivo evidenciar elementos que nos permitam compreender como essas três esferas — teologia negra, releitura da história do negro no Brasil pelo ponto de vista do catolicismo e adoção de uma liturgia inculturada — culminam em ações que apoiam determinados atos do movimento negro mais amplo e permitem, dentro da própria Igreja, o estabelecimento de um diálogo institucional com representantes das religiões afro-brasileiras.

O movimento negro católico não se confunde com o "catolicismo negro", pois este se assenta sobre práticas rituais do chamado "catolicismo popular", que agrega à cosmologia e à liturgia católica oficial devoções e práticas de origens africanas,[44] mas sem que a identidade étnico-racial ou pautas do movimento negro sejam acionadas. Ou seja, nesse tipo de devoção católica, não se pretende elaborar uma "teologia negra" ou estabelecer uma "liturgia inculturada", menos ainda são realizadas ações de militância político-ideológica. Por outro lado, como veremos a seguir, são os agentes do movimento negro católico que acionam elementos desse catolicismo negro (por exemplo, a devoção aos santos negros como São Benedito, Santa Efigênia e Nossa Senhora Aparecida), a fim de impor à hierarquia eclesiástica um debate sobre as relações étnico-raciais no interior da Igreja.

43 Sobre a configuração do movimento negro católico, ver, entre outros, Valente (1994), Reginaldo (1995), Miranda (2001), Hoornaert *et al.* (1988), Santos Filho (2012) e Oliveira, R. S. (2016).

44 Há inúmeros trabalhos sobre o catolicismo popular negro no Brasil. Destacamos a reflexão de Souza (2002), que sintetiza os principais aspectos desse tipo de devoção.

O Concílio Vaticano II, realizado em Roma de 1962 a 1965, impactou positivamente as ações políticas que se desenvolviam no seio da Igreja e na sociedade civil, apesar da ação contrária de grupos conservadores, pois estabeleceu as novas bases do posicionamento do catolicismo romano perante os desafios impostos pela modernidade. Os aspectos ligados às alterações na liturgia, à relação com as ciências e outras religiões (sobretudo as não cristãs) e ao reconhecimento da diversidade étnico-racial e cultural dos fiéis caracterizaram problemas de grande envergadura a serem enfrentados pelos agentes católicos.

Para a construção de uma agenda comum de ações, foi realizado um conjunto de reuniões continentais com bispos nas conferências gerais do Conselho Episcopal Latino-Americano e Caribenho (Celam), cujos temas e diretrizes eram apresentados pelo Vaticano, mas cabia aos clérigos locais as "traduções" dessas grandes orientações teológicas e pastorais da Igreja universal para os contextos locais. Depois do Concílio, as conferências do Celam[45] — em Medellín, em 1968; em Puebla, em 1979; em Santo Domingo, em 1992; e em Aparecida, em 2007 — reforçaram, cada uma a sua maneira, aspectos da Teologia da Libertação[46] e sua importância no desenvolvimento da ação eclesiástica na América.

Certos agentes da hierarquia católica não possuíam familiaridade com a diversidade cultural e étnico-racial dos católicos. Por isso, no caso brasileiro, a Conferência Nacional dos Bispos do Brasil (CNBB) convocou um grupo de trabalho para

45 Os documentos completos das conferências podem ser conferidos em Celam (2004).

46 Sobre o movimento da Teologia da Libertação e seus impactos na Igreja católica, ver, entre outros, Libânio (1987); Gutiérrez (2000); Boff e Boff (2005).

subsidiar os bispos que participariam da 3ª Conferência Episcopal Latino-Americana, ocorrida em Puebla de Los Angeles (México), de 27 de janeiro a 13 de fevereiro de 1979, cujo tema era "O presente e o futuro da evangelização na América Latina". Dom José Maria Pires (dom Zumbi, arcebispo emérito da Paraíba) comenta que a comitiva brasileira precisava conhecer mais sobre as diversas culturas que compunham a nação.[47] Cabe frisar que o movimento negro católico nasce da necessidade que os bispos tinham de falar sobre uma realidade que eles não conheciam. Dado que iam participar de um seminário internacional sobre o tema, foram obrigados a olhar para a composição de seus fiéis e reconhecer ali uma diversidade étnico-racial.

Os membros do grupo de trabalho pontuaram a necessidade de continuar a reflexão teológica sobre os negros. O grande expoente desse movimento foi o grupo ecumênico (ou seja, que agrega também cristãos de outras confissões além da católica) Atabaque, formado por teólogos e intelectuais de outras áreas das ciências humanas, propondo pautar questões de negritude ligadas à teologia. A sede do grupo foi fixada na cidade de São Paulo e teve à frente, durante todo seu período de atividade, o padre Antônio Aparecido da Silva, o padre Toninho, pároco da Igreja Nossa Senhora Achiropita e provincial da Pequena Obra da Divina Providência — Dom Orione (Orionitas).

De fato, padre Toninho foi o sacerdote que pautou a discussão da Igreja e da militância negra em torno das questões raciais. Sua atuação foi decisiva para que esse tema fosse debatido pela cúpula da Igreja no Brasil, além de ter influenciado a formação de boa parte dos militantes, especialmente quando foi reitor do Instituto Teológico de São Paulo (Itesp). Suas atividades de militante e teólogo não estavam descoladas de

47 Dom José Maria Pires, entrevista concedida ao autor, 2010.

suas ações eclesiásticas. Dessa forma, como responsável pela Paróquia Nossa Senhora Achiropita (localizada no bairro do Bixiga, na capital paulista), desenvolveu uma série de ações voltadas para a acolhida da população pobre, com destaque para o trabalho realizado com crianças carentes e a fundação da Pastoral Afro Achiropita.

Ao relembrar a trajetória do padre Toninho, por ocasião de sua morte em 17 de dezembro de 2009 (aos 61 anos, 33 deles dedicados ao sacerdócio), o teólogo Afonso Maria Ligorio Soares assim se expressou:

> Assessor e incentivador, junto à CNBB, das discussões em torno de uma atenção pastoral à questão negra, ele esteve presente na criação dos Agentes de Pastoral Negros (APN) em 1983, batalhou pela visibilidade e pelo combate ao drama do racismo nas assessorias que prestou ao episcopado durante as Conferências de Puebla e Santo Domingo, e manteve-se como principal liderança da Pastoral Afro nos últimos trinta anos. Lembro-me de quão decisiva foi, para o desabrochar da consciência negra junto aos estudantes, a sua gestão à frente da atual Faculdade de Teologia da PUC-SP. Além disso, ele também presidiu a Sociedade de Teologia e Ciências da Religião (Soter) em um período delicado para a consolidação da reflexão teológica latino-americana. Depois, no final de 1990, padre Toninho reuniu um pequeno grupo de militantes da causa negra — homens e mulheres; leigos e presbíteros; católicos, protestantes e iniciados na tradição dos orixás; filósofos, educadores, teólogos e terapeutas — e juntamente com estes fundou o grupo Atabaque de Teologia e Cultura Negra (hoje, Centro Atabaque). O Atabaque, sob a liderança e sustentação diuturna de Toninho, firmou-se como uma ONG ecumênica que se reúne até hoje com o propósito de subsidiar a reflexão e a prática dos APN, intensificando também o intercâmbio com

> grupos e entidades internacionais envolvidos com a luta pela cidadania plena de todos os afrodescendentes. (Junges, 2009)

Como teólogo e militante, padre Toninho dedicava atenção à produção de uma "teologia negra", isto é, uma reflexão teológica que levasse em consideração aportes étnico-raciais. Sua atuação, tanto na Soter, sediada na Faculdade de Teologia Nossa Senhora da Assunção, em São Paulo,[48] quanto como professor universitário lhe possibilitou debater com proeminentes intelectuais católicos e ainda abriu a teologia ao diálogo interdisciplinar. Apoiado por dom Paulo Evaristo Arns (à época arcebispo de São Paulo), desenvolveu um trabalho com os seminaristas. O padre José Enes de Jesus (atual presidente do Instituto do Negro Padre Batista) recorda que foi ainda como estudante de teologia que pôde debater questões raciais com personalidades como Florestan Fernandes, diálogos esses intermediados pelo padre Toninho.

O grupo Atabaque era um espaço de debate teológico e de experimentação. Discutia temas sobre os quais até hoje não há consenso no interior da Igreja católica no Brasil: a "dupla pertença" (possibilidade de alguém professar o catolicismo e ser adepto de uma religião afro-brasileira ao mesmo tempo), a existência de um "pensar teológico negro", o estabelecimento de um "jeito do negro rezar" por meio da justificativa teológica e pastoral das chamadas liturgias inculturadas afro-brasileiras.

Esse grupo gestou alguns temas que se transformaram em dissertações de mestrado e teses de doutorado, defendidas tanto no campo da teologia e das ciências da religião quanto no da sociologia, além de vários artigos publicados em inúmeras revistas científicas. Os títulos desses textos revelam de que

48 Hoje a Faculdade de Teologia Nossa Senhora da Assunção foi incorporada pela PUC-SP. Na época de atuação do padre Toninho, as duas instituições já mantinham relações bastante próximas.

modo se abordavam essas questões; destacam-se, entre outros, *Candomblé e salvação: a salvação na religião nagô à luz da teologia cristã*, de Franziska C. Rehbein; *Teologia e negritude: um estudo sobre os* APN e *Um clamor de justiça*, de José Geraldo da Rocha; *O atabaque na Igreja*, de Gabriel Bina; *Negra sim, negro sim, como Deus me criou: leitura da Bíblia na perspectiva da negritude*, coletânea organizada por Ildo Bohn Gass, Selenir Corrêa Gonçalves Kronbauer e Sônia Querino dos Santos e Santos; e *Encontro e solidariedade: Igreja católica e religiões afro-brasileiras no período 1955-1995*, de Vilson Caetano de Sousa Júnior.

Percebe-se um esforço intelectual em ler a fé católica de acordo com certos pressupostos raciais ou "culturais" negros, ou do ponto de vista das religiões afro-brasileiras. Isso se deve, sobretudo, a dois fatores: (i) o movimento negro católico já nasce estabelecendo um diálogo muito próximo com os religiosos afro-brasileiros (particularmente do candomblé do complexo jeje-nagô); e (ii) por extensão, é no repertório dessas religiões que serão inventariados os sinais diacríticos que permitirão tanto a formulação de uma "identidade negra católica" quanto o desenvolvimento das liturgias inculturadas.

As acusações que o grupo sofria (e sofre até hoje) de estar pondo "macumba na igreja", apesar do termo pejorativo utilizado para caracterizar as religiões afro-brasileiras, não deixava de ter eco nas ações desses religiosos. Dom José Maria Pires recorda que, na primeira missa afro que realizou na catedral, as pessoas choravam, pois se sentiam profundamente constrangidas com aquela profusão de símbolos, que elas associavam ao universo afrorreligioso, sendo incorporados à celebração católica. A partir desse episódio, o bispo refletiu e resolveu introduzir os elementos paulatinamente, "para não chocar o povo".[49]

49 Dom José Maria Pires, entrevista concedida ao autor, 2010.

O próprio padre Toninho enfrentou dificuldades em realizar as missas afro em sua paróquia. Inicialmente, as celebrações ocorriam no salão de eventos da igreja. Mesmo assim, ele foi alvo de protestos e abaixo-assinados enviados ao arcebispo de São Paulo, exigindo a sua saída. Dona Jenny, uma das integrantes mais antigas da Pastoral Afro Achiropita, recorda que chegou a ver um desses abaixo-assinados na secretaria da igreja: "Os brancos não queriam ele", afirma.[50]

Uma forma de enfrentar essas dificuldades, segundo esses agentes, foi por meio da produção de conhecimento. O próprio padre Toninho narra o início de sua militância nesse encontro entre academia e trabalho pastoral, junto com outros padres:

> Na década de 1970, os movimentos sociais estavam em evidência. A luta pela superação do regime militar marcava um momento forte dentro do país. Nesse contexto, o movimento negro começava a se reorganizar na sociedade civil. Eu e mais alguns jovens padres negros, recém-ordenados, começamos a entender que esse movimento deveria também ter seu braço na Igreja, pois a discriminação que os negros sofriam na sociedade civil também era vivida dentro das igrejas. Entendíamos que, se a Igreja não acompanhasse as conquistas dos negros na sociedade civil, ela, que deveria estar à frente, ficaria para trás. Naquela época, não víamos negros nos primeiros escalões das instituições civis, tampouco nos primeiros escalões da Igreja. Era evidente que, para superar esse problema, deveríamos iniciar um trabalho de conscientização.[51]

Entre os interlocutores do padre Toninho em São Paulo, havia os padres Mauro Batista, que também lecionava na PUC-SP

50 Dona Jeny, entrevista concedida ao autor, 2010.
51 Entrevista com padre Toninho, *Portal Afro*, [s.d.]. Disponível em: https://www.portalafro.com.br/dados_seguranca/entrevistas/padretoni/toninho.htm.

e desenvolvia um trabalho na Vila das Belezas, na região de Santo Amaro; Edir Maria, que atuava na cidade de Lins, interior paulista, mas estava estudando na capital; Batista, que trabalhou na Catedral da Sé, no centro de São Paulo, e fundou o Instituto do Negro, que hoje leva seu nome e desenvolve ações na área de educação; e ainda o comboniano[52] Heitor Frizotti.

Pensar uma "teologia negra" implica a proeminência de três temas: a "espiritualidade do povo negro", a liturgia inculturada afro-brasileira e a conciliação entre fé e militância.

Considerando o contexto da Igreja católica na América Latina, em especial depois do advento da Teologia da Libertação, equacionar a profissão de fé com a militância política e/ou social não tem sido uma tarefa muito difícil, apesar dos protestos das alas mais conservadoras da hierarquia eclesiástica. Fato é que, após o Concílio Vaticano II, que estabeleceu novas bases para a Igreja, e impulsionado pelas conferências gerais da Celam ocorridas em 1968 e 1979, o "pobre" (tal como formulado pela Teologia da Libertação, portanto, o proletário) passou a ser o destinatário preferencial das ações eclesiásticas. Nesse sentido, no Brasil, a organização dos fiéis em pequenos núcleos de sociabilidade, nos quais ações religiosas e sociais se mesclam formando um todo orgânico em que uma dimensão dá suporte a outra, possibilitou o desenvolvimento de uma reflexão sobre discriminação racial e pertencimento religioso.

52 "Os missionários combonianos somos um instituto religioso exclusivamente missionário e nos dedicamos à evangelização dos povos. O nosso serviço missionário é marcado por quatro dimensões: os povos, os pobres, o exterior (periferia) e por toda a vida. Daniel Comboni, depois de ter procurado envolver vários institutos na realização do seu Plano (salvar a África com a África), decidiu fundar em Verona, no dia 1º de junho de 1867, o instituto para as missões da África"; ver "Quem somos", Missionários Combonianos Brasil, [s.d.]. Disponível em: https://combonianos.org.br/missionarios-combonianos/.

O documento conclusivo da Conferência de Puebla identifica os "afro-americanos" como uma das faces visíveis do "Cristo sofredor":

> Esta situação de extrema pobreza generalizada adquire, na vida real, feições concretíssimas, nas quais deveríamos reconhecer as feições sofredoras de Cristo, o Senhor (que nos questiona e interpela): [...] feições de indígenas e, com frequência, também de afro-americanos, que, vivendo segregados e em situações desumanas, podem ser considerados como os mais pobres dentre os pobres. (Celam, 2004, § 31)

O padre Toninho, inclusive, considera que essas duas dimensões são indissociáveis:

> O que é a religião? No fundo, é uma mediação que quer levar às pessoas a consciência de que são filhos de Deus e, portanto, com direitos garantidos, como dignidade. A religião deve ajudar na recuperação desta dignidade. Nesse sentido, a figura do religioso e do político, no amplo sentido desta palavra, se encontram. Não a religião apenas como religião, mas também como objetivo, pois ela nasce com objetivos, ela não pode ser neutra. No cristianismo significa fazer uma opção por aqueles escolhidos por Jesus, ou seja, os pobres. A Igreja, portanto, é partidária, e seu partido é o dos pobres. E entre nós quem são os mais pobres? São os negros e mais um grande número de pessoas que vivem na exclusão.[53]

O Centro Atabaque reunia, de certo modo, o núcleo dos gestores da teologia negra católica. Havia também outros núcleos de debates espalhados pelo Brasil e alguns fóruns de

53 Entrevista com padre Toninho, *Portal Afro*, [s.d.]. Disponível em: https://www.portalafro.com.br/dados_seguranca/entrevistas/padretoni/toninho.htm.

discussão, como o Congresso Nacional das Entidades Negras Católicas (Conenc), que reunia lideranças desses vários grupos, incluindo os Agentes de Pastoral Negros.

De acordo com os manuais distribuídos pela Pastoral Afro-Brasileira, o Conenc surge da necessidade de realizar um balanço das atividades desenvolvidas pelos diversos organismos de militância negra católica. Nesse momento de reflexão, são traçadas novas estratégias de ação, mas também ocorrem debates sobre as justificativas teológicas e pastorais dessas mesmas ações. Ou seja, o Conenc tem por objetivo fazer uma análise de conjuntura e planejar os rumos do movimento. Enquanto espaço de formação, teólogos discorrem sobre temas constantemente trazidos à tona quando a Igreja se apresenta no debate sobre políticas públicas voltadas à população negra, quando denuncia o racismo institucionalizado que se mostra também no contexto religioso, e quando implementa liturgias que expressam a "cultura negra" ou a "espiritualidade negra", ou ainda "o jeito do negro rezar".

Os militantes afrocatólicos parecem já ter superado as acusações sobre a conivência de lideranças católicas com o tráfico de pessoas escravizadas e com a manutenção desse tipo de trabalho forçado durante os períodos coloniais e imperiais brasileiros. De fato, a realização da Campanha da Fraternidade de 1988,[54] que teve o negro como tema central,

54 A Campanha da Fraternidade é uma ação realizada pela Igreja católica através da CNBB e da Cáritas Brasileira, cujo objetivo é ampliar a evangelização. Surgiu como uma ação da Cáritas Brasileira para arrecadar fundos para os trabalhos beneficentes. Incorporada pela CNBB, tornou-se um mecanismo de defesa dos interesses sociais dos menos favorecidos e uma forma de alertar sobre problemas sociais gerais, além de arrecadar fundos para efetivar os projetos ligados a cada tema, escolhidos anualmente. Ana Lúcia Valente (1994), ao analisar os Agentes de Pastoral Negros, acompanhou o desenvolvimento da campanha de 1988. Em minha dissertação (Oliveira, R. S., 2016), investigo os impactos dessa campanha na configuração das liturgias afro.

e os sucessivos pedidos de perdão realizados pelo papa João Paulo II equacionaram essa questão.

O lema da Campanha da Fraternidade de 1988 foi "Ouvi o clamor desse povo". Ao revisitar a trajetória dos negros e de seus descendentes, o texto oficial ressalta que, de fato, agentes da Igreja foram condescendentes com a violência impingida pela escravidão, mas houve casos de resistência. A partir daquele momento, a Igreja fazia sua mea-culpa, pedia perdão e convidava também os negros a perdoarem seus algozes e, junto com ela, trabalharem pela superação de todas as formas de discriminação e pela implementação de políticas reparatórias (CNBB, 1988, § 146). O primeiro pedido de perdão enunciado pelo papa João Paulo II, reconhecendo que houve, sim, participação da Igreja no tráfico de africanos escravizados, deu-se em 1992, por ocasião de sua visita a Gorée, no Senegal:

> Estes homens e estas mulheres foram vítimas de um vergonhoso comércio, no qual tomaram parte pessoas batizadas, mas que não viveram a sua fé. Como se hão de esquecer os enormes sofrimentos infligidos, com menosprezo dos mais elementares direitos humanos às populações deportadas do continente africano? Como esquecer as vidas humanas destruídas pela escravidão? Deve ser confessado, com toda a verdade e humildade, este pecado do homem contra o homem, esse pecado do homem contra Deus. [...] A partir desse Santuário africano da dor negra, *nós imploramos o perdão do céu*. Nós rogamos para que no futuro os discípulos do Cristo se mostrem plenamente fiéis e observantes aos mandamentos do amor fraterno legado pelo seu Mestre.[55]

55 Papa João Paulo II, "Discours de sa Sainteté Jean-Paul II à la communauté catholique de l'Île de Gorée dans l'Eglise de Saint Charles Borromée", 22 fev. 1992 (grifos nossos).

Em outubro do mesmo ano, João Paulo II voltou a tratar do tema na abertura da Conferência do Celam na República Dominicana, ocasião em que repetiu essas mesmas palavras e acrescentou a necessidade de valorizar a cultura afro-americana no processo de evangelização.[56] Fazendo eco às recomendações do pontífice, os bispos do Celam reafirmaram o compromisso da Igreja para com as populações marginalizadas (referenciadas no texto como "pobres") e assumiram, como parte de suas atribuições, defender e apoiar a luta de negros, indígenas, mulheres etc.

Uma vez que a Igreja se julgava expurgada do "pecado" cometido contra os negros, era necessário reparar as suas consequências. Entram em cena, então, os dois outros temas que têm envolvido os militantes negros católicos até hoje: a teologia negra e as liturgias inculturadas.

Esses temas passaram a ser enfrentados de modo mais direto pelo grupo Atabaque e pelo Conenc, como já mencionamos. Por um lado, as discussões entre os membros do Atabaque repercutiam em textos acadêmicos (que alimentavam a prática pastoral); por outro, o Conenc tinha a difícil missão de "traduzir" a linguagem teológica para a militância e estabelecer diretrizes de ação.

O primeiro Conenc aconteceu em 1998, mas, como ressaltou o coordenador nacional da Pastoral Afro-Brasileira, não há nenhum registro sobre esse evento.[57] As conclusões dos debates só passaram a ser registradas em "cartas-compromisso" a partir da segunda edição, em 2000. Essas "cartas" apresentam de maneira sintética os pontos principais de cada um desses encontros. Em geral, o Conenc era realizado a cada dois

56 Papa João Paulo II, "Mensaje del santo padre Juan Pablo II a los afroamericanos", 12 out. 1992.

57 Padre Jurandyr Azevedo, Discurso de abertura do 8º Conenc, Duque de Caxias, 17 jul. 2015.

anos, e, nos intervalos, aconteciam os congressos estaduais e o latino-americano e caribenho, mas essa periodicidade nem sempre foi respeitada e em 2012 decidiu-se que os encontros nacionais seriam realizados a cada três anos, enquanto nesse ínterim ocorreriam os congressos estaduais e continental.

Realizado em Salvador, o 2º Conenc serviu como preparação para o Encontro da Pastoral Afro-Americana que aconteceria na mesma cidade no ano seguinte (2000). Na carta de encerramento, destacou-se que

> a questão maior é esta: nós temos a missão da reconstrução da identidade e da vida [...], nós temos aprendido que ser negros e negras é uma tomada de posição, é tomada de consciência, de escolha, de opção. Ser negro é uma questão política. Ser negro e negra é muito mais do que ter a pele preta. Ser negro e negra é uma atitude de responsabilidade, é uma atitude política.[58]

O 3º Conenc, ocorrido em Goiânia, em 2003, discutiu os desafios da construção e da organização da Pastoral Afro em seus vários níveis eclesiais (paroquial, diocesano, regional, nacional), o comprometimento com a implementação das políticas públicas e ações afirmativas e a valorização da história dos negros no Brasil. Comentando as conclusões desse encontro, Gabriel dos Santos afirma que

> não se trata tanto de "resgatar" um passado não vivido, e sim um passado muito próximo, que, para muitos dos membros fundadores desta pastoral, ainda está nas suas memórias [...]. Diante disso, tudo aponta para levantar-se a hipótese de que, sendo exatamente alguns membros do clero católico negro que criaram

58 Padre Jurandyr Azevedo, Discurso de abertura do 8º Conenc, Duque de Caxias, 17 jul. 2015. O trecho da carta de encerramento do 2º Conenc foi lido pelo padre durante a abertura do 8º Conenc.

> a Pastoral Afro, o fizeram para que esta cumprisse a função de restabelecer os laços de uma espiritualidade primeva que havia sido cortada quando da institucionalização do vínculo religioso exclusivo à Igreja católica, substituindo, assim, os primeiros vínculos religiosos dados pela alteridade da comunidade de base pelos vínculos religiosos institucionais dos profissionais da fé. É o que sugere pensar o depoimento do frei Tatá, quando ele diz que, durante a sua infância, o seu pai era umbandista, e do carmelito Cunha, que, por algumas vezes, disse ter sido criado pelo orixá Ogum — o orixá ao qual era atribuído o transe de sua mãe biológica. (Santos, 2013, p. 51)

Em 2006, no 4º Conenc, o tema da implementação da Pastoral Afro é retomado a partir do estudo do Documento 85 da CNBB (que trata especificamente das diretrizes dessa pastoral). A novidade é que aqui aparece a necessidade de

> fomentar sempre a presença, nas atividades religiosas e culturais, dos símbolos da nossa cultura (música, dança, vestuário, estética afro, exposição de bonecas, literatura brasileira, filmes etc.); organizar bibliotecas nas comunidades paroquiais (literatura para todas as idades); exigir junto às escolas o cumprimento imediato da Lei 10.639/03.[59]

Podemos perceber que os debates ocorridos no interior da Igreja não estão descolados da conjuntura nacional. Ao cobrarem a aplicação da lei que estabelece a obrigatoriedade do ensino de história e cultura africanas e afro-brasileiras na educação nacional, os militantes também exigem a aplicação desses princípios na catequese (isto é, na formação religiosa disponi-

59 Tema do 4º Conenc retomado por padre Jurandyr Azevedo, Discurso de abertura do 8º Conenc, Duque de Caxias, 17 jul. 2015.

bilizada às crianças católicas em casas paroquiais). O Grupo de Estudos de Educadoras Negras (pertencente à Pastoral Afro Nacional) elaborou e distribuiu, em 2015, uma cartilha com diretrizes para essa implementação nas comunidades.

O tema das políticas públicas e do combate ao racismo reaparece de forma incisiva no 5º Conenc, realizado em 2007. Segundo os congressistas,

> percebe-se também que as políticas públicas não enfrentam o racismo na base. Percebemos que o racismo está presente, introjetado em todos os aspectos: religioso, cultural, econômico-ideológico da sociedade; ou não conseguiremos nova consciência na luta de um novo mundo.[60]

Os militantes defendem uma postura que vá além da aceitação de políticas públicas compensatórias: o racismo estrutural é apontado como causa da discriminação contra negros, inclusive no interior da Igreja, que cada vez mais enfrentava resistência em aceitar as liturgias inculturadas. Nesse período, as relações entre a cúpula da Pastoral Afro e dos Agentes de Pastoral Negros começam a ficar estremecidas, uma vez que havia a mútua acusação de que ambos os grupos vinham se "desviando de seus princípios". A cisão entre a CNBB e os Agentes de Pastoral Negros foi concretizada em 2009, por meio de uma carta. Essa atitude desagradou os militantes de ambos os grupos, que afirmaram não ter sido comunicados. Na prática, entretanto, ainda há um trânsito entre os membros de um e outro coletivo.

Em minha dissertação de mestrado (Oliveira, 2011), analisei esse processo de ruptura, demonstrando que, quanto mais a Pastoral Afro se dedicava à promoção de uma liturgia incul-

60 Tema do 5º Conenc retomado por padre Jurandyr Azevedo, Discurso de abertura do 8º Conenc, Duque de Caxias, 17 jul. 2015.

turada e à inserção do negro na Igreja, menos ela obtinha visibilidade no debate público acerca da promoção da igualdade racial. Nesse jogo político, membros da Pastoral Afro sempre circularam (e continuam circulando) nas instâncias decisivas de poder (participação em conselhos de promoção e defesa da igualdade racial, combate ao racismo e à intolerância religiosa), e o órgão detinha assento permanente no conselho da Secretaria de Políticas de Promoção da Igualdade Racial (Seppir). Fato é, também, que sob o prestígio da CNBB, a Pastoral Afro passou a ser um interlocutor mais legítimo junto ao poder público do que os Agentes de Pastoral Negros, que tiveram presença pública menos visível, embora ainda atuante como mais um organismo do movimento negro civil.

A cidade de São Luís, no Maranhão, foi palco para o 6º Conenc, ocorrido em 2009. Ali a ênfase foi a recém-realizada Conferência do Celam (inaugurada pelo papa Bento XVI em Aparecida, de 13 a 31 de maio de 2007), cujas conclusões foram lidas em paralelo àquelas de Puebla (1979). Uma série de cartas de apoio foram redigidas (à comunidade quilombolas, aos jovens etc.), e o grande compromisso foi o de pôr em prática a "teologia afro-brasileira", ressaltando as celebrações inculturadas.

Minha pesquisa de mestrado, que analisa os significados das liturgias afrocatólicas, propiciou um convite da coordenação nacional da Pastoral Afro-Brasileira para apresentar parte das conclusões do meu trabalho na 7ª edição do Conenc, realizada em Londrina, em fevereiro de 2012. Além disso, fui encarregado de fazer uma análise de conjuntura sobre a situação do negro no Brasil.[61] Minha participação

61 Como já mencionado, o diálogo entre academia e lideranças religiosas sempre foi constante, mesmo quando os pesquisadores não são adeptos do sistema de crença de quem os convida a realizar palestras, cursos de formação ou consultorias para a elaboração de subsídios. Nos últimos anos, esse diálogo tem contado também com a presença de outros profissionais, como das áreas médica e jurídica. No meu caso, já fui requisitado para falar

tinha como objetivo oferecer subsídios para a reflexão dos congressistas, que analisariam os dados apresentados por mim à luz dos conhecimentos teológicos católicos e, com base neles, desenvolveriam estratégias de ação.

Essa sistemática, conhecida como ver-julgar-agir, foi adotada pela Igreja católica no Brasil na elaboração de todos os seus documentos depois do Concílio Vaticano II. Atualmente ela conta com mais dois passos: rever e celebrar, em que as ações são reavaliadas e replanejadas de acordo com os resultados obtidos. Portanto, não coube a mim realizar nenhum exercício reflexivo, mas apresentar dados oficiais sobre a situação socioeconômica dos negros, sendo que a análise desses dados ficou a cargo dos assessores religiosos. Foram destaques, nesse congresso, as liturgias inculturadas e uma polêmica envolvendo os delegados.

Pela primeira vez, segundo o relato de alguns participantes do 7º Conenc, a Pastoral Afro tinha limitado o número de participantes por estado, o que reduziu consideravelmente o quórum. Muitos dos presentes alegaram que essa sistemática excluía os militantes do debate e dificultava a comunicação. Os representantes da coordenação nacional, por sua vez, alegaram que a limitação no número de congressistas se fazia necessária devido à dificuldade de encontrar um espaço que pudesse comportar um grande número de pessoas sem um custo elevado. Justificativas dadas, ainda que não aceitas totalmente, o evento se desenrolou nos dois dias seguintes, oscilando entre momentos de tensão e consensos. O ponto alto do debate ocorreu no segundo dia do encontro, quando o assessor nacional da comissão litúrgica da CNBB começou a discorrer sobre a inculturação na liturgia. Sua intervenção se dividiu em três partes: explicação sobre o sentido da liturgia

---

em contextos afro, católicos e protestantes. Parte desses convites se deu antes do início da pesquisa, e o volume foi aumentando à medida que eu me tornava mais conhecido nos âmbitos religioso e acadêmico.

católica romana, debate sobre o que a Igreja entendia como inculturação nos rituais litúrgicos e, por fim, análise de algumas ações que vinham sendo desenvolvidas.

Se a primeira e a segunda partes geraram bastante interesse nos ouvintes, que chegaram a ficar impressionados com a quantidade de informações novas que recebiam, a terceira provocou certos constrangimentos. Ao partir de alguns exemplos de rituais inculturados retirados de missas afro, sertanejas, crioulas etc., a fala do assessor era rebatida por vários militantes presentes.

Desde a Missa dos Quilombos, celebrada em 1981 na Praça do Carmo, em Recife, muitos conflitos são enfrentados pelos agentes afro na tentativa de estabelecer uma celebração cujos elementos culturais (os chamados "símbolos da herança africana no Brasil") possam ser adicionados ao rito católico. A maior acusação seria a de que, ao importarem tais elementos, os militantes estariam deturpando o sacro ritual com elementos de outras religiões. O desafio, portanto, estava em demonstrar que se tratava da incorporação de "símbolos culturais" e não "religiosos". Mais adiante retomaremos esse ponto, mas aqui cabe destacar que a preocupação do assessor de liturgia era demonstrar que, no universo de símbolos possíveis disponíveis na cultura, há uns que são bons para ser incluídos no ritual católico e outros não. Dito de outra forma, era como se cada elemento possuísse uma natureza intrínseca que potencializasse uma interpretação, independentemente do contexto. Por exemplo, a água sempre seria vista como "elemento de purificação". O consenso a que se chegou ao final do debate foi de que era necessário construir um subsídio nacional que orientasse a preparação dessas liturgias, evitando os "exageros". Rejeitou-se, porém, a elaboração de um "ritual afro-brasileiro", como o que existe na República Democrática do Congo.

O documento final apontou, novamente, a necessidade de reestruturar a Pastoral Afro-Brasileira em seus vários níveis (local, diocesano, regional e nacional), elaborar subsídios de formação e melhorar a circulação de informação entre os militantes. Na carta-compromisso também se registrou que:

> Ao longo do congresso, refletimos sobre a espiritualidade litúrgico-cristã compreendendo nossa identidade cultural como enriquecedora da vida eclesial, reconhecida no Documento de Aparecida: "os afro-americanos se caracterizam, entre outros elementos, pela expressividade corporal, pelo enraizamento familiar e pelo sentido de Deus". Nessa perspectiva, reconhecemos que nossa espiritualidade tem sido uma forma de resistência e está intrinsecamente ligada à nossa identidade.[62]

O 8º Conenc ocorreu em Duque de Caxias, no Rio de Janeiro, de 16 a 19 de julho de 2015. Com o tema "Profetismo: construir uma sociedade justa e solidária" e o lema "Chamei você para o serviço da justiça" (Isaías 42:6), essa edição teve algumas inovações. Em primeiro lugar, a coordenação investiu na limitação de vagas, estabelecendo que os congressistas participariam do evento na qualidade de delegados, isto é, voltariam para suas dioceses com a responsabilidade de repassar os conteúdos a seus grupos de base. A segunda novidade foi a realização de "Conenquinhos", encontros menores nas regionais e dioceses, guiados por um documento previamente elaborado sobre o tema do congresso, a fim de preparar os delegados que participariam do encontro nacional. Novamente, essa postura foi reprovada por alguns militantes, que alegaram que a CNBB estava restringindo a livre participação nos espaços de deliberação. A resposta da assessoria foi semelhante à de 2012, acrescentando que era necessário transformar os Conenc em

62 "Mensagem do 7º Congresso Nacional das Entidades Negras Católicas", Londrina, 12 fev. 2012.

espaços de discussão e estabelecimento de proposições que seriam replicadas em cada contexto local. Essa nova metodologia impossibilitava que se acolhesse um número ilimitado de participantes. Com o propósito de ser realizado a cada três anos, esse período intermediário seria necessário para realizar os encontros regionais antes e depois do nacional.

Entre os assessores convidados estava Eloi Ferreira de Araújo, ex-ministro da Seppir, que discorreu sobre as políticas públicas voltadas à população negra e sublinhou a participação decisiva da CNBB, por meio da Pastoral Afro, sobretudo o apoio à aprovação do Estatuto da Igualdade Racial (Lei nº 12.288, de 20 de julho de 2010). A carta final do encontro expressa o compromisso da Pastoral Afro com a defesa das políticas públicas e a valorização da "cultura negra" e da "identidade negra":

> Encorajados pela Palavra de Deus, reafirmamos o nosso compromisso de abertura na perspectiva de ampliação do diálogo inter-religioso. Acreditamos que as ações afirmativas na garantia de direitos fundamentais asseguram a dignidade da pessoa humana e se constituem como caminhos para que a justiça e a igualdade cheguem aos mais necessitados, de maneira particular à juventude negra. Diante do cenário da cultura moderna, apoiamos as políticas públicas a favor da comunidade negra e ressaltamos que se faz urgente uma prática cidadã, que acompanhe tais políticas para que se reverta esse quadro de violência. É necessário que os conselhos de direitos façam de fato o controle social com recorte étnico-racial.[63]

Nessa carta, nota-se a posição simetricamente oposta àquela adotada pelos participantes do 5º Conenc, que haviam rejeitado

63 "Carta-mensagem do 8º Congresso Nacional das Entidades Negras Católicas", Duque de Caxias, 19 jul. 2015.

a ideia de que as políticas públicas fossem uma forma eficaz de combater o racismo, o qual apresentaria feições estruturais na sociedade brasileira. Passados mais de oito anos, é reconhecido o caráter reformador de tais políticas, pois elas ajudariam a assegurar "a dignidade da pessoa humana".

O contexto em que um e outro evento ocorreram apresenta algumas pistas que ajudam a compreender essa mudança de postura. Em 2015, era possível visualizar uma série de medidas concretas que beneficiavam diretamente a população negra: a reserva de vagas nas universidades públicas e nos concursos públicos federais, a aprovação do Estatuto da Igualdade Racial, a criação dos Núcleos de Consciência Negra nas universidades federais (que passaram a desenvolver pesquisas, atividades de extensão acadêmica e capacitação de educadores para lecionar história e cultura africanas, afro-brasileiras e indígenas nas escolas), e o aumento da visibilidade de pessoas negras nos espaços de maior prestígio público (cargos públicos, televisão, universidade etc.).

É preciso considerar também, segundo um levantamento que fizemos, que cerca de 50% dos congressistas de 2015 participavam pela primeira vez de uma edição do Conenc. Além disso, após a morte do padre Toninho em 2009, o grupo Atabaque diminuiu drasticamente suas atividades, e os grupos de trabalho que prestavam assessoria à Pastoral Afro Nacional deixaram de realizar atividades ordinárias a partir de 2010. Quando necessário, são constituídas comissões para preparar eventos, escrever subsídios complementares para as Campanhas da Fraternidade, elaborar atividades de formação para os agentes da Pastoral etc. Por fim, merece destaque também a presença cada vez maior dos militantes católicos nos espaços de decisão, como órgãos de combate ao racismo e de promoção da igualdade racial ou valorização da cultura negra.

Parece haver hoje, por parte do movimento negro católico, uma ênfase menor numa teologia negra, apesar do investimento constante na realização das liturgias inculturadas. A questão "o que se reza", que estaria atrelada a certos princípios espirituais de um grupo étnico específico (no caso, os africanos e seus descendentes no Brasil), é minimizada perante o "como se reza": o conteúdo da fé já está dado no escopo católico, sendo necessário apenas revesti-lo de cultura, ou seja, de cultura negra. O projeto de produção de uma "Bíblia da Negritude" é, se não abandonado, deixado de lado, sem previsão de retomada. Resta apenas celebrar os santos negros presentes no panteão católico.

Como podemos perceber, ao longo dos congressos, cada vez mais a "espiritualidade negra" é identificada por meio de uma série de expressões "culturais" que se manifestam na liturgia, especialmente da missa. Tais elementos simbólicos guardam estreita relação com as religiões afro-brasileiras, como demonstrei em minha pesquisa de mestrado (Oliveira, 2011). E o que se observa é que, à medida que as liturgias inculturadas vão se estabelecendo (com algumas mudanças, mas sem alteração em sua estrutura), as religiões afro-brasileiras passam a ser lidas em duas perspectivas: como "religião" e como "cultura". Ou seja, quando se trata de um debate público sobre intolerância religiosa, combate à discriminação e diálogo inter-religioso, as religiões afro são acionadas como interlocutores (o caso emblemático desse movimento é a constituição de núcleos de diálogo católico-candomblé, como veremos a seguir); e, ao falarem de cultura negra e identidade negra, tais religiões são acionadas como "fiéis guardiãs dos símbolos das heranças africanas no Brasil", reproduzindo, de certa forma, o discurso já cristalizado nos agentes públicos engajados na promoção e na salvaguarda do "patrimônio afro-brasileiro".

Veremos a seguir como essas diretrizes católicas operam na prática.

Ressaltamos anteriormente que uma das preocupações dos agentes negros católicos era a construção de uma narrativa sobre a história do negro no Brasil. Na Igreja, o trabalho de Lucilene Reginaldo (1995) é referencial, a começar pelo título: *Uma história que não foi contada*. De fato, uma das grandes tarefas dos católicos negros tem sido "recontar a história", revisando processos e eventos com o intuito de "resgatar a dignidade do povo negro" e cobrar reparações. Essa ação não está descolada da agenda do movimento negro em geral. É preciso ter em conta que muitos católicos também participavam de outras atividades fora da Igreja. Como conta o padre Jurandyr, a Pastoral Afro nasce justamente da necessidade de pensar a militância no interior da própria Igreja.

Como bem ressalta Lucilene Reginaldo (1995), quando o Grupo Tarefa foi formado, não estava em seu horizonte pensar questões raciais, mas diversidade religiosa e, nos idos de 1978, "religiosidade popular". Foi de certa forma o contexto sociocultural que impôs uma agenda aos católicos. Nesse período, o movimento negro começa a se reorganizar, juntamente com outras minorias (movimentos sindical, estudantil, de mulheres, LGBT+ etc.).

> Um marco desse processo foi a fundação do Movimento Unificado contra a Discriminação Racial (MUCDR), na cidade de São Paulo, em 1978. Posteriormente, foram aprovados o Estatuto, a Carta de Princípios e o Programa de Ação. No seu 1º Congresso, o MUCDR conseguiu reunir delegados de vários estados. Como a luta prioritária do movimento era contra a discriminação racial, seu nome foi simplificado para Movimento Negro Unificado (MNU). A partir desse agito inicial formaram-se centros de luta no Rio de Janeiro, em Salvador, Porto Alegre e Vitória. (Domingues, 2008, p. 103)

Terminado o trabalho de assessoria prestado aos bispos que participaram da Conferência Episcopal Latino-Americana realizada em Puebla, de modo independente, os integrantes do Grupo Tarefa decidem dar continuidade às reflexões sobre a presença dos negros na Igreja católica. Assim, ao agregar outras pessoas e expandir as temáticas das reflexões, fundam o Grupo União e Consciência Negra (Grucon), em 1980. Além de revisar a história do negro no Brasil, ele se dá conta de que é preciso "recontar" essa história a partir do interior da Igreja. É revelador o depoimento de frei Davi sobre as primeiras atividades do Grucon:

> Nós projetávamos slides sobre a história do negro no Brasil, dando a eles consciência histórica, porque entendíamos que a consciência histórica é o primeiro passo para o despertar de consciência. Quem produziu esses slides fomos nós, uma equipe grande, com a assessoria do Instituto Brasileiro de Análises Sociais e Econômicas (Ibase). Um deles chamava-se "A história que não foi contada", o outro, "A vida renasce da luta". [...] Nós acreditamos que fizemos mais de duzentas cópias para todo o Brasil. Foi algo assim marcante porque, nas comunidades ligadas à Igreja católica e onde tinha muitos negros, nós conseguimos fazer passar muito esses slides. Eu acho que fiz mais de trezentas projeções, só eu mesmo com a minha equipe, na Baixada Fluminense. Fizemos projeções na Central do Brasil, em pleno horário de pico: a gente botava lá o projetor [...] e projetava os slides. (Alberti & Pereira, 2005, p. 14)

Portanto, mais do que revisar a história, era preciso contá-la, uma vez que é na luta que a vida se refaz. Mas esse movimento revisionista da trajetória do negro no Brasil também provocou um revés no interior da Igreja. Era preciso que ela recontasse a própria história e justificasse publicamente sua postura em relação à escravidão e à exclusão do negro — exclusão essa observada na sociedade, mas também no interior da própria institucionalidade católica. É preciso lembrar que, até o Concílio Vaticano II, algumas ordens religiosas não aceitavam negros como religiosos (ou possuíam distinções e hierarquia entre negros e não negros).

Formado por católicos e não católicos, o Grucon começou a enfrentar dificuldades internas para se manter como um grupo coeso. Frei Davi relembra essas tensões:

> A CNBB financiou grandes assembleias do Grucon. O objetivo era criar um grupo de negros católicos que trabalhasse com qualidade a questão do negro no Brasil. E, ao nascer esse grupo de negros católicos, trouxemos junto para esse grupo pessoas não católicas, pessoas que eram militantes de esquerda de maneira bem convicta, que trouxemos para essas reuniões também. E esses grupos de negros de esquerda que não tinham referencial católico e outros católicos que tinham grande conhecimento histórico da Igreja no Brasil e no mundo, nas primeiras reuniões, desceram um volume imenso de críticas à Igreja, dizendo que ela não tinha autoridade para trabalhar com o tema do negro porque ela foi a maior escravagista do Brasil e do mundo, e que não aceitavam a Igreja botando negros em cabresto e ensinando o negro a lutar por seus direitos; porque essa Igreja foi violenta, escravizou o negro, viveu da escravidão, beneficiou-se da escravidão e, portanto, não admitiam que a Igreja criasse uma pastoral do negro. E em uma das grandes reuniões do Consciência Negra, em que estávamos discutindo o rumo do trabalho, nós, negros católicos, queríamos usar como estratégia botar a Igreja a serviço da causa, e esses negros não católicos e outros católicos não admitiam essa estratégia e queriam que todos os negros trabalhassem a defesa do negro fora da Igreja. (Alberti & Pereira, 2005, p. 12)

Outro grupo foi formado, agora com ênfase na fé. Ainda de caráter ecumênico, o grupo Agentes de Pastoral Negros (APN) era formado, em sua maioria, por católicos, mas também agregava evangélicos e religiosos afro. "Ter fé" era o requisito mínimo para participar, afirma o padre Jurandyr Azevedo, embora houvesse entre os membros pessoas que não professavam nenhuma crença, e houve muitos processos de conversão (sobretudo de cristãos que deixaram as igrejas e se iniciaram no candomblé) e também de católicos que passaram a assumir a chamada dupla pertença, isto é, professavam a fé no catolicismo e também no candomblé.

Sobre a constituição dos APN, o texto de Ana Lúcia Valente (1994) é paradigmático, pois demonstra como o grupo foi se articulando e conquistando espaço no interior da Igreja católica no Brasil, e, quanto mais próximo chegava da hierarquia eclesiástica, mais se distanciava de certas diretrizes do movimento negro secular. De fato, havia grande preocupação dos religiosos em pensar o lugar do negro na Igreja e, com base nisso, inserir nela uma expressividade religiosa que levasse em conta aspectos da "cultura negra". Assim, procurava-se revelar uma espiritualidade negra que se materializasse numa liturgia própria, tal como se observou na República Democrática do Congo, em que a Santa Sé aprovou ritos próprios para a missa e outros sacramentos.

Esse movimento ocorrido a partir de 1960, na República Democrática do Congo,[64] culminou com a aprovação de um rito inculturado próprio para aquele país, em 1988. Em outro trabalho (Oliveira, R. S., 2016), destaquei que o caso congolês foi um grande referencial para os agentes brasileiros, e analisei tanto os significados das liturgias católicas inculturadas quanto o diálogo entre afros e católicos por meio desses rituais.

64 Para saber mais sobre o rito congolês, ver Lumbala (1994).

Entretanto, não havia consenso entre os integrantes da Pastoral Afro-Brasileira se as liturgias inculturadas deveriam ou não ser oficializadas com um rito próprio no contexto nacional.

Muitos militantes eram contrários à criação dessa pastoral, que agradou principalmente à hierarquia eclesiástica. Entendiam que a institucionalização do grupo nos moldes estritamente católicos poderia implicar limitações em sua forma de intervenção na sociedade.

Uma vez criada oficialmente, a Pastoral Afro passou a coordenar os trabalhos dos outros organismos do movimento negro católico, sem que estes necessariamente ficassem subordinados a ela: o Instituto Mariama (IMA) e o Grupo de Religiosos e Religiosas Negros e Indígenas (Greni).

O IMA surge em 1999, de acordo com seus fundadores, para ser um espaço exclusivo no qual padres, diáconos e bispos negros pudessem discutir questões relacionadas com o fato de serem sacerdotes negros católicos. Entendiam que tanto os Agentes de Pastoral Negros quanto a Pastoral Afro, por tratarem de temas mais amplos, embora englobassem os ministros ordenados, não tinham condições de fazer uma reflexão mais aprofundada.

Uma das principais atividades do IMA é oferecer formação permanente a seus membros, tanto no campo da teologia quanto em temas relacionados ao negro no Brasil, por meio de encontros anuais. Tais encontros mesclam momentos de estudo, celebrações inculturadas com as comunidades locais e visitas turísticas a espaços que guardem relação com a produção artística e a cultura negra (de modo explícito ou implícito). A 22ª Assembleia da entidade, por exemplo, foi realizada em São João del-Rei (MG) e pautou o tema "Arte afro-brasileira na arte sacra a partir de Minas Gerais" e os reflexos do "Ano sacerdotal para o presbítero negro na Igreja do Brasil", além da vocação e da realidade da juventude. Os dois últimos tópicos foram alvo apenas de palestras e reflexões em grupo, mas, para a abordagem da arte sacra, foi convidado um historiador, que complementou sua fala com uma visita guiada por São João del-Rei e pela cidade vizinha, Tiradentes. O intuito era demonstrar a influência dos africanos na produção da arte sacra barroca mineira. Raramente há a presença de leigos nesses eventos, apesar de o ex-presidente da instituição informar que se trata de um espaço aberto. Uma das bandeiras do IMA é aumentar o número de padres e bispos negros.

> É verdade que houve um crescimento no número de bispos negros no Brasil, mas acredito que é preciso ter mais bispos negros. São poucos ainda. Os padres negros também são muito poucos. É preciso fortalecer a dinâmica da pastoral vocacional para que os jovens cresçam e que aumente futuramente o número de bispos negros no Brasil.[65]

A Igreja não informa quantos sacerdotes negros possui. No Conenc de 2015, dom Zannoni Dementino de Castro (arcebispo de Feira de Santana e bispo referencial para a Pastoral Afro) contou em voz alta cerca de dez bispos (num universo de mais de duzentos). Outro problema apontado pelos padres do IMA é o fato de que hoje os seminários não discutem temas de identidade étnico-racial, por isso muitos seminaristas, padres e diáconos não se "assumem como negros".

A questão de "assumir" o pertencimento étnico-racial ou ter "consciência" da sua identidade sempre está na pauta dos militantes negros. Parte-se do princípio de que não bastam a cor da pele e as situações de racismo enfrentadas diariamente — é preciso levar a pessoa a compreender que a discriminação

65 "Instituto Mariama prepara sua 22ª Assembleia Nacional", Instituto Mariama, 18 mar. 2010.

que sofre e a dificuldade em acessar bens e serviços têm raízes no racismo.

Impulsionados pelos mesmos princípios que moveram os sacerdotes do IMA, religiosos e religiosas negras conseguem a oficialização do Greni durante a assembleia geral da Conferência dos Religiosos do Brasil (CRB).

> Foi a partir dos encontros de religiosos e religiosas afrodescendentes nas próprias congregações que começa a surgir o Greni, como um grupo de reflexão para apoiar as articulações já existentes, a fim de fortalecer e ampliar a consciência indígena e a convicção de uma negritude fortalecida dentro da vida religiosa.[66]

Uma das grandes diferenças entre o Greni e os demais organismos que integram o movimento negro católico está na inclusão dos indígenas. E isso não é por acaso. No Brasil, o trabalho missionário entre os indígenas remonta ao período colonial, quando franciscanos, carmelitas e salesianos, em meio a representantes de outras ordens, cruzaram o país a fim de catequizá-los. A atenção dispensada aos africanos e seus descendentes escravizados era mínima, inclusive boa parte das congregações utilizou essa mão de obra. Conforme destacamos anteriormente, até a realização do Concílio Vaticano II, na década de 1960, muitas delas não admitiam negros entre seus membros na condição de irmãos (às vezes os admitiam como oblato, uma espécie de servidor vinculado à ordem, mas sem o mesmo status dos religiosos).

Também no contexto indígena são iniciados os debates em torno da inculturação da liturgia (Rufino, 2006), e é graças à atuação de dom Pedro Casaldáglia que se realiza, em 1978, a

66 "O que é o Greni?", Greni BHZ, 25 nov. 2009. Disponível em: https://tinyurl.com/57bxzmfb.

Missa da Terra sem Males, primeira experiência sistemática de inculturação. Foi a partir dessa celebração que se projetou, em 1981, a primeira missa afro: a Missa dos Quilombos (Oliveira, R. S., 2016).

Apesar do caráter precursor, a atuação de religiosos no interior do movimento negro católico é menos notória que a dos agentes da Pastoral Afro, talvez por dois motivos. Primeiro, alguns dos religiosos que são também padres integram o IMA e estão à frente de paróquias, portanto, coordenam trabalhos locais da Pastoral Afro. Segundo, a atuação dos missionários por vezes está circunscrita às comunidades rurais ou às periferias das grandes cidades, onde o combate ao racismo é mais uma das preocupações (ao lado de inclusão social, segurança, saúde e educação).

Ao longo dos anos, portanto, a Igreja, conseguiu estabelecer um organograma para que o movimento negro católico esteja totalmente alinhado às diretrizes gerais da CNBB. Mesmo que alguns conflitos possam surgir na relação com grupos mais conservadores, o espaço da militância já foi conquistado. Esse fato se revelou de forma mais direta durante as atividades do 10º Conenc, realizado em Salvador, em 2022.

Com o tema "Comunidades negras: descolonizar as mentes, o conhecimento; recuperar a memória histórica; fortalecer os espaços e relacionamentos interculturais", o evento contou com a participação de cerca de cem pessoas, majoritariamente mulheres, das cinco regiões do país. A faixa etária preponderante, de cinquenta a sessenta anos, demarcava que boa parte daquelas pessoas atuava na Pastoral Afro desde suas origens. O objetivo do encontro era

> aprofundar e refletir sobre a espiritualidade litúrgico-cristã compreendendo nossa identidade cultural como enriquecedora da vida eclesial, reconhecida no Documento de Aparecida: "Os

afro-americanos se caracterizam, entre outros elementos, pela expressividade corporal, o enraizamento familiar e o sentido de Deus". Reconhecer que nossa espiritualidade tem sido uma forma de resistência e está intrinsecamente ligada à nossa identidade.[67]

Ao retornar à cidade de Salvador para uma nova edição do congresso mais importante do movimento negro católico, a expectativa da comissão organizadora era audaciosa e estava descrita no segundo objetivo específico da Cartilha do 10º Conenc: "Aprofundar conteúdos; formar, de maneira integral, os agentes de pastoral afro-brasileira, com conteúdos bíblicos, metodológicos, catequéticos, para os quilombolas e os centros urbanos". O formato escolhido reforçava essa ideia: três palestras, conduzidas por professores universitários convidados, e grupos de trabalho organizados por cada uma das regionais presentes.

Desde o Conenc realizado em Duque de Caxias em 2015, três preocupações principais têm ocupado as lideranças afro-católicas: (i) a formação teológico-pastoral, político-social e acadêmica dos agentes; (ii) a rearticulação dos grupos de base com a consequente renovação de seus membros; e (iii) a expansão da atuação eclesial para além da realização das liturgias inculturadas.

Com a expansão das missas afro pelas diversas paróquias pelo país e os constantes enfrentamentos vivenciados pelos agentes de pastoral, como se verá mais adiante, os processos formativos precisam ser constantes. Encontros locais, regionais e nacionais têm tentado articular as várias lideranças no estabelecimento de respostas teológicas e socioantropológicas para justificar ações desenvolvidas. Isso passa, inclusive, pelo processo de revisão e atualização do Documento 85, da CNBB,

67 Cartilha do 10º Conenc, 2022.

que normatiza as ações da Pastoral Afro-Brasileira, o qual se encontra em vias de atualização por uma equipe de assessores formada por clérigos (bispos e padres) e leigos (religiosos e acadêmicos), e pela organização de cursos de formação. Além disso, muito tem sido falado sobre a refundação do grupo Atabaque, escola teológica criada pelo padre Toninho em São Paulo, cujo objetivo central era a produção de uma teologia afrocentrada (Oliveira, R. S., 2016), com uma preocupação constante com a formação das novas gerações de agentes.

Durante o período agudo da pandemia causada pela covid-19, entre os anos de 2020 e 2022, quando se estabeleceu a impossibilidade de encontros presenciais, as coordenações nacionais e regionais da Pastoral Afro se valeram dos recursos tecnológicos para a realização de cursos de formação para seus agentes. Duas edições tiveram alcance nacional, com mais de cem matrículas em cada uma. Nesses cursos, cada qual com duração de seis meses, os principais temas da teologia católica foram estudados numa perspectiva afrocentrada e foram ministradas aulas específicas sobre relações raciais, movimento negro e catolicismo negro no Brasil. Fui convidado para atuar nas duas edições, lecionando sobre a relação entre as populações africanas e a Igreja católica no contexto diaspórico.

Essa presença de intelectuais nos processos de formação de agentes religiosos católicos, a partir dos campos disciplinares de suas pesquisas (antropologia, história, sociologia etc.), conforme destacamos em outro texto (Oliveira, R. S., 2016), não é uma novidade, sobretudo porque a produção teológica católica, bem como a sua intervenção na sociedade, não está apartada dos conhecimentos científicos produzidos nas universidades.

No Conenc de Salvador, cerca de um terço das lideranças participava do evento pela primeira vez. Esse fato fez a comissão organizadora intensificar algumas estratégias de condução. Não houve necessariamente uma alteração no cronograma inicial, mas, a partir da atuação do antropólogo que conduzia os trabalhos no segundo dia do evento, procurou-se estabelecer uma agenda de atuação, com metas específicas para cada regional no triênio seguinte, a serem apresentadas e discutidas na próxima edição do congresso.

Os objetivos estabelecidos nessa "agenda pastoral 2022-2025" se assentavam sobre os três tópicos: formação dos membros da Pastoral; renovação do quadro de agentes, com a participação de jovens; e ampliação do campo de atuação.

Se é fato que a Pastoral Afro-Brasileira está consolidada na estrutura institucional da Igreja católica no Brasil e, mais amplamente, na América Latina, também é verdade que sua forma de atuação tem sido cada vez mais reduzida ao escopo da atuação litúrgica. Desse modo, ao retomarem o texto conclusivo do Celam realizado em Aparecida, destacando o papel da população negra como sujeitos e agentes da atuação eclesiástica, os integrantes da Pastoral procuraram ampliar seu escopo de ação.

Durante os debates ocorridos ao longo do Conenc, foram recorrentes os posicionamentos que, sem negar a importância da liturgia inculturada e os avanços conquistados nos últimos anos, ressaltavam a necessidade de reconfigurar a forma de atuação dos agentes da Pastoral no interior da Igreja: "É preciso ser Pastoral Afro em todos os lugares", repetiam com insistência.

Essa reorganização implica, necessariamente, novas negociações não apenas sobre o lugar da Pastoral Afro-Brasileira na estrutura da Igreja católica, mas principalmente sobre como o tema da diferença étnico-racial, de modo amplo, e do racismo, em específico, tem sido acionado contemporaneamente no campo religioso cristão.

Liturgias afro: gestando a cultura negra na Igreja

"FOI OLORUM QUEM MANDOU": AS FESTAS "INCULTURADAS" PARA OS SANTOS NEGROS

> Reza-se como se vive, porque se vive como se reza.
> — Catecismo da Igreja católica, § 2.725

A máxima católica, expressa na epígrafe supracitada, reverbera com vigor nas ações do movimento negro católico ao postular "o jeito do negro rezar". Antes mesmo de estabelecer ações de combate ao racismo e à discriminação e de promover a inserção do negro na sociedade, a Pastoral Afro se preocupa em revelar um modo de ser e professar a fé católica que passa, necessariamente, pelo pertencimento. E é por meio desse exercício de encontrar no interior da própria Igreja um lugar de destaque para as manifestações afro que são impulsionadas ações de militância fora do escopo religioso.

A respeito das liturgias inculturadas afro,

> é possível entrever nos discursos dos agentes e na cerimônia inculturada que o fiel presente nesses ritos pode ou não fazer uma escolha exclusiva pelo catolicismo, mas pode agregar à crença católica outros valores religiosos. Claro que, nesse caso, esses novos valores serão interpretados como culturais e não propriamente pertencentes a uma religião específica. Portanto, [...] a constituição de liturgias inculturadas com símbolos das religiões afro-brasileiras estabelece, no interior do catolicismo, um novo lugar para os negros: o lugar da mediação entre dois sistemas religiosos. Como uma dobradiça, as celebrações afro

podem, simbolicamente, voltar-se para cada um dos extremos sem, no entanto, limitar-se a um ou a outro. Talvez estejamos presenciando um novo momento no catolicismo em que a máxima "unidade na diversidade" esteja se refletindo também nos rituais. (Oliveira, R. S., 2016, p. 167)

Os agentes católicos da inculturação executam na liturgia o mesmo movimento de reconstrução observado no estabelecimento de uma "identidade negra". Parte-se de certo substrato universal ("todos são filhos de Deus") e se acrescentam os sinais diacríticos de identificação. Tais símbolos são ainda inventariados no campo afrorreligioso (mas houve algumas alterações, em especial com relação às vestes afro).

A explicação do padre Toninho sobre a missa afro, tendo como exemplo a Missa dos Quilombos, é significativa:

> Num primeiro momento, a prioridade era trabalhar a ideia da visibilidade do povo negro. Havia uma ideologia que pregava a ocultação do elemento negro da sociedade brasileira. Ora, o Brasil é negro em todos os cantos e, naquela época, estatísticas absurdas diziam que éramos apenas 7% da população! Portanto, voltamos nossas atenções para este ponto. Desta forma, a missa abre com a mensagem da chegada: "Estamos chegando, vocês não nos veem, porque estamos nas senzalas, nos porões, nas favelas, nas periferias e nos morros". Esta é a ideia da entrada. "Vocês não nos veem porque não querem, mas nós estamos aqui." A parte da leitura foi feita em cima de Êxodo, capítulo 3, onde se lê: "Eu ouvi o clamor de meu povo e sou solidário com ele". Deus é nosso! Deus está com os pobres e negros, pois está justamente ao lado daqueles que sofrem. Essa foi a liturgia da palavra. No ofertório, trabalhamos com a ideia de que só podemos oferecer a Deus aquilo que é nosso, pelo qual lutamos, o que construímos. Se oferecermos algo que não possuímos, roubado de outros, essa

> oferta não será legítima. Portanto, as missas celebradas até agora foram falsas, pois as pessoas ofereciam as coisas que roubavam dos negros, do suor e do trabalho do negro, que eram apresentadas como coisas de brancos. Mas quem produziu aquilo? Foram os negros durante a escravidão. Sendo assim, é a primeira vez que está sendo feita uma missa válida, daí a ideia do ofertório abundante. Oferecemos para Deus aquilo que produzimos: pipoca, bolo de fubá, pão, frutas etc. Nada que tenhamos roubado. Na parte final, Consagração e Agradecimento, passamos a ideia de que o quilombo representa a paz, por ser o local onde os negros abriram as portas para índios e brancos pobres, num regime alternativo onde havia o respeito pelas diferenças. Na verdade, o quilombo é páscoa. Quilombo, páscoa da ressurreição. Estes são os principais pontos da cerimônia. Coincidentemente, tempos depois, a Igreja lançou a ideia da inculturação, que seria trabalhar a fé a partir da cultura de cada povo. É natural que a ideia atendesse plenamente nossos propósitos: trabalhar a fé resgatando nossa cultura. Sendo assim, adotamos os símbolos afro-brasileiros e os expomos nas vestimentas, nos cantos, nos ritmos, enfim, ligando-os à celebração. Esta é a ideia.[68]

As transformações na missa afro acompanham as transformações no interior do movimento negro católico, e ambas se impactam mutuamente. Ao estabelecer a Pastoral Afro-Brasileira, a busca por uma liturgia por meio da qual os negros pudessem expressar sua fé parece ter sido o objetivo principal. Isso não significa dizer que o combate ao racismo e à discriminação e a busca por melhorias para a população negra tenham sido excluídos do horizonte da Pastoral.

68 Entrevista com padre Toninho, *Portal Afro*, [S.D.]. Disponível em: https://www.portalafro.com.br/dados_seguranca/entrevistas/padretoni/toninho.htm.

Houve uma divisão sistemática do trabalho: enquanto instituição ligada diretamente à CNBB, a Pastoral Afro passou a emitir juízos públicos sobre a "causa negra" e a ocupar assentos em conselhos governamentais responsáveis por implementar políticas voltadas a esse segmento da população. Em paralelo, como já apontamos, leigos que militam na Pastoral passaram, enquanto cidadãos, a ocupar cargos públicos em organizações não governamentais que desenvolvem trabalhos sociais e de valorização do negro. A expressão da fé negra, portanto, é recolhida para dentro da Igreja: celebra-se dentro o que se vive fora.

Se na Missa dos Quilombos o contexto sociopolítico da década de 1970 impulsionou uma liturgia mais combativa, em tom de denúncia, as celebrações dos anos 2000 lançaram mão de um *éthos* festivo e de uma estética afro inspirada nos candomblés como representativos da "cultura negra". Há uma aposta na existência de uma "cultura" material tangível, identificável, cujos elementos podem ser acionados para expressar crenças religiosas. O ritual continua o mesmo, católico, mas, em suas fendas, são inseridos alguns elementos das religiões afro que o inculturam, transformando-o em afro. Uma vez que o Estado, com o auspício de religiosos e intelectuais, patrimonializou as religiões afro-brasileiras, agora elas podem ser inculturadas pelos católicos. Dito de outro modo, os católicos levam tão a sério a noção de que os terreiros são lugares nos quais os símbolos da herança africana no Brasil foram preservados que é possível salvaguardá-los como patrimônio cultural nacional, por um lado, e acioná-los para compor liturgias afro, por outro.

Nesse jogo, os santos negros ocupam um papel importante. Apontamos anteriormente que a teologia do negro (ou "teologia negra") passava por evidenciar, entre os personagens bíblicos, aqueles que seriam de origem africana e, por extensão, "negros". Esse projeto foi abandonado sob o argumento de que essa era uma tarefa pouco fecunda, e a atenção se voltou para os seres da intermediação: Maria, a mãe de Jesus, ocupa um lugar privilegiado; ao lado dela se agregam santos com maior ou menor penetração popular como São Benedito, Santa Efigênia, Santo Antônio de Categeró, Santo Elesbão etc.

No panteão católico, Maria já é invocada de maneira especial, uma vez que é a mãe do deus-filho. Entre seus vários títulos, é a padroeira do Brasil, com alcunha de Nossa Senhora Aparecida, recordando o modo pelo qual a escultura de sua representação material foi encontrada: pescada nas águas do Rio Parnaíba, no interior do estado de São Paulo, próximo à cidade de Guaratinguetá, em 1717. De cor escura,[69] a figura materna foi rapidamente associada à população marginalizada (e escravizada), e, durante o processo de estabilização do movimento negro católico, sua presença é constante. "Mariama", "Mãe Quilombola", "Senhora Negra", "Mãe Negra Aparecida" são alguns dos títulos empregados a Maria durante as liturgias afro. Paradigmática é a festa da "Mãe Negra" que ocorre anualmente, em maio, na Igreja Nossa Senhora Achiropita (em São Paulo). Logo após a missa é servida uma feijoada, há feira de "produtos afro" e shows de samba. Esse evento, inclusive, integra o calendário turístico da cidade de São Paulo.

São Benedito, historicamente, já possui grande penetração entre os fiéis católicos. São incontáveis as congadas, moçambiques, irmandades e confrarias que têm o santo como padroeiro. No contexto da militância afro, esse repertório é aproveitado e, à diferença do caso de Maria, não há uma releitura do seu imaginário para apresentá-lo como um "santo guerreiro", tampouco ele explora o "catolicismo popular" que comumente lhe é associado; a devoção a São Benedito, na

69 Lourival dos Santos (2013) investiga o processo de enegrecimento das representações pictóricas de Nossa Senhora Aparecida ao longo dos anos.

verdade, é acionada como um "patrimônio cultural negro católico". Em outras palavras, as festas dedicadas ao santo passam a conjugar o discurso sobre o patrimônio atrelado à expressão religiosa negra.

A ação da prefeitura de São Paulo é referencial nesse sentido. Por meio da Secretaria Municipal de Promoção da Igualdade Racial, foi lançada a Festa Municipal de São Benedito, realizada anualmente no mês de abril, no Largo do Paissandu, ao lado da Igreja Nossa Senhora do Rosário dos Homens Pretos. Essa festa, aos fins de semana, recebe apresentações artísticas, feira de empreendedores negros (que comercializam produtos diversos, como roupas, tecidos, objetos para decoração, artesanato, produtos de beleza etc.) e oferece uma praça de alimentação.

A primeira edição aconteceu de 16 de abril a 15 de maio de 2016. O anúncio da festa, porém, foi feito meses antes, em novembro, durante as comemorações do Dia Nacional da Consciência Negra, em uma missa afro ocorrida também no Largo do Paissandu, presidida pelo bispo auxiliar de São Paulo (responsável pela Pastoral Afro na arquidiocese). A celebração contou com a presença dos secretários municipais de Promoção da Igualdade Racial e de Direitos Humanos e Cidadania, de alguns vereadores e de padres responsáveis pela Pastoral Afro em São Paulo, e ainda de alguns pais e mães de santo.

Em seu discurso, o secretário da Promoção da Igualdade Racial destacou que, assim como a cidade de São Paulo possui bairros "étnicos", cujas festas anuais são referência para a cidade (como o Festival do Japão, no Jabaquara; o Ano-Novo Chinês, na Liberdade; e a Festa de Nossa Senhora Achiropita, no Bixiga), era necessária uma festa que congregasse a comunidade negra paulistana, e a escolha recaiu sobre o santo negro mais popular.

Embora houvesse uma centralidade católica na organização da festa, as apresentações que se seguiram foram bem diversificadas: grupos de capoeira, afoxés, maracatus, grupos de samba e coral gospel (*spiritual music*). Essa foi a única ação pública observada ao longo da pesquisa que, ao tratar da comunidade negra e sua expressão religiosa, não toma como referência as religiões afro-brasileiras, mas o catolicismo. Embora as religiões estivessem presentes tanto na figura de lideranças religiosas quanto em alguns dos shows, elas não foram postas em evidência, sendo que alusões diretas aos candomblés e umbandas só ocorreram nos discursos de abertura, quando se denunciou a intolerância religiosa.

Por fim, como uma espécie de coroamento da militância afrocatólica, ocorrem as Romarias das Comunidades Negras Católicas ao Santuário Nacional de Aparecida. Esses encontros são anuais, geralmente no primeiro sábado de novembro. É um evento organizado pela Pastoral Afro-Brasileira Nacional (portanto, coordenada pela CNBB), porém, a cada edição, algumas dioceses assumem a responsabilidade de conduzir os trabalhos. Esse evento nos ajuda a pensar: (i) de que modo os agentes de pastoral negociam com outras entidades católicas e apresentam, para fora, uma imagem do "negro católico"; e (ii) quais as estratégias dos coordenadores da Pastoral Afro para organizar seus trabalhos internos (no sentido de poder agregar pessoas de várias partes do país). Além disso, guarda relação com os objetivos estabelecidos no Conenc daquele mesmo ano:

- rearticular as regionais;
- formar, de maneira integral, os agentes de Pastoral Afro-Brasileira;
- preparar subsídios: bíblicos, metodológicos, com conteúdo catequético, para os quilombolas e os centros urbanos;

- articular com outros organismos, pastorais sociais, entidades de Estado e movimentos sociais;
- investir na comunicação: redes, bancos de e-mails etc.;
- rearticular grupos de trabalho: de mulheres, educação, liturgia, formação permanente, saúde da população negra, juventude negra, quilombolas, catequese.[70]

Principal centro de peregrinação do país e maior templo católico dedicado a Maria (mãe de Jesus), é comum que vários grupos organizem viagem coletivas para o Santuário Nacional de Aparecida, localizado na cidade de Aparecida, interior de São Paulo. Em alguns contextos específicos, essas romarias são institucionalmente reconhecidas pela direção do santuário e introduzidas na programação oficial. O ponto central é a realização de uma missa, no altar principal da igreja, transmitida ao vivo pelos meios de comunicação oficiais do santuário — a Rede Aparecida de Comunicação, que compreende emissoras de rádio e TV e transmite os programas também pela internet. A primeira romaria organizada pelos agentes do movimento negro católico ocorreu em 2001, com o lema "Mãe Aparecida, vida, fé e cidadania". Desde então, sempre no primeiro sábado de novembro de cada ano, o evento é repetido. Romarias das Comunidades Negras ao Santuário Nacional de Aparecida, Romaria do Povo Negro e, mais recentemente, Romaria da Pastoral Afro-Brasileira a Aparecida são os principais nomes pelos quais a atividade é conhecida e revelam momentos históricos e políticos do movimento. Vocábulos como "comunidades negras" ou "povo negro" indicam que estavam presentes não apenas membros da Pastoral Afro-Brasileira mas também de

70 "Mensagem do 7º Congresso Nacional das Entidades Negras Católicas da CNBB", Londrina, 12 fev. 2012.

outros grupos católicos, como o IMA, o Greni, as Irmandades e os APN. Nos últimos anos, entretanto, a organização da romaria tem sido conduzida pela coordenação nacional da Pastoral Afro-Brasileira, de modo que, em muitos veículos de divulgação, inclusive da CNBB e mesmo entre alguns grupos, tem-se assumido o título Romaria Nacional da Pastoral Afro-Brasileira. Essa forma diversa de nomear o evento, embora possa indicar certa pluralidade de concepção, não altera a dinâmica de organização da atividade.

A Romaria das Comunidades Negras Católicas começa com uma missa afro, realizada na nave central da igreja de Aparecida — presidida pelo bispo referencial da Pastoral Afro Nacional e televisionada nacionalmente —, com a participação de integrantes do IMA. A celebração apresenta algumas características peculiares: o tempo é reduzido, de modo que possa ser realizado em apenas 60 minutos (uma missa afro dura em média 90 minutos, podendo chegar a 120 minutos), os alimentos que entram no ofertório são recolhidos e distribuídos entre os romeiros que participam da quizomba (e não entre todos os participantes da missa), e o cerimoniário da celebração não pertence à Pastoral Afro, mas à congregação que administra o templo. Em síntese, a celebração inculturada é moldada de acordo com os padrões das demais missas que ocorrem no santuário. Apesar dessas limitações, realizar esse evento anualmente é um marco importante na história da militância negra católica: a presença no principal santuário do país garante grande visibilidade para as ações da Pastoral.

Em seguida, num dos salões do complexo do santuário, há uma confraternização com apresentações de música e dança realizados pelos diversos grupos que compõem o movimento negro católico de todo o Brasil. Essas apresentações são definidas previamente, por meio do grupo responsável

Quadro 3 — Temas e lemas das Romarias das Comunidades Negras ao Santuário Nacional de Aparecida (SP)

Edição	Data	Tema	Lema
5ª	3 nov. 2001	[sem dados]	Mãe Aparecida, vida, fé e cidadania
6ª	9 nov. 2002	Alimento: dom de Deus e direito de todos	Povo negro celebra a alegria da partilha
7ª	8 nov. 2003	Ancestralidade negra	Como nossos pais nos contaram
8ª	6 nov. 2004	[sem dados]	Mãe Negra: construindo a esperança
9ª	5 nov. 2005	Negros e negras em busca de igualdade, inclusão e justiça	Com a Mãe Negra, na luta pela igualdade racial
10ª	4 nov. 2006	Comunidade negra com a juventude, buscando a inclusão e a identidade	Com a Mãe Negra: um novo tempo
11ª	3 nov. 2007	Na ternura da Mãe, celebrando a vida frente aos desafios: inculturação e inserção social	Construindo o quilombo dos sonhos do povo
12ª	1º nov. 2008	Pastoral Afro-Brasileira, 20 anos de lutas e conquistas	Com a Mãe Aparecida, celebramos a opção pela vida
13ª	7 nov. 2009	Comunidade negra promovendo a vida	Com a Mãe Aparecida, amamos e protegemos a vida
14ª	6 nov. 2010	A comunidade negra celebra a cultura e a paz	Com a Mãe Aparecida, somos protagonistas de um novo tempo
15ª	5 nov. 2011	Com Nossa Senhora, a comunidade negra celebra o Ano dos Afrodescendentes	Somos presença e protagonistas da nova história
16ª	3 nov. 2012	Comunidade negra em estado permanente de missão à luz do Vaticano II	Mãe Negra a serviço da vida plena
17ª	9 nov. 2013	Celebrar com as juventudes no resgate da dignidade do povo negro	Na ternura da Mãe Negra, celebramos negritude e fé
18ª	1º nov. 2014	Escravos de ontem, excluídos de hoje	Com a Mãe Negra, queremos solidariedade e compromisso
19ª	7 nov. 2015	O clamor do povo negro, com a Mãe Aparecida, na luta por dignidade	A dignidade acontece na luta por direitos
20ª	5 nov. 2016	O povo de Deus com o olhar da Mãe Negra e misericordiosa	Com a Mãe Aparecida, amor e fé rumo aos 300 anos
21ª	4 nov. 2017	Negro escravo de ontem, excluído de hoje	300 anos — celebrando a resistência com a Mãe Negra Aparecida
22ª	3 nov. 2018	Com a bênção e intercessão de Nossa Senhora Aparecida, vamos superar os desafios da violência e do racismo presentes em nosso cotidiano	Mãe Mariama, ouvi o clamor deste povo negro
23ª	9 nov. 2019	Mãe Negra Aparecida, ajudai-nos a restituir o direito à liberdade, à justiça e ao amor	O povo negro clama por políticas libertadoras
24ª	7 nov. 2020	Mãe Negra Aparecida, protegei as nossa vidas	Vidas negras importam para Igreja, sim
25ª	6 nov. 2021	A Pastoral Afro-Brasileira nos 25 anos de romaria, junto com a Mãe Negra	Ano jubilar, vamos celebrar
26ª	5 nov. 2022	Mãe Negra Aparecida em sinodalidade com a Pastoral Afro-Brasileira	Mãe, ouvi o clamor de suas filhas e filhos
27ª	4 nov. 2023	Mãe Negra Aparecida, leve o clamor de seu povo ao seu filho Jesus	PAB: resistir, existir e fortalecer a identidade, eis a nossa vocação

pela organização da romaria naquele ano, e se intercalam às exortações realizadas pelas lideranças da Pastoral. É também nesse momento que se faz a escolha da diocese que ficará responsável por organizar a próxima edição do evento.

É difícil mensurar a quantidade de participantes em cada edição da romaria, uma vez que os fiéis se deslocam pelos espaços do santuário nacional, que compreende um complexo formado por duas basílicas interligadas por uma passarela, um conjunto de salões, capelas, museus e espaços de compras (além das salas de ex-votos e confessionários). Mesmo durante a celebração da missa e da quizomba, o fluxo de pessoas que se soma aos romeiros impossibilita qualquer estimativa fidedigna do público presente. Uma estratégia dos organizadores tem sido contabilizar as dioceses representadas pelos padres ou grupos de fiéis — número que, entretanto, não é divulgado.

Anualmente, o grupo que organiza a romaria, juntamente com a coordenação nacional da Pastoral Afro, elabora um subsídio (espécie de cartilha), em que são apresentados o tema e o lema escolhidos para aquele ano e suas respectivas explicações teológico-pastorais. O guia contém ainda um conjunto de reflexões sobre a "caminhada do povo negro" e algumas sugestões de atividades a serem realizadas previamente pelos grupos de pastoral, como forma de preparação para esse grande encontro.

Nas palavras do coordenador nacional da Pastoral Afro-Brasileira,

> A peregrinação é sinal de que as pessoas buscam a Deus. Rezam com a mente e os lábios, mas também com os pés e todo o corpo, pondo-se a caminho. Deus está sempre à frente e nos chama a caminhar: sair de nós mesmos para a terra estrangeira e sagrada do "outro", do diferente. Caminho para uma vida melhor e mais

profunda. *O povo negro é um povo peregrino.* Somos caminheiros. O cristão é dinâmico. Caminha. Quem não caminha, não progride. Quem quer construir algo na vida tem que caminhar. A 20ª Romaria das Comunidades Negras ao Santuário Nacional de Nossa Senhora Aparecida é porque ela é nossa Mãe negra e nossa Mariama, isto é, Maria e ama. *Tem como objetivo resgatar nossa cultura, contemplando o rosto da Mãe Negra, a Mãe de Misericórdia. Ela se faz presente na nossa história triste e sofrida, nas alegrias de nossas conquistas e responsabilidades diante dos desafios que a realidade apresenta. [Também tem como objetivos] abrir as comemorações, os eventos e atividades nas nossas comunidades para celebrar o 20 de novembro, o Dia da Consciência Negra; unir as entidades negras numa grande festa (quizomba). Abre, assim, o mês em que celebramos o nosso líder negro Zumbi dos Palmares e a nossa libertação.* Nós, afro-brasileiros, unidos a todas as entidades negras, às ações positivas e à caminhada das comunidades negras do Brasil, nos alegramos ao louvar a Deus, com o nosso canto, nossa dança e nossos instrumentos. Celebramos nossa história de cruz, de morte, de perseguição, de discriminações, mas também história de vida, de ressurreição. *A vitória de Jesus sobre a morte ressoa nos nossos tambores, como nossa vitória.*[71]

Nesse trecho, evidenciamos o que foi dito no início deste capítulo: o movimento negro católico sintetiza, em suas ações, aspectos do catolicismo popular negro (ao pôr em evidência a importância das romarias para a piedade popular e o fato de o "povo negro ser um povo peregrino") e da militância política (ao destacar o caráter político da romaria: caminha-se como forma de denunciar o racismo e comemorar o Dia da Consciência Negra). Os santos católicos

71 Carta-convite à participação na 20ª Romaria Nacional das Comunidades Negras Católicas, 2016 (grifos nossos).

são evocados ao lado dos "mártires" da causa negra, como Zumbi dos Palmares.

No Quadro 3, apresentamos o conjunto de temas e lemas das romarias realizadas desde 2001. Assim como no caso dos Conenc, não houve registros das primeiras edições (1997-2000). Tema e lema são importantes para direcionar os objetivos da caminhada. O primeiro evidencia o motivo principal da edição, orienta as ações pré e pós-romaria (como encontros de formação, elaboração de documentos e cartas de intenções), e geralmente está associado ao tema da Campanha da Fraternidade do ano em questão ou a alguma situação mais significativa para a Igreja ou para a comunidade negra (como no caso da 15ª edição, que tratou do Ano do Afrodescendente proposto pela ONU, ou da edição de 2016, que se uniu às intenções da Igreja e celebrou o Ano da Misericórdia, proposto pelo papa Francisco). Por sua vez, o lema funciona como um "chamado à ação", dando mais visibilidade às propostas anuais sintetizadas no tema.

Os lemas da romaria tendem a reforçar um posicionamento político de enfrentamento às violências sofridas pela população negra. Com exceção das edições de 2016, 2017 e 2021, nas quais se deu ênfase às comemorações dos trezentos anos do descobrimento da imagem de Nossa Senhora Aparecida e à marca da 25ª romaria, os demais anos destacam dois elementos principais: (i) a população negra como agente central dos processos de superação das desigualdades; (ii) os negros como sujeitos das violências que clamam por justiça.

Afrodiálogos: relações entre catolicismo e religiões afro-brasileiras

As relações entre a Igreja católica e as religiões afro-brasileiras sempre foram ambíguas. Mesmo durante o período em que havia explícita perseguição e condenação dos cultos afro, alguns católicos mantinham uma relação de proximidade com os terreiros. Lembremos que o próprio Nina Rodrigues (2006), em 1886, apontou que crenças afro permeavam a sociedade baiana, alcançando todos os níveis sociais. Observaremos uma mudança mais significativa na postura eclesial católica a partir dos anos 1970, graças à conjuntura social e política bastante peculiar na qual se encontrava o Brasil: o processo de redemocratização. Foi nesse mesmo período que um grupo de pessoas começou a dar forma ao movimento negro católico, o qual encontra sua maior expressividade nos Agentes de Pastoral Negros e, hoje, na Pastoral Afro-Brasileira.

De fato, entre as décadas de 1970 e 1980, observa-se um processo de afirmação do movimento negro no catolicismo. Do ponto de vista da hierarquia eclesial, o discurso se dá sob o escopo de uma preocupação pastoral, isto é, voltada à evangelização, enquanto os militantes propõem um engajamento social mais claro e eficaz.

Se até os anos 1990 coube aos Agentes de Pastoral Negros solidificar as bases da militância negra católica, dando certa configuração organizacional à sua atuação (inclusive pontuando a posição oficial da Igreja), atualmente a Pastoral Afro-Brasileira representa a institucionalização da visão católica sobre questões étnico-raciais, já que a sua criação, no final da década de 1980, representou paradoxalmente o meio-termo entre as demandas dos negros católicos e da hierarquia eclesiástica. Décadas depois da realização dessa campanha, percebemos uma nova postura, tanto por parte dos católicos quanto dos adeptos das religiões afro-brasileiras, que passaram a estabelecer, pelo menos oficialmente, uma relação entre iguais, isto é, entre instituições religiosas, por meio do Núcleo de Diálogo Católico-Candomblé-Umbanda.

Em trabalho anterior (Oliveira, R. S., 2016, p. 172), ressaltei que, atualmente, inicia-se uma nova relação entre o catolicismo e o candomblé, reconfigurando a arena religiosa e política brasileira. Assim, ao olharmos os discursos e as posturas dos membros desse grupo, pretendemos entrever as intenções desses sujeitos que iniciaram uma espécie de aliança, até então inédita no cenário religioso nacional.

DIÁLOGOS ENTRE CATOLICISMO, CANDOMBLÉ E UMBANDA

No início de 2011, durante a reunião de preparação para o Seminário Nacional de Liturgia da Pastoral Afro-Brasileira, a ser realizado em Brasília em outubro daquele ano, fui convidado pelo ex-assessor nacional da Pastoral Afro a participar de uma reunião para apresentar a formação das religiões afro-brasileiras. Até então, eu não conhecia o teor do encontro. Quando cheguei ao local, fui apresentado ao assessor nacional para o diálogo ecumênico da CNBB e ao assessor arquidiocesano de São Paulo; além deles, estavam presentes o novo assessor nacional da Pastoral Afro-Brasileira, dois padres e três mães de santo do candomblé. Feita a minha apresentação, houve um pequeno debate e a exposição do objetivo da reunião: constituir uma comissão de diálogo bilateral entre o candomblé e o catolicismo.

Embora todos estivessem de acordo em estabelecer a comissão, seus objetivos e forma de atuação não estavam claros, o que ficou evidente na sazonalidade das reuniões e na dificuldade de fixar os membros do grupo. Conversando com o assessor da Pastoral Afro, tive acesso a alguns documentos (atas e relatos escritos) que narravam com mais detalhes a gênese desses encontros.

De acordo com os registros do Centro Arquidiocesano de Articulação da Pastoral Afro-Brasileira, sediado em Salvador, a proposta de uma possível comissão bilateral candomblé-católica foi apresentada pelo presidente do Pontifício Conselho para o Diálogo Inter-Religioso, monsenhor Michael Louis Fitzgerald, que participara, no início de 2006, de três encontros com representantes de diferentes religiões e de uma oração inter-religiosa no Ilê Axé Iyá Nassô Oká.

Diante da proposta da Santa Sé à CNBB para a criação de uma comissão de diálogo bilateral candomblé-católico, a Comissão Episcopal Pastoral para o Ecumenismo e o Diálogo Inter-Religioso realizou um primeiro encontro em Salvador, em outubro de 2006. As razões para a escolha da capital baiana como palco para o início desse diálogo não foram registradas nas atas, mas podemos supor que ela ocorra como um desdobramento da visita do enviado pontifício.

Estavam presentes nessa primeira reunião dois padres missionários combonianos (um dos quais era coordenador da Pastoral Afro-Brasileira da arquidiocese de Salvador e da região Nordeste) e os padres assessores da Pastoral Afro-Brasileira Nacional e da Comissão Episcopal Pastoral para o Ecumenismo e o Diálogo Inter-Religioso (ambos da CNBB). Do lado afro, estavam o presidente da Associação Nacional Cultural de Preservação do Patrimônio Bantu (Acbantu), representando o candomblé bantu, e uma representante da Fundação Cultural Palmares da Bahia. Já nesse primeiro encontro, fica latente a dificuldade de reunir um representante de cada "nação" do candomblé, fato que se repete atualmente nas reuniões que ocorrem em São Paulo.

Convocada pelos católicos, a reunião seguiu os seus preceitos, seja pela presença maciça de padres, seja pela escolha dos temas, seja pela seleção do texto que foi lido, o "Futuro do diálogo de Assis para a paz" (Bizon & Drubi, 2004, p. 532). Discutiram-se as intenções do grupo e seus principais objetivos, enfatizando o caráter político de enfrentamento em relação à mídia e a outras religiões que atacam as religiões afro-brasileiras. Os representantes do candomblé procuraram expor suas preocupações, e a principal delas referia-se ao conflito entre evangélicos e afros, tópico que reaparece em quase todos os encontros. Uma das integrantes do grupo de São Paulo chegou a afirmar que "a união com a Igreja católica é importante para enfrentarmos os pentecostais que estão nos perseguindo".

Formalmente apoiados pelos documentos do Concílio Vaticano II, principalmente a declaração *Nostræ Ætate* (Kloppenburg, 2000), os objetivos do diálogo foram desenhados com razoável clareza, pelo menos do ponto de vista dos católicos: "A nossa preocupação é criar um relacionamento, conhecer o outro, para o bem de cada um e para o mundo. O diálogo, se existe, precisa ser institucionalizado. Diálogo inter-religioso, de respeito. É uma construção".[72]

O primeiro objetivo do Diálogo Católico-Candomblé (DCC) consiste na "institucionalização" das relações entre candomblé e catolicismo. De acordo com os presentes nas reuniões, em "muitos lugares" a relação entre igreja e terreiro é pacífica, e, inclusive, há parcerias para determinadas ações sociais. A comissão pretende oficializar essa relação. Assim como à época da constituição dos Agentes de Pastoral Negros e, hoje, com a atuação da Pastoral Afro-Brasileira, o projeto

72 Pastoral Afro-Brasileira, Comissão Episcopal Pastoral para o Ecumenismo e o Diálogo Inter-Religioso e Acbantu, ata de reunião, 2006.

dessa comissão bilateral revela a ambiguidade da Igreja católica ao tratar de temas religiosos e intervenção político-social. Os católicos, ao "chamarem" os afros para o diálogo, estabeleceram algumas condições, reforçando a ideia de que são duas instituições que discutem sobre temas religiosos. Entretanto, como veremos adiante, temas profanos[73] atravessam os discursos dos membros do DCC:

> o convidado [do candomblé] tem que ser representante de sua comunidade religiosa. Tem que ter representação mais ampliada das várias tradições. [...] Para participar deste diálogo bilateral é necessário que a pessoa esteja em nome de sua nação, como representante oficial da mesma.[74]

Apesar da elaboração de uma "agenda de compromissos", o segundo encontro, marcado para 2008, não aconteceu devido à ausência de representantes do candomblé. Em 2009, quando assumiram os novos assessores nacionais na CNBB, foi realizado o terceiro encontro em Brasília, que contou com a presença de três representantes do candomblé (São Paulo, Brasília e Maranhão) e de cinco do catolicismo; de acordo com a ata, nessa reunião o intuito era

> mapear as iniciativas que já aconteceram [no] Brasil e localizadas em regiões; analisar a situação destes processos iniciados;

73 Não nos cabe, neste momento, fazer uma discussão sobre os usos dos termos "sagrado", "religioso" e "profano" e sua relação com os discursos e ações dos agentes no campo. Neste texto, tomaremos esses termos como categorias nativas preservando os sentidos enunciados pelos interlocutores, mesmo que evoquem uma dicotomia dos seres, ou seja, que o "sagrado" se refira aos "assuntos de fé" (dogmas, ritos, orações, templos etc.), enquanto o "profano" diga respeito aos temas sociais (disputas políticas, ações afirmativas, intolerância, discriminação e preconceito etc.). Nesse sentido, o termo "profano" também é apresentado como sinônimo de "secular".

74 DCC, ata de reunião, 28 fev. 2012.

> discutir sobre as perspectivas futuras do processo de diálogo: reflexões, ações, publicações; ver a viabilidade de um simpósio para o ano 2010.[75]

Mais uma vez, a ausência de lideranças do candomblé inviabilizou a realização de qualquer encontro em 2010. Somente em 2011 foi realizada a quarta reunião, em São Paulo. Ainda que os encontros não ocorram efetivamente, as atas são registradas destacando esse fato; por isso, no número total de reuniões, são contabilizadas também aquelas em que não houve quórum. Para o primeiro encontro em São Paulo, foram convidados: a coordenadora-executiva do Instituto Nacional da Tradição e Cultura Afro-Brasileira (Intecab)[76] em São Paulo, que ficou encarregada de estender o convite a outras lideranças afro; dois membros do Fórum Inter-Religioso da Secretaria de Justiça e da Defesa da Cidadania do estado de São Paulo; o padre presidente do Instituto Mariama; o presidente do Instituto do Negro Padre Batista; e o responsável pelo diálogo inter-religioso e ecumenismo na Arquidiocese de São Paulo. Nessa data, repetiram-se as mesmas preocupações daquele primeiro encontro, como se as pautas não tivessem sido discutidas. Passei, a partir de então, a acompanhar todas as reuniões.

Ficou latente a desconfiança dos pais e mães de santo presentes sobre as "reais" intenções dos católicos: "Mas o que vocês querem com essa comissão? [...] A gente sabe que o papa vem em 2013, e aí? Como fica?", perguntava uma

75 DCC, ata de reunião, 2009.

76 "O Intecab não é uma instituição religiosa de caráter litúrgico, embora, composta em sua maioria por integrantes da comunidade espiritual africano-brasileira, visa a preservação, continuidade e expansão dos valores da tradição, propondo-se a atuar através de aprofundamentos teológicos e litúrgicos, da expansão cultural através de intercâmbios e de trocas de experiências. O Intecab é um instituto de caráter deliberativo"; ver "A história do Intecab", Intecab-SP, [s.d.]. Disponível em: http://intecabsp.wordpress.com/intecab-sp/.

das mães de santo, e prosseguia: "Porque os inimigos da Igreja [católica] não são o povo de santo, são os evangélicos [pentecostais]". Também eles se esforçavam em apresentar equivalências teológicas entre os dois sistemas religiosos: "Temos os inquices e os orixás, mas o deus criador é um só. Nós cremos no deus único que fez tudo [...]. Temos nossos oríkìs, que são nossas rezas — como vocês. [...] E segredo tem em toda religião". Parte dessas intervenções foi agregada aos "pontos básicos do diálogo".

Após um intenso debate sobre termos que poderiam ser utilizados, posturas e imposturas históricas de condenação das religiões afro-brasileiras pelo catolicismo, foram definidos alguns pontos básicos que orientariam os próximos encontros:

- recuperar a história da vinda dos negros ao Brasil. Foi uma verdadeira epopeia: saídos da condição de escravos, hoje conseguem recriar o universo cultural e religioso dos afro-brasileiros;
- mostrar a fé em um Deus único, criador de tudo o que existe;
- enfatizar as questões sociais trabalhadas pelo candomblé: a busca de ajudar a pessoa no resgate do equilíbrio emocional, psicológico e espiritual; o resgate da autoestima; a integração social de pessoas marginalizadas;
- reforçar que a roça (comunidade) de candomblé é o lugar da unidade na diversidade das etnias;
- reconhecer os ministros religiosos das diferentes tradições como verdadeiros sacerdotes, com dignidade e autoridade, pessoas consagradas, que assumem um compromisso sério na comunidade; são espelhos de vida para as pessoas, não figuras folclóricas, promíscuas, corruptas, com vícios. A palavra sagrada é dada ao sacerdote. E ele acompanha toda a vida da pessoa: batizado, formação religiosa, casamento, ritos fúnebres etc.

Percebemos, portanto, que o universo religioso dos candomblés é apreendido pelos católicos com base em referenciais do próprio catolicismo, o que de certa maneira reproduz quase um senso comum sobre as religiões afro-brasileiras. É claro que esse entendimento por parte dos católicos reflete parcialmente a imagem que lhes são passadas pelos representantes afro. O politeísmo do candomblé, por exemplo, é minimizado perante a crença no "deus único, criador de todas as coisas". Não há dúvida de que tal entidade exista no panteão afro, mas negligenciar a existência dos orixás como deuses com base nela é sintomático. Vemos também que o terreiro é apresentado como espaço de "unidade na diversidade", expressão até então utilizada para se referir à pluralidade de práticas no interior do catolicismo. Em alguns momentos, até certos preconceitos ficam latentes — é o caso quando se tenta valorizar a figura do pai de santo enfatizando que esses sacerdotes não são "promíscuos, corruptos e viciados", como se naturalmente os adeptos das religiões afro-brasileiras se atrelassem a tais adjetivos.

Houve percalços de cunho mais prático, envolvendo a composição do grupo, o financiamento das reuniões e o calendário. A proposta do assessor do diálogo inter-religioso da CNBB era que houvesse representantes do país inteiro e que cada participante arcasse com os próprios custos de transporte, mas, diante das dificuldades, decidiu-se que o grupo seria composto por dez pessoas de São Paulo — cinco católicos e cinco afros (um representante de cada nação do candomblé: jeje, nagô, angola, mina e ketu). Os encontros foram agendados para ocorrer na Casa de Reconciliação, o almoço subsidiado pelos católicos, e cada pessoa deveria arcar com seus custos de transporte.

A reunião seguinte foi agendada para o início do mês de outubro do mesmo ano e tinha como pauta definir os objetivos, justificativas e princípios comuns para o diálogo católico-candomblé. Todavia, houve um grande mal-estar que impossibilitou o debate: um dos representantes católicos se mostrou contrário à presença de um pai de santo da umbanda, chegando a afirmar que o intuito daquele encontro era promover "um diálogo de candomblé com católicos, e não com a umbanda". Esse padre não apareceu mais nas reuniões, sendo substituído por um seminarista (hoje padre). Os presentes decidiram aceitar a presença do umbandista, mas a alteração do nome do grupo só se daria anos depois, em 2013, quando passaria a se intitular Núcleo de Diálogo Católico-Candomblé-Umbanda (DCCU).

Na última reunião de 2011, estabeleceu-se que, no ano seguinte, os encontros seriam bimestrais e discutiriam temas de cunho exclusivamente teológicos. Com isso, os católicos, além de reforçarem a postura de não apresentar o grupo como uma extensão da CNBB, também frustraram as expectativas de alguns religiosos afro que esperavam a redação de algum texto oficial em conjunto com a Igreja ou qualquer tipo de publicização do teor das discussões. Isso ficou mais evidente na reunião de abril, quando se decidiu registrar nas atas apenas os resultados dos debates, mas não as várias posições e falas dos integrantes.

Embora pautas e objetivos estivessem minimamente definidos, não se podia dizer o mesmo com relação aos integrantes da comissão. Do lado católico, os cinco integrantes já estavam estabelecidos e estiveram presentes na maioria das reuniões. Porém, entre os afros, houve alguns problemas: segundo o relato de uma mãe de santo (que deixou de comparecer), outros sacerdotes questionavam por que não haviam sido convidados; outros rejeitaram o convite por não concordarem com a postura política do Intecab-SP (sobretudo porque a coordenadora dessa instituição era a responsável por articular os afros). Desse modo, a cada reunião, um novo pai de santo aparecia, e os mesmos temas eram parcialmente retomados.

Depois de anos de perseguição, é natural que os líderes religiosos afro recebam com receio a proposta católica para a formação de uma comissão de diálogo. Ao espanto, paradoxalmente, se soma certo orgulho. Essa ambiguidade, portanto, transpassa os discursos dos pais e mães de santo que participaram das reuniões. Tanto por meio das atas quanto por conversas que tive com esses atores, percebemos três posturas que se justapõem: a primeira, um momento de denúncia, isto é, de relatarem para os agentes católicos os males que pessoas ligadas à instituição causaram e ainda causam às religiões afro-brasileiras; a segunda, como um desdobramento da primeira, o receio latente de que essa comissão seja mais uma tentativa de cooptação ou um ataque velado articulado pela Igreja contra as posições políticas e religiosas afro; e, por fim, a cobrança por uma manifestação pública da hierarquia católica a favor das reivindicações das religiões afro-brasileiras aliada à satisfação de que, historicamente, de maneira inédita, tenham sido convidados oficialmente para um trabalho em conjunto.

Ao mesmo tempo, a forma como os católicos têm conduzido os encontros demonstra o quanto desconhecem a dinâmica de organização das religiões afro-brasileiras. Embora haja padres mais familiarizados com alguns aspectos dos cultos afro, não são necessariamente eles que integram o DCCU.

Em 2013, o grupo começa a se solidificar, uma vez que consegue realizar reuniões regulares apesar de certa inconstância entre os membros, sobretudo do candomblé. Em fevereiro definiu-se o calendário anual e o tema correspondente para cada reunião, mas, no encontro do mês seguinte, nada pôde ser posto em prática, por falta de quórum. Foi debatida qual seria a estratégia adotada para que as pessoas concordassem em participar do grupo; definiu-se que o padre responsável pelo diálogo ecumênico da Arquidiocese de São Paulo, junto com o secretário do DCCU, encontraria alguns pais e mães de santo da umbanda e do candomblé, e algumas lideranças católicas, para compor o grupo. Nesse contexto, a ideia de congregar um representante de cada tradição do candomblé foi abandonada. Em abril, havia doze pessoas presentes (seis católicos, três do candomblé e três da umbanda), que passaram a participar assiduamente das reuniões. O padre Jurandyr Azevedo (assessor nacional da Pastoral Afro) conduziu o encontro, fazendo um breve relato histórico do grupo, após as apresentações dos membros convidados. Definiu-se que, a partir daquela reunião, cada membro do grupo ficaria responsável por abordar um tema da teologia de seu grupo. Assim, na reunião de maio, o padre José Bizon apresentou uma síntese dos decretos *Nostræ Ætate* e *Dignitatis Humanæ* (promulgados pelo Concílio Vaticano II), que tratam, respectivamente, da relação da Igreja católica com as religiões não cristãs e da dignidade humana com respeito à liberdade religiosa.

Na reunião de junho de 2013, o babalorixá Badeladey fez uma breve explanação sobre o candomblé ketu. Surpreendeu o fato de que, com exceção de um padre, todos os outros não sabiam absolutamente nada sobre esse universo afro. O mesmo se deu com as reuniões de agosto e setembro, em que foram apresentados, pelo pai Carlos de Oxóssi, aspectos da umbanda e de seu panteão.

A desconfiança experimentada no início dos encontros começa paulatinamente a ser minimizada. A bandeira do "mútuo conhecimento" parece ter se estabelecido frente a outras demandas de cunho social ou político. É interessante notar que os membros presentes não escondem a expectativa (sobretudo da parte afro) de que a relação com a Igreja católica trará alguns benefícios no combate à intolerância religiosa, embora reconheçam que o caminho é longo. Temas polêmicos como o sincretismo e o sacrifício de animais são evitados.

Parece-me que a configuração do DCCU, em São Paulo, e do Greni, em Belo Horizonte, sinalizava uma reformulação da relação entre catolicismo e religiões afro-brasileiras de maneira simetricamente oposta àquela observada entre religiões afro-brasileiras e neopentecostais. Com estes últimos, há uma disputa simbólica e política (por vezes com embates físicos), mas, com os católicos, sobressai certa cordialidade (sem que isso signifique, necessariamente, ausência de disputas e ataques), pois nos discursos do diálogo inter-religioso, da convivência pacífica entre as religiões e da defesa dos valores culturais negros, há interesses que aproximam Igreja e terreiro. Essa relação entre catolicismo e candomblé se mostra, por um lado, paradoxal, pois, ao mesmo tempo que setores da Igreja rejeitam por completo práticas e símbolos do candomblé, a Pastoral Afro-Brasileira habilita tais elementos como reveladores da cultura negra e elabora um novo ritual denominado "liturgias inculturadas afro" (Oliveira, 2011). Por outro lado, esse diálogo bilateral parece refletir de modo mais amplo a conjuntura atual da sociedade brasileira, a qual, desde os anos 1970, vem crescentemente debatendo na esfera pública a pluralidade tanto identitária e cultural quanto religiosa (sem excluir os diversos conflitos).

Essa nova conjuntura produz efeitos dentro e fora do catolicismo, como podemos observar com a nova configuração do movimento negro católico. Há três exemplos disso: as liturgias inculturadas, os eventos nacionais das comunidades negras católicas e o assentimento público da cúpula da Igreja com relação às minorias (no caso, os quilombolas).

As liturgias católicas inculturadas (ou liturgias afro), cujos aspectos litúrgicos foram investigados durante minha pesquisa de mestrado (Oliveira, 2011), apresentam em sua configuração diversos elementos que permitem entrever o modo pelo qual a Igreja católica tem pensado a identidade negra: colada à cultura material, apresentada pelo candomblé e reificada pelo Estado como africana. No Conenc realizado em fevereiro de 2012, em Londrina, conforme apontamos, o grande tema debatido foi a missa afro. Mais do que discutir os símbolos permitidos ou as autorizações eclesiásticas para a sua realização, a preocupação era encontrar argumentos necessários para justificar a sua existência. É preciso lembrar que, ao lado de uma representação nacional dos negros, esse tipo de celebração foi uma das grandes vitórias do movimento negro católico pós-Campanha da Fraternidade de 1988. Um dos padres que assessoraram o encontro, responsável pela dimensão litúrgica da CNBB, se esforçava para demonstrar a uma plateia de mais de 150 pessoas que era preciso encontrar justificativas culturais e teológicas para os símbolos presentes no ritual. Da mesma maneira, outro assessor apontava a necessidade de rearticular os agentes da Pastoral Afro-Brasileira para mapear suas ações e retomar os estudos sobre os negros católicos encabeçados pelo padre Toninho.

No bojo dessas discussões, as Romarias das Comunidades Negras ao Santuário Nacional de Aparecida dão visibilidade às ações do movimento negro católico. Mais do que um momento festivo, em que se realiza no santuário uma missa afro com a presença de bispos, padres e diáconos negros, a romaria é um ato político, uma vez que conta certa história do negro católico. Tais eventos não acionam apenas os grupos tidos como tradicionais do catolicismo negro, como congadas, moçambiques e irmandades, mas também "aspectos da cultura negra" cunhados no bojo das celebrações inculturadas, ou seja, em diálogo com as religiões afro-brasileiras. Na edição de 2012, reproduziu-se uma gramática que vem se tornando hegemônica no movimento negro católico: a apresentação de um *éthos* similar ao povo de santo (Amaral, 2002), isto é, a informalidade nos gestos e nas falas, a refeição compartilhada após a missa e os cumprimentos utilizando a expressão "axé". Tudo isso parece reforçar um entendimento do que é "ser negro" que, em certa medida, espelha comportamentos observados em terreiros de candomblé.

Por fim, a cúpula da CNBB, por meio da Comissão Episcopal para o Serviço da Caridade, da Justiça e da Paz, marca mais uma vez seu posicionamento a favor das minorias ao publicar um documento em defesa dos povos quilombolas. Esse texto traz duas novas características com relação às demais publicações de cunho social da CNBB: apresenta a mea-culpa da Igreja com relação ao tratamento desumano que os negros receberam, tanto no período da escravidão quanto após a abolição legal; e reconhece que a situação de expropriação em que se encontra a comunidade quilombola é, em parte, reflexo do preconceito racial. Portanto, propõe, entre as várias estratégias em defesa desses povos, o combate ao agronegócio e ao preconceito racial, bem como a valorização e a preservação de "suas culturas", inclusive reconhecendo que, em muitas delas, o catolicismo não é a religião majoritariamente professada.

Como podemos notar, o tema da "cultura" e da "identidade negra" entrou na agenda da Igreja católica de tal forma que políticas eclesiais começam a ser elaboradas com recorte étnico-racial. O mais interessante é que o diálogo com as religiões afro-brasileiras se intensificou, na tentativa de evidenciar e inventariar os "símbolos da cultura negra", da mesma forma como categorias socioantropológicas são acionadas para conformar o discurso oficial, justificando suas ações tanto para dentro quanto para fora.

Conclusão: "inculturando" a religião

Neste capítulo, discutiu-se o modo pelo qual a Igreja católica brasileira tem incorporado elementos da militância negra, promovido ações de combate ao racismo e adotado símbolos das heranças africanas em suas liturgias. Três pontos foram destacados: a formação do movimento negro católico, o lugar das liturgias inculturadas e os diálogos entre católicos e religiosos afro.

Nos anos 1970, algumas reivindicações do movimento negro começam a ser debatidas no interior da Igreja, causando uma série de embates entre as lideranças tidas como "progressistas" e as "conservadoras". É fato que já havia, entre os católicos, forte mobilização em favor dos indígenas, dos que vivem em situações de vulnerabilidade social (crianças órfãs, pessoas em situação de rua etc.) e "pobres", mas a dimensão étnico-racial ainda não tinha sido incorporada à pauta. Isso ocorreu por meio de um duplo movimento: por um lado, a efervescência dos embates sociais pelo fim da ditadura militar, que vigorava no Brasil desde 1964, e, por outro, a preparação da Conferência Geral do Episcopado Latino-Americano e Caribenho, cujo tema seria a cultura.

Esses eventos impeliram clérigos, religiosos e negros a discutirem mais diretamente o lugar do negro no catolicismo, para além do lugar "tradicional" que eles ocupavam, no rol das "manifestações do catolicismo popular". A primeira dificuldade foi justamente equacionar, no axioma da "universalidade cristã", as diferenças étnico-raciais de seus fiéis. Por isso, o primeiro passo dado pelos militantes foi voltar à teologia: era preciso antes encontrar ali os elementos que fundamentassem suas intenções e determinassem quais ações eram possíveis.

Assim, a militância católica desenvolvia ações junto ao movimento negro mais amplo com base na configuração inicial dos Agentes de Pastoral Negros, mas também com discussões voltadas à Igreja. Essa posição entre o "religioso" e o "político" permitiu alguns ganhos, mas também alimentou vários conflitos, o que culminou com um cisma no grupo e a criação da Pastoral Afro-Brasileira.

Durante o período de consolidação do movimento negro católico, foram imprescindíveis os grupos de estudos teológicos, entre os quais se destacou o grupo Atabaque, coordenado pelo padre Toninho. Foi no interior desses grupos que, paulatinamente, foram gestadas as liturgias inculturadas. As primeiras experiências de incorporação de elementos das religiões afro-brasileiras ao rito católico tiveram início no âmbito desses encontros fechados, após a realização da Missa dos Quilombos, em 1981.

Uma vez inserida no debate em torno das políticas públicas voltadas para a população negra, a Igreja precisou rever o lugar que os negros ocupavam em seu interior e como se dava a sua relação oficial com as religiões afro-brasileiras. Por um lado, não houve muita dificuldade em assumir parte da pauta do movimento negro (em especial no que tange ao combate ao racismo e à discriminação, à adoção de políticas de reparação e ao respeito à diversidade religiosa); por outro, foi necessário rever a postura interna.

Os ajustes internos começam a ser gestados a partir da realização da Campanha da Fraternidade de 1988. Ao pôr o negro e sua realidade no centro do debate, a Igreja se vê obrigada a confessar certa conivência com a exclusão e a exploração sofridas pela população negra desde a chegada dos primeiros africanos ao Brasil, na condição de escravizados. Os pedidos de desculpas se multiplicaram, assim como os grupos de Pastoral Afro, além do fortalecimento do IMA e do Greni.

As liturgias inculturadas parecem ser a segunda grande conquista desse movimento, ao lado da referida Campanha da Fraternidade de 1988, e também o que causa maior polêmica dentro e fora do catolicismo.

Conforme discutimos, ao inventariarem o repertório nacional e os símbolos das heranças africanas no Brasil, os agentes da inculturação católica incorporaram ao ritual romano um conjunto de elementos das religiões afro-brasileiras. A justificativa apresentada pela Igreja é de que tais elementos não são exclusivos de uma religião, mas expressariam o "jeito do negro rezar". Sendo os terreiros o "lócus das culturas africanas no Brasil", seria comum recorrer a esses locais para acessar esses símbolos.

Percebe-se que a Igreja leva a sério o processo de "culturalização" das religiões afro-brasileiras. Já que o próprio Estado (assistido por intelectuais, artistas e religiosos afro) validou os terreiros como "comunidades tradicionais africanas" e sua "cultura" que expressa diretamente o "ser negro no Brasil", incorporar tais símbolos à liturgia católica marca uma continuidade desse processo, não uma ruptura.

Uma vez transformadas em "cultura", as religiões afro-brasileiras podem ser inculturadas pelo catolicismo. Cabe notar que esse processo não é visto como sincretismo pelos grupos envolvidos, pois tanto afros quanto católicos, nesse contexto, apostam na leitura da religião pela cultura. Entretanto, quando se extrapola o domínio do ritual, a relação com o terreiro é organizada em outro plano, como demonstram as reuniões do DCCU.

É inédita a postura da Igreja em reconhecer as religiões afro-brasileiras como interlocutores religiosos, tal como já ocorre com outras denominações. Trata-se de um processo lento, que se desenvolve há mais de uma década, para além das reuniões ordinárias e dos eventos em conjunto. O que impacta o campo religioso brasileiro é o fato de haver uma mudança de postura dos agentes em relação ao assunto. O aparente paradoxo em tomar as religiões afro-brasileiras ora como "cultura", ora como "religião" desaparece diante do fato de que as identidades são gestadas nas relações estabelecidas em cada contexto, mesmo que, para tanto, sinais diacríticos conflitantes sejam acionados.

No embate público sobre ações voltadas à população negra, as religiões afro-brasileiras se apresentam como "comunidades tradicionais", e a Igreja católica "leva a sério" essa declaração identitária e a *incultura*. Uma vez que, no campo religioso, pais e mães de santo se apresentam como sacerdotes, a relação com os católicos acontecerá na esfera do diálogo inter-religioso, ao lado de budistas, judeus e islâmicos. No jogo das identidades, a plasticidade é um elemento fundamental para estabilizar e transpor fronteiras.

3

"Hoje eu orei, Ele é negro": o campo evangélico e as questões étnico-raciais

A presença evangélica no Brasil

OS PROTESTANTES DE MISSÃO

A presença protestante no Brasil, diferente do catolicismo, que chega junto com o colonizador português, enfrenta dificuldades de ordem política e religiosa para se estabelecer. De acordo com Antônio Gouvêa Mendonça,

> o protestantismo só conseguiu implantar-se definitivamente quando condições políticas e sociais apresentaram possibilidades de neutralizar a presença protestante, de modo que ela não viesse a conseguir, por conta de seu enquistamento, transformações sensíveis na cultura católica luso-brasileira. (Mendonça, 2008, p. 38)

Essa presença discreta se modificaria na virada do século XX para o XXI, como veremos a seguir.

Ao retraçar brevemente a história dos protestantes no Brasil, saltam aos olhos os contextos políticos, econômicos e eclesiásticos que motivaram as diversas expedições missionárias desde o período colonial até a Primeira República. Nota-se que a exclusividade católica não apenas assegurava a "salvação das almas" como também colaborava com a manutenção do Estado português na América. Nesse sentido, é importante ressaltar que as primeiras tentativas de se estabelecer por aqui o protestantismo não estavam dissociadas de um projeto de colonização.

O primeiro registro da presença oficial de protestantes no Brasil remonta a 1555, quando a expedição liderada por Nicolas Durand de Villegagnon pretendeu fundar a França Antártica, na Baía de Guanabara (Mendonça, 2008). A implementação de uma comunidade religiosa inspirada na Reforma (sobretudo huguenote) é frustrada pela resistência portuguesa, em um evento que ficou conhecido como a Confederação dos Tamoios.[77]

Durante a invasão holandesa na região do Nordeste brasileiro (1630-1645), o esforço dos missionários protestantes permitiu a organização da primeira igreja calvinista. Entretanto, com a expulsão dos holandeses, desapareceram também os vestígios institucionais do cristianismo reformado no Brasil (Mendonça, 2008, p. 40).

Até a transferência da família real portuguesa para o Brasil, não há registros da presença institucional de protestantes na Colônia. Com a abertura dos portos "às nações amigas", esse quadro começa a se alterar, e, após a Independência, as Constituições de 1824 e 1891 vão estabelecer regras para a prática de outros cultos religiosos além do catolicismo, que permaneceu como religião oficial até a Proclamação da República, em 1889.

77 Sobre esse episódio, ver Lestringant (1990); Fausto (1992); Perrone-Moisés e Sztutman (2010).

Na transição de reino unido para império, observa-se a implementação das principais denominações protestantes (que, nos censos atuais, são classificadas como "evangélicas de missão"). Por exemplo, em 1810, chegam ingleses anglicanos e, em 1864, devido à forte imigração iniciada décadas antes, pastores vindos da Alemanha.

Embora a Igreja metodista considere seu estabelecimento oficial no Brasil em 1876 — quando o reverendo J. J. Ransom funda, no Rio de Janeiro, a terceira igreja metodista do país —, o primeiro missionário dessa denominação, o reverendo Fountain E. Pitts, havia chegado em 1835 e pregava em residências particulares. O metodismo que chega ao Brasil na segunda metade do século XIX, após a Guerra de Secessão, é oriundo do Sul dos Estados Unidos — região que apoiava a escravidão. Há, portanto, divergências entre os metodistas sobre a data inaugural da denominação no país: alguns afirmam ainda que a primeira igreja metodista foi implantada no Brasil em 1871, em Saltinho (interior de São Paulo). O primeiro núcleo metodista estava localizado na região de Campinas (Santa Bárbara, Limeira, Americana) e era formado exclusivamente por brancos: norte-americanos e brasileiros de classe média (Branchini, 2008). Cabe ressaltar que as comunidades carioca e baiana foram organizadas a partir da presença de missionários vindos do norte dos Estados Unidos, sobretudo de Nova York, enquanto o núcleo paulista foi fundado por batistas oriundos do Sul daquele país.

> A evangelização de pessoas negras mostrou-se ambígua e controvertida: pregava a liberdade espiritual, sem envolvimento com a questão social e concebia os negros como indivíduos menos capacitados, que deveriam ser "educados" ou domesticados pela conversão e disciplina cristã. Por estas razões, a evangelização das pessoas negras era acompanhada de atitudes paternalistas.

> O metodismo, como as demais igrejas protestantes, rejeitava as culturas populares do Brasil, por serem consideradas como bárbaras e imorais. (Branchini, 2008, p. 84)

De acordo com Mendonça (2008), o protestantismo, até então, era praticado quase exclusivamente por estrangeiros, situação que começou a mudar com a chegada de Robert Reid Kalley, que funda, também no Rio de Janeiro, em 1858, a Igreja congregacional, com adeptos brasileiros e portugueses (antes de vir ao Brasil, o missionário atuou na Ilha da Madeira, em Portugal, onde aprendeu português). A atuação dos congregacionistas, portanto, foi crucial para o desenvolvimento das missões protestantes, pois eles começaram a disponibilizar salmos e hinos em língua vernácula.

O Rio de Janeiro se destaca como palco para a fundação de outra igreja, a presbiteriana, em 1862, três anos depois da chegada do missionário Ashbel Green Simonton, da Presbyterian Church in the United States of America. A estratégia de Simonton era se afastar dos seus compatriotas e se aproximar dos brasileiros, o que fez com que a denominação passasse de dezoito para mais de cem membros em apenas um ano (Braga & Grubb, 1932, p. 58 *apud* Mendonça, 2008, p. 48).

Como sublinha Mendonça (2008, p. 47), essa era a Igreja presbiteriana do Norte dos Estados Unidos, fruto do cisma de 1857, gerado pelo problema abolicionista. As disputas entre algumas denominações do Sul e do Norte influenciaram tanto as definições teológicas quanto as ações missionárias.

Essa divergência entre protestantes sulistas (e, portanto, condescendentes com a escravidão) e nortistas (abolicionistas) influenciou até mesmo na escolha do Brasil como lócus privilegiado para ação missionária. De maneira simetricamente oposta, sulistas e nortistas encontram terreno fértil para desenvolver suas missões. Esse fenômeno é relevante sobretudo entre os batistas, que chegam a constituir duas convenções separadas: uma em São Paulo e outra em Salvador.

A configuração dos protestantes no Brasil, em especial no século XIX, voltada, em um primeiro momento, ao atendimento de imigrantes europeus e norte-americanos, além dos apartados da vida política, é um dos motivos pelos quais, segundo o pastor Marco Davi de Oliveira (2015), as igrejas evangélicas de missão[78] possuem entre seus membros um número menor de negros.

Segundo o pastor batista, a "opção pela elite", a dificuldade com a linguagem, a estratégia missionária voltada para a educação formal por meio da Bíblia (que excluía os analfabetos) e uma liturgia europeia provocaram o afastamento da população negra. Ainda que hoje cerca de três milhões de pessoas autodeclaradas pretas ou pardas estejam numa igreja protestante histórica, o número é ínfimo se comparado ao das igrejas pentecostais.

Ao argumentar que o pentecostalismo seria mais atrativo para os negros, especialmente por possuir linguagem e liturgia mais acessíveis a essa população, o pastor se contrapõe a certa percepção de que essas igrejas seriam justamente avessas à negritude por rejeitarem qualquer sinal da herança cultural africana em seu interior. Antes de aprofundar esse tópico, é importante observar como se desenvolveram algumas das principais denominações pentecostais[79] ao longo do século XX no Brasil.

78 Devido à dificuldade de classificar os cristãos não católicos, decorrente da pluralidade e da amplitude desse grupo religioso, tomaremos, como termo genérico para identificar as várias igrejas, a categoria "evangélicos" utilizada pelo IBGE. Nos casos específicos, apontaremos os subgrupos, cruzando as categorias do IBGE com a classificação proposta por Mariano (1999): "evangélicas de missão ou históricas" (as igrejas frutos da Reforma); "pentecostais" (pentecostalismo clássico, implementadas no Brasil no início do século XX); "neopentecostais" (sobretudo as igrejas fundadas a partir da década de 1970); ou o nome próprio das denominações religiosas. As aspas ficam subentendidas.

79 Estamos considerando aqui aquelas que reúnem um maior número de adeptos de acordo com os dados do Censo de 2010, as chamadas igrejas "evangélicas de origem pentecostal" (ver Tabela 3, na Introdução).

Muitos autores já se debruçaram sobre as origens e configurações das igrejas pentecostais no Brasil (Freston, 1999; Mariano, 1999). Neste tópico, pretende-se realçar alguns aspectos historiográficos e organizacionais dessas igrejas, a fim de refletir sobre as interfaces entre as ações do movimento negro evangélico e certas posturas públicas de lideranças de igrejas pentecostais e neopentecostais.

O pentecostalismo marca sua presença no país com a chegada de missionários vindos dos Estados Unidos no início do século XX e que tiveram experiências de "reavivamento no Espírito Santo". Embora de origem europeia, os fundadores da Assembleia de Deus (os suecos Adolph Gunnar Vingren e Daniel Berg) e da Congregação Cristã no Brasil (o italiano Luigi Francescon) constituíram suas trajetórias religiosas entre os batistas norte-americanos e na Igreja Presbiteriana em Chicago, respectivamente.

O movimento de "reavivamento" é tido como elemento paradigmático no campo religioso cristão, em especial o evangélico, mas não exclusivamente.[80] Entre seus fundadores, há dois destaques, cujas biografias são acionadas de acordo com a ênfase do narrador ou do objetivo da narrativa. Na virada do século XIX para o XX, Charles Fox Parham funda em Topeka (Kansas, Estados Unidos) uma escola bíblica, cujo intuito é aprofundar as experiências com dons do Espírito Santo. Ao tomar conhecimento dessa instituição, o pastor William

80 Tardiamente, pode-se considerar que a Renovação Carismática Católica experimenta o "batismo no Espírito Santo", nos Estados Unidos, em reuniões ecumênicas de oração. Nesse sentido, os "católicos renovados" apresentam práticas rituais muito semelhantes às dos pentecostais, tais como glossolalia, ênfase nos carismas (ou dons de serviço) e na cura divina; e diferem totalmente dos protestantes pela obediência radical à hierarquia eclesiástica (sobretudo ao papa) e pela devoção mariana.

Joseph Seymour passa a assistir às aulas e, em 1906, funda seu ministério na Rua Azusa (em Los Angeles).

Alguns militantes do movimento negro evangélico ressaltam que Seymour, apesar das humilhações racistas promovidas por Parham (que lhe permitiu assistir suas aulas apenas do corredor), conseguiu realizar um grande movimento de reavivamento. Segundo Hernani Francisco da Silva,

> [Seymour afirmou] sua herança negra ao trazer a música dos negros para a igreja, quando esta música era demonizada. Para Seymour, o Pentecostes era mais que falar línguas: significava o amor diante de um contexto de ódio que vivia a sociedade norte-americana. [...] Na igreja de Seymour não havia discriminação; brancos e negros, homens e mulheres, asiáticos e latinos eram todos iguais, isso décadas antes do movimento pelos direitos civis. Por esse motivo, Seymour foi muito perseguido. O próprio Charles Parham foi para a Rua Azusa e denunciou a mistura de raças na igreja de Seymour. (Silva, H. F., 2011, p. 22)

Esse acento racial dado à origem do pentecostalismo, de certo modo, compõe o projeto do movimento negro evangélico em "resgatar a memória" dos protagonistas negros presentes na história do protestantismo.

Ao chegarem ao Brasil, no início do século XX, as primeiras igrejas pentecostais encontram um contexto sociopolítico favorável à sua expansão. O movimento, entretanto, é dinâmico, o que permite aos analistas identificarem diferentes fases (ou ondas) do pentecostalismo. O trabalho de Ricardo Mariano (1999) apresenta uma análise ímpar desse fenômeno: o sociólogo se apropria da tipologia elaborada por Paul Freston (1999), em que o movimento pentecostal é dividido em três ondas, e apresenta uma classificação crítica para as denominações religiosas.

> A primeira onda é a década de 1910, com a chegada da Congregação Cristã (1910) e da Assembleia de Deus (1911). [...] A segunda onda pentecostal é dos anos 1950 e início de 1960, na qual o campo pentecostal se fragmenta, a relação com a sociedade se dinamiza e três grandes grupos (em meio a dezenas de menores) surgem: a Quadrangular (1951), O Brasil para Cristo (1955) e Deus é Amor (1962). [...] A terceira onda começa no final dos anos 1970 e ganha força nos anos 1980. Suas principais representantes são a Igreja Universal do Reino de Deus (1977) e a Igreja Internacional da Graça de Deus (1980). (Freston, 1999, p. 66)

Se as fronteiras que demarcam a divisão entre protestantes de missão e os pentecostais parecem mais claramente definidas, dado que "os pentecostais, diferentemente dos protestantes históricos, acreditam que Deus, por intermédio do Espírito Santo e em nome de Cristo, continua a agir hoje da mesma forma que no cristianismo primitivo" (Mariano, 1999, p. 10), o mesmo não ocorre no interior do próprio campo pentecostal. Da perspectiva institucional, faz-se um recorte histórico a partir da data de fundação de algumas denominações tidas como paradigmáticas do ponto de vista da inovação teológica e litúrgica. Entretanto, essa tipologia, como lembra o próprio autor, precisa ser matizada, haja vista que denominações tidas como pertencentes a uma onda podem aparentar alguns elementos descritivos de outro movimento.

Enquanto o pentecostalismo clássico abrange as duas grandes denominações que chegam no início do século XX (mesmo com as transformações e cisões que ocorrerão ao longo dos anos, como as observadas na Assembleia de Deus), a segunda onda, ou *deuteropentecostalismo* (Mariano, 1999, p. 32), "constitui, portanto, um desdobramento institucional tardio, em solo brasileiro, do pentecostalismo clássico norte-americano". Surgido cerca de quarenta anos depois da primeira fase, incorpora algumas ações inovadoras de proselitismo, como o uso do rádio e a apropriação de grandes espaços para culto (teatros, cinemas, tendas, estádios etc.). "Justifica-se, assim, a divisão das duas primeiras ondas pentecostais pelo critério do corte histórico-institucional, mas não pela existência de diferenças teológicas significativas entre ambas" (Mariano, 1999, p. 32).

Por fim, a terceira onda, ou neopentecostalismo, é iniciada na década de 1970 e consolidada nos anos seguintes, com a fundação de algumas igrejas específicas, como a Comunidade Evangélica Sara Nossa Terra (GO, 1976), Comunidade da Graça (SP, 1979), Universal do Reino de Deus (RJ, 1977), Internacional da Graça de Deus (RJ, 1980), entre outras. Mariano (1999, p. 36) ressalta, porém, que nem todas as denominações surgidas nesse período podem ser classificadas como neopentecostais: é preciso levar em consideração, "além do corte histórico-institucional em ondas, as diferenças teológicas e (em parte decorrentes destas) as comportamentais (abandono do ascetismo intramundano) e sociais (diminuição do sectarismo)".

As "ondas" do pentecostalismo poderiam ser vistas como um contínuo religioso em que, a depender das características (contrativas e relacionais) das instituições, são classificadas em um dos eixos: pentecostalismo clássico, de um lado, e neopentecostalismo, de outro, havendo ainda o termo intermediário, ocupado pelo deuteropentecostalismo. Essa distinção é importante porque se percebem, como já apontamos, movimentos de "renovação carismática" em várias denominações (e em suas dissidências) que as fazem se aproximar mais ou menos de uma das ondas sem, no entanto, integrá-las.

> O que justifica a divisão entre pentecostalismo clássico e deuteropentecostalismo é, sobretudo, o corte histórico-institucional, os quarenta anos que os separam. No caso do neopentecostalismo, porém, são suas consideráveis distinções de caráter doutrinário e

> comportamental, suas arrojadas formas de inserção social e seu *éthos* de afirmação do mundo. [...] Não se pode perder de vista as genealogias e os vínculos institucionais na hora de analisá-las e classificá-las. Para ser enquadrada como neopentecostal, portanto, uma igreja fundada a partir de meados da década de 1970 deve apresentar as características teológicas e comportamentais distintivas dessa corrente. (Mariano, 1999, p. 37)

Para este livro, a distinção entre as várias fases do pentecostalismo é relevante na medida em que os próprios agentes observados em campo se autodenominam como pentecostais ou neopentecostais (seja como forma de afirmar positivamente sua identidade, seja para depreciar o pertencimento do outro). De fato, em alguns contextos, "ser pentecostal" é ser "intolerante religioso" e, em certa medida, "racista", como se no universo pentecostal clássico ou no protestantismo histórico não houvesse espaço para ações discriminatórias.

Todavia, são justamente essas contradições e essa complexidade própria do campo religioso evangélico que o movimento negro evangélico tem procurado, intencionalmente ou não, evidenciar. Por exemplo, ao afirmar que a maioria dos negros se encontra nas igrejas evangélicas, o pastor batista Marco Davi de Oliveira (2015) sugere que há nelas elementos litúrgico-pastorais que atraem esse público. Por outro lado, Branchini (2008), ao estudar a presença dos negros na Igreja metodista, chama a atenção para o fato de que a preocupação com a questão racial aparece no interior das igrejas protestantes, e não no pentecostalismo.

As genealogias institucionais, apontadas por Mariano (1999) como elementos importantes na classificação das denominações, são ressaltadas pelos evangélicos negros como forma de mostrar certa continuidade na presença e na ação de lideranças negras no interior do cristianismo não católico.

Voltaremos a esse tema ao tratar dos impactos do proselitismo pentecostal nas políticas de ação afirmativa com recorte racial. Em síntese, cabe ressaltar que, enquanto o movimento negro evangélico se organiza, sobretudo entre membros das igrejas históricas, a intolerância religiosa contra as religiões afro-brasileiras conhece seus maiores expoentes entre os neopentecostais.

Negros evangélicos em movimento

Reconstruir a história do movimento evangélico brasileiro é uma tarefa complexa, sobretudo porque esse é um processo ainda em andamento. Essa dificuldade parece ser maximizada conforme olhamos mais detidamente para o interior do próprio campo religioso cristão não católico, nomeado genericamente de "evangélico". Contudo, é possível observar uma espécie de fio de Ariadne que conduziu seus agentes.

Assim como os católicos, apesar das divergências e das múltiplas facetas de sua militância negra, no campo evangélico também há uma diversidade de concepções sobre os direcionamentos das políticas voltadas à população negra. Todavia, o combate ao racismo no interior das igrejas, em particular, e na sociedade, em geral, pode ser tomado como ponto de convergência dessas iniciativas.

Desse modo, é possível falar, por um lado, em um movimento negro evangélico (MNE), na medida em que se tem como referencial um conjunto de ações desenvolvidas por grupos consolidados ou em construção e cujos agentes são pessoas que se autoclassificam como "evangélicas" e negras (pretas ou pardas, de acordo com a nomenclatura adotada pelo IBGE). Por outro lado, deve-se considerar que, em geral, os destinatários dessas ações são pessoas negras que participam de alguma igreja classificada como "evangélica".

Essas ações têm em comum o fato de serem organizadas segundo certa orientação teológico-pastoral de inspiração protestante. Isso significa que, mais do que tratar de um grupo específico, para compreender o MNE é preciso mapear as diversas iniciativas presentes nas várias igrejas para, em seguida, proceder à análise de suas estruturas. No mais, é importante que isso seja tomado como um processo em construção, e não como um projeto consolidado, diferente da Pastoral Afro-Brasileira, no caso católico.[81]

Este texto apresenta o estado da arte do campo afroevangélico, ressaltando a historiografia do MNE e alguns de seus agentes paradigmáticos. Os dados que se seguem foram recolhidos durante a pesquisa de campo, que privilegiou a produção escrita dos agentes evangélicos, a participação em curso de formação sobre a presença do negro na igreja, entrevistas e depoimentos colhidos por meio de sites de relacionamento (especificamente o Afrokut, que reúne exclusivamente negras e negros evangélicos), além de conversas informais.

Embora a participação das mulheres seja fundamental para a consecução do MNE, pastores e lideranças masculinas ganham proeminência na narrativa pública sobre a gênese do movimento. Alguns interlocutores[82] justificam esse fenômeno pontuando que o sacerdócio, no âmbito das igrejas cristãs (católicas e aquelas originárias da Reforma), é exercido quase exclusivamente

81 Em minha dissertação de mestrado, dediquei o primeiro capítulo à configuração da Pastoral Afro-Brasileira no catolicismo (Oliveira, 2011); sobre esse tema, os trabalhos de Ana Lúcia Valente (1994) e Caetana Damasceno (1990b) também são bastante inspiradores.

82 Durante a pesquisa de campo, a minha interlocução formal se deu apenas com homens. O acesso à produção escrita também era majoritariamente feito por eles. Essa limitação pode ainda estar associada aos lugares que são facultados ao antropólogo em campo. Por outro lado, as mulheres têm forte atuação na produção acadêmica (com artigos, dissertações e teses).

por homens, posição controversa entre os agentes. Até mesmo entre as lideranças, o lugar que o sujeito ocupa na hierarquia religiosa impacta em sua atuação, como veremos mais adiante.

Narrar aspectos da constituição do MNE implica, em alguma medida, retraçar a trajetória de seus principais agentes e de algumas instituições. Metaforicamente, podemos dizer que o MNE é uma rede que inter-relaciona tais atores. No escopo deste texto, tentaremos evidenciar os nós de significado que compõem o movimento.

Paraibano de família católica, Hernani Francisco da Silva se converteu à Igreja congregacional aos quinze anos de idade; dois anos depois, tornou-se membro da Igreja O Brasil para Cristo. As duas instituições se inscrevem na vertente pentecostal, o que revela uma particularidade na trajetória de Hernani, uma vez que a maioria dos agentes do MNE é oriunda de igrejas do chamado protestantismo histórico.

Segundo entrevista concedida ao programa *Análise Direta*, da Rede Internacional de Televisão (RIT), no dia 9 de dezembro de 2009, sua "segunda conversão" foi "despertar sua negritude", que se deu durante a marcha nacional em comemoração ao centenário da abolição formal da escravidão no Brasil, realizada no dia 13 de maio de 1988. Embora tenha deparado com ela de maneira ocasional, foi a partir desse momento que ele se sentiu impelido a desenvolver um trabalho de combate ao racismo no interior do campo religioso evangélico.

Sua atuação no terceiro setor é adensada quando participa como *fellow* na Ashoka, instituição sem fins lucrativos criada em 1980 por Bill Drayton nos Estados Unidos, que tem como objetivo formar lideranças em países em desenvolvimento para articular iniciativas que produzam transformações nos contextos sociais nos quais estão inseridas. Atuando na área dos direitos humanos, Hernani da Silva elege como público-alvo de suas atividades a população negra.

Em 23 de janeiro de 1991, com o auxílio de outras pessoas, Hernani fundou a Sociedade Cultural Missões Quilombo, cujo objetivo principal é "modificar a visão que as igrejas evangélicas têm da cultura negra" (Silva, H. F., 2011, p. 45). Embora localizada no âmbito de uma igreja pentecostal (O Brasil para Cristo), a instituição possui integrantes de outras denominações e tem desenvolvido atividades que, por vezes, extrapolam o campo evangélico. Em parceria com o antropólogo norte-americano John Burdick, Hernani tem realizado um mapeamento das iniciativas desenvolvidas por evangélicos no combate ao racismo e à discriminação.

Como mencionamos, um aspecto importante do MNE, assim como da Pastoral Afro-Brasileira entre os católicos, é a sua proximidade com os estudos teológicos e das ciências humanas, ou seja, a organização da atuação política é mediada pela investigação científica. Assim, não é raro notar a articulação de integrantes dos grupos do MNE com instituições de pesquisa, sobretudo as confessionais.

A aproximação entre Hernani da Silva e John Burdick é uma referência nesse sentido. O antropólogo realizou um conjunto de pesquisas no Brasil interseccionando religião e raça, e, ao comparar as "missas inculturadas" católicas com a liturgia das igrejas negras estadunidenses, passou a defender a possibilidade da elevação da autoestima da pessoa negra por meio de práticas religiosas de origem pentecostal sem, no entanto, acionar os símbolos culturais africanos (Burdick, 2004).

De fato, a militância desenvolvida por Hernani da Silva revela uma tentativa de resgate da presença negra nas raízes do cristianismo, ao mesmo tempo que denuncia o que considera uma "teologia evangélica racista".[83] Várias são as ações que remetem à história do negro no Brasil, de maneira geral, e no

83 Hernani Francisco da Silva, entrevista concedida ao autor, 9 dez. 2009.

protestantismo, especificamente, com destaque para a criação da rede de relacionamentos virtual Afrokut e a publicação do livro *O movimento negro evangélico: um mover do Espírito Santo*, pelo selo Negritude Cristã, em 2011.

A pluralidade do campo protestante impede o estabelecimento de organismos que concentrem todas as ações e agentes do MNE, diferentemente do catolicismo, que, embora conte com três grandes grupos (Pastoral Afro-Brasileira, Instituto Mariama e Grupo de Religiosos e Religiosas Negros e Indígenas), possui políticas coordenadas, já que parte significativa dos seus integrantes circula nos três grupos, desenvolve ações em conjunto e, sobretudo, pertence à mesma instituição religiosa.

No caso evangélico, um conjunto de iniciativas foi implementado na tentativa de reunir, mapear e pôr em diálogo as diversas pessoas e grupos que atuam na superação do racismo nas igrejas. O Fórum de Afrodescendentes Evangélicos, criado no MSN Messenger em 2002, foi uma dessas ações pioneiras. Devido às limitações técnicas desse dispositivo de mensagens instantâneas e com a popularização da rede social Orkut no Brasil, algumas comunidades virtuais foram criadas, entre elas: Negros Cristãos (que chegou a contar com mais de cinco mil membros), Conselho Nacional de Negras e Negros Cristãos (CNNC), Negros Evangélicos, Negros Sim! Somos Cristãos, Movimento Negro Evangélico e Teologia Negra (Silva, H. F., 2011, p. 15). Essas "comunidades virtuais" reúnem evangélicos de várias denominações, na tentativa de estabelecer um canal de comunicação entre esses grupos, possibilitar a troca de informações, articular ações em conjunto e, ao mesmo tempo, preservar a independência de cada um deles.

Segundo Hernani da Silva, a marca principal do MNE é a descentralização de suas ações, que segue a lógica de configuração fragmentária e plural do campo protestante, além de especificar cada contexto eclesial. Ainda é possível argumentar que um dos fatores que impedem a generalização de suas ações está atrelado às limitações financeiras e à forma desigual de distribuição do poder no interior das igrejas. Os dados etnográficos permitem afirmar que esses dois fatores são correlatos, mas não suficientes para explicar a forma de atuação desses agentes.

Introduzir ações pastorais com base em marcas identitárias dos fiéis, para além de faixa etária (definida de forma genérica nas igrejas como crianças, jovens, adultos e idosos) e gênero (homens e mulheres), não é tarefa simples. Assim como a Teologia da Libertação foi um marco na Igreja católica latino-americana, ao incorporar a luta de classes na atuação missionária, a Teologia da Missão Integral é um movimento teológico e pastoral que propõe a inclusão do debate social na atuação missionária das igrejas protestantes, conforme aponta René Padilla (2014). A Teologia da Missão Integral tem origem em 1974, no Congresso Internacional de Evangelização Mundial, que reuniu na cidade de Lausanne, na Suíça, igrejas de várias denominações oriundas de 150 países. Nesse evento foram lançadas novas bases para a missão evangélica, reunidas no documento conhecido como Pacto de Lausanne. Ele condensa quinze princípios, dos quais destaca-se o décimo, que trata das estratégias de evangelização diante da pluralidade cultural e da necessidade de adaptar as ações proselitistas aos contextos culturais, resguardando os princípios cristãos.

Diferente da noção de classe (traduzida na teologia cristã como a relação entre "ricos" e "pobres"), que tem lugar no debate eclesial especialmente a partir da década de 1970, com o desenvolvimento da Teologia da Missão Integral em algumas igrejas protestantes a distinção dos fiéis por meio da noção de "raça" encontra maiores resistências. Em pesquisa publicada em 1985, Regina Novaes e Maria da Graça Floriano apresentam um importante quadro, mostrando como o tema das relações raciais vinha sendo incorporado a algumas igrejas protestantes de origem missionária localizadas em São Paulo e no Rio de Janeiro. Além das características próprias do campo evangélico, que prezam pela independência radical de suas igrejas, e dos aspectos econômicos, não há consenso teológico e político sobre como incorporar o debate racial no interior das igrejas de modo que se estabeleça uma nova atuação pastoral.

Com a descontinuidade do Orkut, muitos grupos migraram para outras plataformas virtuais, como Facebook, YouTube, Twitter, Wiki etc. No contexto desse movimento de apropriação das redes sociais, Hernani da Silva cria em 2008 o Afrokut, como uma extensão virtual da Sociedade Cultural Missões Quilombo.

Essas "comunidades virtuais" têm em comum o fato de reunir evangélicos de várias denominações, na tentativa de estabelecer um canal de comunicação entre os vários agentes, trocar informações, e, em alguma medida, possibilitar a realização de atividades em conjunto, justamente porque a marca principal do MNE é a descentralização de suas ações. Descentramento esse que é menos fruto do desejo dos atores envolvidos do que da própria configuração fragmentária e plural do campo protestante.

A trajetória da Sociedade Cultural Missões Quilombo se entrelaça com a da militância de seu fundador, Hernani da Silva. Fundada em 2001, ela se inscreve na cena pública como uma ONG que procura dar visibilidade ao ativismo antirracista baseado em princípios bíblico-teológicos, os mesmos que orientam a atuação desses atores no campo dos direitos humanos.

Foi justamente por sua atuação à frente da Sociedade Cultural Missões Quilombo e do Afrokut que Hernani da Silva foi agraciado em 2000 com o Prêmio Direitos Humanos, outorgado pelo governo federal brasileiro, além de outras honrarias. Entretanto, conforme apontou o pastor Marco

Davi de Oliveira,[84] o reconhecimento de seu trabalho na articulação dos evangélicos negros nem sempre encontra respaldo na hierarquia eclesiástica, haja vista o fato de ele não ser sacerdote; portanto, as alianças estabelecidas com pastores e bispos, intelectuais e agentes de outras denominações são fundamentais para um maior desenvolvimento de suas ações no interior das igrejas.

O Afrokut não se limita a reunir evangélicos negros e instituições: como uma rede de relacionamentos, possibilita o intercâmbio entre seus membros, a criação de subcomunidades de acordo com interesses convergentes (inclusive a plataforma permite criar fóruns de discussão, blogs e lojas virtuais), e ainda a realização de cursos, palestras e reuniões on-line. Conta hoje com mais de três mil membros cadastrados, segundo o seu fundador.

Considerando sua origem religiosa pentecostal e o fato de a maior parte dos atores do MNE pertencer a igrejas protestantes históricas, justifica-se sua tentativa de dar sempre um caráter ecumênico às suas ações. Esse esforço de congregar as várias iniciativas do MNE impulsionou Hernani da Silva a publicar, em 2011, o livro *O movimento negro evangélico: um mover do Espírito Santo*, buscando registrar a história do movimento.

Esse exercício não é inédito no processo de resgate identitário, sobretudo porque se cristalizou a ideia de que a "história oficial" invisibilizou esses agentes. Como observa Lucilene Reginaldo (1995), apresentar no contexto católico a "história que não foi contada" é um dispositivo importante dos movimentos sociais, pois o processo de correção das historiografias oficiais procura validar outras narrativas sobre os grupos subalternizados com base em seus pontos de vista, desvelando os estereótipos negativos que foram estabelecidos

84 Marco Davi de Oliveira, entrevista concedida ao autor, 10 jan. 2016.

sobre si. Nesse sentido, há também uma tentativa de reescrita da presença evangélica no Brasil. Enquanto a história oficial considera o ano de 1858 como marco inicial do protestantismo no país, com a fundação da Igreja Fluminense pelo reverendo Robert Kalley, o livro de Hernani da Silva localiza a gênese em 1841, quando o pregador negro Agostinho José Pereira funda a Igreja do Divino Mestre. Apelidado de Lutero Negro, o fim desse pregador e sua igreja é desconhecido; diz-se que ele teria sido preso e deportado (Silva, H. F., 2011, p. 9).

Operando um recuo histórico ainda maior, Hernani da Silva (2011), na primeira parte de seu livro, indica que a primeira pastoral negra protestante no Brasil nasce das pregações de "Mãe Maria", uma africana nagô, nascida na África por volta de 1825, adquirida como escrava pelo pastor Voges em 1846. Alfabetizada, ela aprendeu alemão com a senhora Elisabetha, sua proprietária. Assim, no rol das lideranças negras brasileiras, figuram membros de igrejas protestantes: João Candido (da Igreja Metodista de São João de Meriti, liderou a Revolta da Chibata, no Rio de Janeiro, em 1910); João Pedro Teixeira[85] (da Igreja Evangélica Presbiteriana, fundou a Liga Camponesa de Sapé, na Paraíba); Solano Trindade (poeta, foi diácono na Igreja presbiteriana), que, "decepcionado com o distanciamento do protestantismo com as questões sociais, incluindo a discriminação contra os negros, deixou a Igreja, justificando sua saída com um versículo da própria Bíblia: 'Se não amas a teu irmão, a quem vês, como podes amar a Deus, a quem não vês?'" (Silva, H. F., 2011, p. 12).

Na segunda parte, Hernani da Silva se volta não mais para personalidades específicas, mas para iniciativas coletivas. No capítulo "O movimento negro evangélico contemporâneo",

85 A biografia de João Pedro Teixeira foi recontada no documentário *Cabra Marcado para Morrer* (1984, dir. Eduardo Coutinho).

considera os anos 1970 e 1980 como referenciais, pois nesse período vêm à luz diversas iniciativas institucionais, e muitos "despertam" para sua negritude. Recordemos que o próprio autor localiza sua "reconversão" em 1988.

Assim como ocorreu com o movimento negro católico e com religiosos afro-brasileiros, o período de redemocratização do Brasil impulsionou as minorias (em particular negros e indígenas) a se reorganizarem no sentido de desenvolver ações de combate às injustiças sofridas. Alguns evangélicos não ficam alheios a esse contexto político-social.

Das várias iniciativas, vale mencionar a da Igreja metodista, a primeira a oficializar, em 1985, uma comissão nacional de combate ao racismo, que havia sido criada em 1973 por iniciativa de fiéis oriundos de Minas Gerais, Rio de Janeiro, São Paulo e Rio Grande do Sul (Branchini, 2008, p. 112). O reconhecimento dessa comissão só ocorreu doze anos depois de sua criação, pois temia-se que esse tipo de discussão provocasse um cisma na Igreja. A oficialização se deu durante a gestão do reverendo Antonio Olímpio de Sant'Ana na Secretaria de Ação Social da Igreja metodista. A comissão, então, passou a ser chamada de Pastoral Nacional de Combate ao Racismo, cujo objetivo era

> identificar linguagem racista na hinologia e na própria literatura produzida pela Igreja e capacitar lideranças para atuarem nas diversas regiões eclesiásticas. Nessa mesma década, foram criadas as Pastorais Regionais de Combate ao Racismo em quase todas as regiões eclesiásticas, que desenvolveram importante trabalho de conscientização no seio das igrejas locais. Também surgiram neste período o Coral Resistência de Negros Evangélicos, em São Paulo (1988), e o Centro Ecumênico de Cultura Negra, em Porto Alegre.[86]

86 Grupo Pastorais de Combate ao Racismo da Igreja Metodista, Afrokut, [s.d.].

Metodista natural de Rio Piracicaba (MG), o reverendo Sant'Ana, em entrevista concedida à revista *Raça Brasil*, afirma que "a religiosidade é a maneira de se chegar e vislumbrar o Ser Supremo. Minha religião é metodista, mas a minha espiritualidade é negra. Antes de ser metodista e cristão, sou negro".[87] Ele continua, dizendo que foi inspirado por esses princípios que

> ele se transformou num dos mais ativos militantes religiosos na luta contra o racismo. Uma militância que extrapola as fronteiras brasileiras. Já passou por 46 países, "em todos os continentes, menos a Oceania, onde estarei ainda neste ano, como membro do Conselho Mundial de Igrejas (CMI). Sou também do Conselho Latino-Americano de Igrejas (Clai) e do Conselho de Igrejas Evangélicas Metodistas da América Latina (Ciemal)", conta. Reverendo Sant'Ana atua não só em entidades religiosas, mas em várias outras do movimento negro e da luta pelos direitos humanos. "Fui, por exemplo, membro do Conselho do Olodum por cerca de 25 anos."[88]

Também foi sob a atuação do reverendo Sant'Ana que nasceu a Comissão Ecumênica Nacional de Combate ao Racismo (Cenacora), atrelada ao Conselho Nacional de Igrejas Cristãs (Conic), que comporta as igrejas católica romana, católica ortodoxa síria, episcopal anglicana no Brasil, evangélica de confissão luterana, presbiteriana independente; organizações como a Sociedade Cultural Missões Quilombo, de cunho pentecostal; e o Movimento Martin Luther King de Ação e Reflexão. Com o objetivo de ser mais um braço do MNE no combate ao racismo e à discriminação,

87 "Eu tenho fé... e raça também!", *Raça Brasil*, ano 17, n. 187, fev. 2014.
88 "Eu tenho fé... e raça também!", *Raça Brasil*, ano 17, n. 187, fev. 2014.

> a Cenacora é um organismo ecumênico que já criou o seu espaço próprio dentro da realidade eclesial ecumênica brasileira; contudo, ultrapassando-a, tornou-se um dos pontos de referência do movimento social brasileiro, mormente aquele vinculado às questões étnicas e de direitos humanos. A Cenacora é uma organização aberta, inclusiva, dedicada ao combate ao racismo, à discriminação, aos preconceitos, à intolerância, a todo e qualquer tipo de violência, à xenofobia. E sempre defendendo os direitos humanos.[89]

Durante a pesquisa de campo, o secretário-executivo da Cenacora era Hernani Francisco da Silva, que contava com o auxílio de Diná da Silva Branchini, também metodista e ex-coordenadora do Ministério de Ações Afirmativas Afrodescendentes da Igreja Metodista do Brasil para a 3ª Região, que inclui a Grande São Paulo e parte do interior do estado. Ela também foi coordenadora, entre 2000 e 2004, do Fórum de Mulheres Negras Cristãs (órgão integrante da Cenacora).

Paulista nascida em Piquete, Diná afirma ter se descoberto

> negra lá pelos quarenta anos. Terceira geração de uma família metodista, sou filha de um pastor que atuou em várias cidades, como Sorocaba, onde há uma comunidade quilombola. Mas jamais refletíamos sobre esse assunto. Ao contrário, tanto em casa quanto na igreja, tudo o que se referia aos negros e à sua cultura não prestava. [...] Eu achava que era tratada igual aos demais, mas nas brigas "virava" negrinha. [...] Numa festa da Consciência Negra próxima a Volta Redonda, me convidaram a desfilar com roupas afro e eu aceitei. Fiquei parecida com uma mãe de santo. Achei ótimo. Foi meu autorreconhecimento.[90]

89 Grupo Cenacora, Afrokut, [s.d.].
90 "Eu tenho fé... e raça também!", *Raça Brasil*, ano 17, n. 187, fev. 2014.

Essa experiência a fez levar a reflexão para dentro de sua comunidade religiosa, ressaltando que "Zumbi não é o demônio e que temos de pensar no sofrimento do povo negro". Formada em musicologia, passou a incorporar, nos cultos da igreja, instrumentos musicais de origem africana. Mestre em ciências da religião pela Universidade Metodista de São Paulo, desenvolveu uma pesquisa[91] sobre a percepção e a participação dos negros metodistas na região metropolitana de São Paulo.

No universo religioso cristão, a relação entre militância e academia não está dissociada em nenhum momento, justamente porque o debate sobre questões raciais deve ser travado, principalmente, no campo teológico ou das justificativas acadêmicas envolvidas no ato militante. O padre Toninho, um dos principais articuladores da Pastoral Afro, criou em São Paulo o grupo Atabaque, para realizar estudos e discussões sobre uma teologia negra. Da mesma forma, é bastante significativo o aumento da produção bibliográfica sobre religião e negritude desenvolvida no âmbito das ciências da religião e da teologia a partir dos anos 1990.

Assim como o reverendo Olímpio Sant'Ana, Diná Branchini acredita que, por meio da cultura, é possível estabelecer uma relação mais profunda com a religião. Citando o fundador do metodismo, John Wesley, ela entende que "o religioso, o social e o cultural não se separam. Quanto mais conheço a nossa cultura, mais compreendo a minha fé".[92]

Nesse momento de efervescência da militância negra, surge no campo evangélico um conjunto de iniciativas, algumas com pouca durabilidade, mas que, de certa forma, contribuíram para a configuração do movimento negro evangélico, como a

91 Intitulada *Religião e identidade: um estudo sobre negros metodistas da Região Metropolitana de São Paulo*, a dissertação, defendida em 2008, é uma das referências bibliográficas deste livro.
92 "Eu tenho fé... e raça também!", *Raça Brasil*, ano 17, n. 187, fev. 2014.

Associação Evangélica Palmares (1987), o Grupo Evangélico Afro-Brasileiro (1988) e os Capoeiristas de Cristo (1988). Nas décadas seguintes, aumenta exponencialmente o número de grupos, em níveis local, estadual, regional e nacional, a exemplo dos Negros Evangélicos de Londrina e do Grupo de Herança Africana (do pastor metodista Rolf de Souza, no Rio de Janeiro). Nos anos 2000, surgem no Nordeste o Grupo de Mulheres Negras Agá, o Ministério Internacional de Afrodescendentes, o Núcleo de Reflexão de Teologia Negra de Feira de Santana, o Conselho Nacional de Negras e Negros Cristãos (CNNC), o Centro de Ética Social Martin Luther King Jr., a Associação dos Negros e Negras Evangélicos de Camaçari (Anec), a Pastoral da Negritude da Igreja Batista do Pinheiro. No Sudeste, fundam-se: Simeão Niger, Comafro, Ministério Azusa, Ministério Regional de Ações Afirmativas para Afrodescendentes — 3ª Região Eclesiástica da Igreja Metodista (AA-Afro), Movimento Martin Luther King de Ação e Reflexão, Juventude da Pastoral de Combate ao Racismo — 1ª Região Eclesiástica da Igreja Metodista, assim como a Pastoral da Negritude do Conselho Latino-Americano de Igrejas (Clai) e os inúmeros grupos criados nas redes sociais.

Para Hernani da Silva,

> O surgimento desses grupos e organizações já nos faz pensar em um Movimento Negro Evangélico se consolidando no Brasil. Atualmente esse movimento é uma das mais novas forças de combate ao racismo e de consciência negra no Brasil. Surge dentro do segmento evangélico brasileiro, onde grande parte demoniza a cultura e a história negra e tem uma longa história de constrangimento e racismo. *A missão do Movimento Negro Evangélico (MNE) é promover a reflexão e o debate bíblico/teológico em uma perspectiva negra e combater toda forma de racismo.* (Silva, H. F., 2011, p. 16, grifos nossos)

A harmonia e a complementaridade desses grupos no interior do MNE são postas à prova quando se observa de maneira mais detida o modo pelo qual cada um deles se apropria dos "símbolos da herança africana" no Brasil. De fato, mais do que os símbolos em si, é a própria noção de herança africana o alvo de debate. Segundo Hernani da Silva, há duas correntes ideológicas concorrentes no MNE: por um lado, o pan-africanismo/afrocentrismo e, por outro, a negritude cristã e a brasilidade. Mesmo tendo em comum a perspectiva de que há uma origem africana no cristianismo, grosso modo, os defensores do pan-africanismo e do afrocentrismo falam em uma espécie de exclusivismo da "herança africana", rejeitam a miscigenação e as relações inter-raciais. No limite, rejeitam a possibilidade de existência de um movimento negro evangélico, pois haveria apenas um movimento negro no Brasil. Essa postura foi defendida pelo CNNC no 1º Encontro Nacional de Negras e Negros Evangélicos, ocorrido em Salvador, de 8 a 30 de abril de 2007. Foi durante esse evento que ocorreu o primeiro cisma.

Se a divisão institucional se oficializou em 2007, as divergências começaram a se apresentar no início dos anos 2000. Conforme já dissemos, a primeira tentativa de reunir as várias iniciativas do movimento negro evangélico se deu em 2002, por meio de um grupo de debates no MSN. Transpostos para uma comunidade no Orkut (intitulada Negros Cristãos, criada por Anderson Henrique, um jovem que se iniciava na militância), os membros sentiram a necessidade de aprofundar algumas questões relativas à identidade do movimento, num encontro presencial nacional.

Segundo Hernani da Silva, era consenso entre a maioria dos evangélicos que o movimento deveria adotar uma postura de combate ao racismo, de defesa da "brasilidade" (ou seja, da integração entre negros e brancos) e de uma teologia negra que não fosse nem afrocentrada nem eurocentrada. Discussão semelhante permeava o Fórum de Lideranças Negras Evangélicas que aconteceu em 2003, na catedral da Igreja Presbiteriana Independente em São Paulo.

Fundado em 2001 com assessoria do professor José Carlos Barbosa (coordenador do Centro de Pesquisa Metodista, da Universidade Metodista de Piracicaba, autor do livro *Negro não entra na Igreja, espia da banda de fora*), o fórum reuniu importantes lideranças negras evangélicas[93] representando organizações como Simeão Niger, Associação Evangélica Palmares, Cenacora, Fórum de Mulheres Cristãs Negras de São Paulo, Ministério Azusa, Missões Quilombo, Grupo de Reflexão Martin Luther King e Visão Mundial. Esse debate deu origem a um manifesto sobre questões raciais na igreja a ser apresentado no 2º Congresso Brasileiro de Evangelização, em 2002, do qual participaram algumas lideranças negras, como Hernani Francisco da Silva, Nilza Valéria e Marco Davi de Oliveira.

Marco Davi relembra[94] que houve um misto de mal-estar e aprovação ao introduzir sua fala sobre a relação entre protestantismo e negritude: "Hoje eu orei, Ele é negro", teria dito ele, arrancando aplausos da plateia formada por mais de mil pessoas.

Passou a urgir, portanto, a necessidade de uma reunião nacional, a partir da discussão no grupo virtual Negros Cristãos. Para viabilizar o fórum nacional, criou-se o CNNC, sob a coordenação de Walter Passos, e nesse momento as divergências foram se maximizando. A história oficial da Aliança de Negras e Negros Evangélicos do Brasil (Anneb) é recontada nestes termos:

93 Entre as denominações das igrejas presentes, constavam: metodista, batista, anglicana, O Brasil para Cristo, Deus em Cristo e católica romana; ver "Quem somos", Aliança de Negras e Negros Evangélicos do Brasil, [s.d.]. Disponível em: http://annebbahia.blogspot.com.br/p/quem-somos.html.

94 Marco Davi de Oliveira, entrevista concedida ao autor, 10 jan. 2016.

> Mas a linha do CNNC começou a sair do objetivo inicial do grupo, que sempre foi mobilizar a Igreja e a sociedade brasileira com uma proposta da superação do racismo e o resgate da negritude. Não da afrocentricidade e pan-africanismo, como queria o CNNC. As diferenças começaram a surgir, mas foi no encontro nacional que a postura do CNNC fez essa diferença se transformar em uma forte desmobilização do movimento. Além da visão centrada na África, o CNNC não aceitava a denominação de movimento negro evangélico, afirmando que pertencia ao movimento negro, ideia não aceita pelo grupo de São Paulo e Rio de Janeiro que não comungava da ideia de um movimento negro, mas acredita nas existências dos Movimentos Negros, e do Movimento Negro Evangélico como parte desses movimentos. Além dessas diferenças, surgiram também questões como a não aceitação de relações inter-raciais, e o afrocentrismo do CNNC contraria a visão do grupo de igualdade de todos os povos e da brasilidade. O CNNC acabou ficando só na Bahia.[95]

Na composição das mesas e nos temas debatidos durante o fórum nacional, percebe-se claramente a inclinação para um debate pan-africanista e afrocentrado. Houve três tipos de atividades: "tema livre", mesa-redonda e oficinas. O tema do pan-africanismo norteou um dos quatro exercícios de tema livre, duas das três mesas e seis das dez oficinas.

> Foi neste contexto que os grupos de São Paulo, Rio de Janeiro, Recife e Minas Gerais, entre outros estados, buscaram resgatar a ideia inicial de uma organização mobilizadora e articuladora, que aglutinasse a militância das questões raciais e da negritude nas igrejas evangélicas. O pastor Marco Davi de Oliveira, a pas-

95 "Quem somos", Aliança de Negras e Negros Evangélicos do Brasil, [s.d.]. Disponível em: http://annebbahia.blogspot.com.br/p/quem-somos.html.

tora Laiza Francisco, pastor João Carlos entre outros irmãos formaram a proposta da criação da Aliança de Negras e Negros Evangélicos do Brasil (Anneb).[96]

Embora atuante, o CNNC parece não alcançar, para alguns, a legitimidade necessária para ser considerado integrante do movimento negro evangélico, e a Anneb assumiu a tarefa de congregar, sem muita facilidade, os vários grupos e ações do movimento.

Conclusão: uma igreja evangélica negra contra o racismo

Quando observamos o processo de configuração do movimento negro evangélico, dois fatos se sobressaem: a tentativa de criar uma "igreja evangélica negra" e o investimento numa "teologia da negritude", inclusive com a perspectiva de publicação de uma bíblia da negritude.

Conforme apontamos, alguns membros do MNE consideram as pregações de Agostinho José Pereira — o "Lutero Negro" — como a primeira tentativa de fundar uma igreja evangélica negra (mesmo que esse projeto não estivesse necessariamente expresso por seu fundador). Há, entretanto, outras iniciativas gestadas desde a década de 1990, como a fundação da Igreja da Revelação Ancestral em 1992.

Centrada em ações que visavam a denúncia e a superação do racismo presentes nas igrejas evangélicas brasileiras e o

96 "Quem somos", Aliança de Negras e Negros Evangélicos do Brasil, [s.d.]. Disponível em: http://annebbahia.blogspot.com.br/p/quem-somos.html.

estabelecimento de uma identidade e teologia negras, a Igreja da Revelação Ancestral foi liderada pelo pastor e historiador Walter de Oliveira Passos, que também atuou como um dos coordenadores do CNNC. Depois de ter sido extinta ainda nos anos 1990, Walter Passos funda a Comunidade Pan-Africanista de Tzion (Copatzion), que

> se espelha em uma tradição africana, numa reelaboração de fé dos ancestrais africanos, denunciando que o cristianismo que aí está, seja católico ou protestante, omite a verdade histórica das primeiras comunidades africanas cristãs. "Yeshua nunca foi à Europa. Foi um homem africano com uma família africana e com mensagens de reconciliação, de libertação, paz para os africanos e seus descendentes", afirma. (Silva, H. F., 2011, p. 36)

Se a Copatzion radicaliza ao propor que o cristianismo é também uma religião de "matriz africana", sendo necessário retirar dele os elementos que o associaram ao contexto europeu, o pastor Rubens dos Santos percorre outro caminho, estabelecendo uma igreja que dialoga com a diáspora da população africana para a América.

De origem batista, Rubens dos Santos conheceu a Church of God in Christ em 1982, quando morava nos Estados Unidos. Essa igreja foi fundada em 1897 pelo bispo Charles Harrison Mason, considerado uma das principais lideranças afrorreligiosas estadunidenses. De origem batista, Mason conhece o reverendo William J. Seymour e entra em contato com o Reavivamento da Rua Azusa, berço do movimento pentecostal dos Estados Unidos. A igreja fundada por Mason assume, por um lado, a experiência ritual pentecostal e, por outro, a defesa de uma igreja afrocentrada e de combate ao racismo. Antecipa, assim, as ações públicas do pastor Martin Luther King em favor dos direitos civis da população negra.

Paralelamente ao trabalho de capelania que desenvolvia havia dezessete anos em penitenciárias brasileiras, Rubens dos Santos inaugura a Comunidade Martin Luther King, com o objetivo de combater o racismo na igreja. Após a experiência na Church of God in Christ, deixa a Igreja batista e funda definitivamente a Igreja de Deus em Cristo no Brasil, em 1986. O projeto Azusa-Cogic, liderado pelo pastor Sérgio Melo, genro de Rubens dos Santos, é o órgão responsável pela continuidade das ações da Comunidade Martin Luther King. A igreja fundada por Santos, apesar de ter forte atuação no combate ao racismo, não desenvolveu uma liturgia que incorporasse aspectos das heranças culturais africanas ao ritual.

Perspectiva distinta tem o pastor batista Marco Davi de Oliveira, que, durante uma entrevista concedida em 2016, revelou o desejo de fundar uma igreja evangélica negra. A ideia seria implementar a comunidade no Rio de Janeiro, no bairro da Lapa. Naquele momento, esse era um projeto em aberto, cuja chances de se realizar lhe pareciam bem remotas.

A atuação do pastor batista integrava uma estratégia adotada por outros agentes do MNE, voltada à constituição de uma teologia negra ou que refletisse a presença negra no cristianismo. Um dos grandes expoentes dessa perspectiva é o Grupo de Negros da Escola Superior de Teologia (Grupo Identidade), fundado e mantido por estudantes de teologia do Seminário Teológico Luterano do Rio Grande do Sul. O grupo edita uma revista teológica acadêmica com artigos não apenas de teólogos, mas também de pesquisadores de outras áreas que têm pensado essas questões, sobretudo cientistas da religião, historiadores e sociólogos.

Desde 2012, Marco Davi coordena um grupo de estudos sobre a relação entre negritude e teologia cristã, direcionado a jovens negros moradores da periferia da capital paulista. Denominado Discipulado Justiça e Reconciliação, tinha um público restrito que se reunia regularmente para estudar tanto a Bíblia em uma perspectiva "afrocentrada" quanto a história do negro no Brasil e o modo pelo qual as relações raciais se configuram no contexto nacional. A partir de 2020, as atividades do Discipulado se expandem, e os encontros, antes presenciais, passam a ser realizados remotamente, via videoconferência, seguindo o formato de um curso com temáticas definidas e aberto a qualquer pessoa interessada, mediante inscrição prévia.

Fruto dessa articulação e de sua experiência enquanto pastor, Marco Davi de Oliveira, no início de 2018, concretiza seu projeto e inaugura o ministério Nossa Igreja Brasileira, no Rio de Janeiro, no bairro da Lapa. Não se trata de uma nova igreja, separada dos batistas, mas de uma ramificação — ou ministério, de acordo com o léxico religioso. Diferente das demais igrejas que buscam a conformação de uma liturgia afrocentrada, aqui a ação litúrgica procura incorporar os "símbolos da negritude", como hinos percutidos em ritmo de samba, indumentária "seguindo a tradição africana" e o desenvolvimento de uma teologia voltada para o povo negro. Abrem-se, portanto, as "portas da Igreja batista" para a "cultura negra", tal como operou a Pastoral Afro-Brasileira no catolicismo.

Ainda em formação, o MNE parece reproduzir a mesma dinâmica do campo religioso protestante, pulverizando ações, grupos e agentes, mas mantendo um ponto mínimo de convergência. A maioria das iniciativas está no escopo das igrejas protestantes históricas (ou de missão, conforme a classificação do IBGE), e não nas pentecostais ou neopentecostais, que detêm a maior parcela dos fiéis evangélicos autodeclarados pretos e pardos. O aparente paradoxo reside no fato de que a presença maciça de negros pentecostais e neopentecostais não impulsiona a formação de atividades de combate ao racismo (dentro e fora da igreja), e se nota a crescente intolerância com relação às religiões afro-brasileiras e os símbolos da herança africana no Brasil.

Os dados etnográficos coletados durante a pesquisa não permitem traçar um perfil dos grupos e dos agentes do MNE por dois motivos principais. O primeiro é que há carência de informações oficiais sobre os próprios grupos (sua constituição, composição e atuação), sendo que muitos não são institucionalizados. O segundo fator se deve à própria dinâmica do campo religioso evangélico brasileiro, em que o trânsito das pessoas entre as várias denominações religiosas implica também a mudança na forma de atuação desses sujeitos (Almeida & Monteiro, 2001).

Entre os próprios militantes do MNE, tem-se preferido falar em "negros e negras em movimento" (Silva, H. F., 2011). De todo modo, é possível afirmar que o MNE, ao menos no que diz respeito à liderança, é formado por pessoas negras com curso superior completo (alguns são pós-graduados), pertencentes às classes baixas e médias, e com forte atuação eclesiástica ou em outros grupos da sociedade civil.

A partir da década de 2010, foi possível observar algumas ações de denúncia ao racismo ou um discurso de valorização da pessoa negra no interior de igrejas pentecostais e neopentecostais, como o Dia do Orgulho Negro, celebrado em 2015 pela Igreja Universal do Reino de Deus na Bahia. Contudo, essas atividades pontuais não configuram necessariamente uma mudança institucional ou o estabelecimento de dispositivos pastorais de longa duração que permitam inscrever a denominação no movimento negro evangélico.

Diante dessa situação, Marco Davi de Oliveira conclama os protestantes históricos a se mobilizarem. No livro *A religião mais negra do Brasil*, cuja segunda edição foi publicada em 2015, ele se pergunta por que os negros optam pelo pentecostalismo. Entende, porém, que,

> assim como aconteceu com as igrejas históricas, no pentecostalismo brasileiro não houve uma clara proposta apontando na direção dos pobres de forma específica e única. Mas é evidente uma diferença crucial entre o pentecostalismo e o protestantismo histórico: a mensagem. Enquanto as igrejas históricas pregavam visando àqueles que eram os seus, no que dizia respeito a origem, cultura e etnia, as igrejas pentecostais se propunham a anunciar a mensagem a todos, sem distinção de raça, cor ou credo. (Oliveira, 2015, p. 44)

Em síntese, o pastor batista entende que não foram os pentecostais que escolheram os pobres e negros, e sim os negros que optaram por essas igrejas. Segundo ele, isso ocorreu basicamente em razão da religiosidade, da liturgia, da exclusão social, da alegria e do cerceamento da liberdade dos fiéis.

Essa diferença de atuação entre protestantes históricos e pentecostais encontra eco no modo como as igrejas evangélicas organizaram suas estratégias de atuação no Brasil e, mais especificamente, ao longo da segunda metade do século XX.

A primeira missão brasileira da Igreja batista, por exemplo, ocorreu em 1882 na Bahia, realizada por missionários oriundos do Norte dos Estados Unidos, onde o debate racial e a defesa do fim da escravidão das pessoas negras se estabeleciam como uma oposição aos batistas do Sul do país, os quais desenvolveram suas missões no interior do estado de São Paulo. Essa escolha não era aleatória, uma vez que no Brasil ainda imperava o sistema escravagista, constantemente tensionado pelos movimentos abolicionistas, de modo que os espaços de missão elegidos por esses missionários dialogavam também com suas posições teológicas e políticas.

Observam-se hoje os desdobramentos dessas escolhas, mesmo considerando as transformações institucionais desenvolvidas ao longo dos anos, como aponta Antonio Gouvêa

Mendonça ao discutir a relação das igrejas evangélicas com questões políticas e sociais brasileiras:

> Com as mudanças políticas da década de 1960 em diante, as igrejas fecharam-se em si mesmas e passaram a caminhar na direção do reforço de suas identidades. O desinteresse pelas causas sociais e políticas e a defesa contra o surgimento de novas formas de religião, como a multiplicação de igrejas de caráter pentecostal, provocaram a retração das igrejas históricas. (Mendonça, 2004, p. 57)

É possível matizar essa afirmação de Mendonça e apontar como, no mesmo período, floresce no seio do protestantismo a Teologia da Missão Integral, em particular no Nordeste brasileiro, além do debate público em torno das questões sociais e, ao longo dos anos 1970 e 1980, a participação de lideranças e fiéis na luta pela reabertura democrática. Entretanto, do ponto de vista das relações étnico-raciais, a exceção confirma a regra: o combate ao racismo, tanto no interior das igrejas quanto fora, é um posicionamento que só ganha proeminência com o advento do MNE nos anos 1980.

Marco Davi de Oliveira afirma que há duas razões principais pelas quais as pessoas negras evangélicas optam por uma igreja pentecostal em vez do protestantismo clássico. De um lado, está a força e a resiliência da religiosidade de matriz africana, que resistiu aos horrores da escravidão e da discriminação; por outro lado, a liturgia das igrejas pentecostais aproxima-se dos ritos africanos ao dar ênfase a aspectos relacionados à musicalidade e à corporeidade. Em resumo, a religiosidade afro

> tende a ser mais participativa por não se sustentar apenas em conceitos de uma teologia abstrata e metafísica — uma religio-

> sidade na qual a fé torna-se real também pelo fato de o negro ter, em sua negritude e origem, uma relação com a natureza que o faz perceber a ação de Deus em todas as instâncias da vida e do cotidiano. (Oliveira, 2015, p. 48).

Essa noção de que há no negro um "jeito específico" de se relacionar com o sagrado, uma espiritualidade própria, mais relacionada com a natureza e o material (diferentemente do cristianismo europeu, voltado para a racionalização da fé), é um discurso recorrente no universo da militância negra, assumindo diversas facetas dependendo dos atores. Entre os católicos, por exemplo, foi a busca de um "jeito próprio do negro rezar" que impulsionou a formulação de uma liturgia inculturada (Oliveira, 2011). Até mesmo religiosos afro reforçam uma religiosidade especificamente negra, que destoaria do "branco". Nesse contexto, a liturgia, como expressão dessa religiosidade específica, também apresenta elementos particulares, com características mágicas.

Um aspecto enfatizado no universo pentecostal que guarda íntima relação com a "cultura negra" é a música. Nas igrejas protestantes, prevalecem "músicas distantes da cultura, da dor, dos anseios, da vida do povo brasileiro, que sofre e ri com o seu jeito de sofrer e sorrir, que chora e festeja com sua maneira peculiar de chorar sorrindo e festejar chorando" (Oliveira, 2015, p. 57). E essa alegria espontânea estaria presente nas comunidades pentecostais, contrastando com a seriedade dos cultos evangélicos tradicionais.

Sem aprofundar, o pastor afirma que, diante do cenário de exclusão social experimentado pelos negros, foram os pentecostais que ofereceram espaços em que eles seriam valorizados, independentemente de suas origens, e ofereceram a possibilidade de prosperarem materialmente. E conclui:

> Uma última característica da igreja pentecostal que atraiu os negros no Brasil foi a força dos limites imputados ao membro dessas igrejas. Enquanto as religiões de matrizes africanas propunham uma liberdade quase anárquica, pois os limites só se evidenciam nos espaços litúrgicos, o pentecostalismo impõe limites fortes nas relações com o que chama o "mundo" (diga-se com isso a cultura, a dança, as bebidas etc.), com o sexo oposto (em muitas igrejas pentecostais, os homens se assentam no lado oposto das mulheres), com os líderes (o que fala um pastor ou líder é lei inquestionável) e com o próprio Deus (o Deus da igreja pentecostal clássica é pregado como alguém sempre pronto a castigar). (Oliveira, 2015, p. 50)

Em 2016, Marco Davi de Oliveira publica *A Bíblia e as cotas: reflexões pastorais sobre políticas de ações afirmativas*, cujo objetivo é "trazer luz às mentes de cristãos ou não, e algumas bases oriundas da Bíblia sobre as políticas públicas que beneficiarão os que foram espoliados através de uma estrutura opressora" (Oliveira, M. D., 2016, p. 22).

Corroborando essa perspectiva, no prefácio do livro *A religião mais negra do Brasil: por que os negros fazem opção pelo pentecostalismo?*, o pastor metodista Claudio de Oliveira Ribeiro sublinha a centralidade da figura de Marco Davi de Oliveira no debate racial no interior das igrejas evangélicas não pentecostais. Segundo ele, tais igrejas, "em geral, fazem suas opções pastorais e eclesiásticas pelas elites e apresentam grande dificuldade de criação de linguagem, estratégias missionárias e espaços litúrgicos que estejam em sintonia com a realidade de vida das pessoas negras" (Ribeiro, 2015, p. 14).

Embora tratando especificamente do pentecostalismo clássico (aquele consagrado pela literatura sociológica da religião, como demonstramos), a comparação proposta por Marco Davi parece partir de proposições desenvolvidas por pressupostos elaborados segundo certa visão do protestantismo clássico sobre os pentecostais e as religiões afro-brasileiras, mais do que sugerir uma análise rigorosa sobre esses modelos religiosos.

No que tange ao *éthos* religioso afro-brasileiro, o trabalho de Rita Amaral (2002), por exemplo, não corrobora a hipótese de que há, no universo afrorreligioso, certa permissividade moral e religiosa. De fato, não está presente em boa parte das religiões afro a noção de culpa e pecado, tal como elaborada no universo cristão, de forma que as relações entre o iniciado, a divindade, o sacerdote e a comunidade religiosa se dão em outros termos, que impõem outras obrigações e restrições (por exemplo, o tabu do incesto entre iniciados pelo mesmo sacerdote).

Considerando que a preocupação do pastor batista é provocar uma reflexão sobre o lugar do negro no interior do protestantismo, essa comparação ganha um significado importante, pois denuncia o processo de exclusão historicamente construído e mantido nessas igrejas. Essa invisibilidade também se fez presente na fala de outro pastor, Rogério Donizetti Bueno, da Comunidade Cristã Vineyard. Bueno, especialista em história e cultura afro-brasileira e mestre em educação sociocomunitária pelo Centro Universitário Salesiano de São Paulo, deu uma palestra na Faculdade de Teologia Metodista Livre (em São Paulo, no dia 22 de outubro de 2015), em comemoração ao Dia do Teólogo, quando procurou demonstrar como as origens africanas do cristianismo passaram por um processo de invisibilização, a ponto de só restarem influências europeias, que, no Brasil, ligadas ao processo de exclusão do negro e sua cultura, favoreceram situações de intolerância e racismo. Por isso, o pastor propunha resgatar as heranças africanas do cristianismo, evidenciando os personagens bíblicos negros e recontando a história do cristianismo, sem, no entanto, recorrer às religiões afro-brasileiras, tidas comumente como "depositárias das culturas negras" no país. Indagado sobre a posição correta a se adotar perante o candomblé, foi categórico, afirmando que, enquanto cristão, não concordava com o que praticavam, pois era outra religião, mas que o respeito deve existir e a demonização das entidades afro é também uma forma de racismo.

De fato, como demonstrou Vagner Gonçalves da Silva (2011), há, no campo protestante, uma negação dos símbolos da herança africana. Nesse sentido, diferentemente da Igreja católica, os protestantes não buscam incorporar símbolos tidos como da cultura negra, mas encontrar, no interior do próprio cristianismo (sobretudo na Bíblia), os elementos que sustentam uma negritude cristã. Assim, personagens e ações bíblicas africanas (ou relacionadas ao continente africano) ganham destaque. O desafio do movimento negro evangélico é resolver a ambiguidade entre universalismo e particularidade no interior da identidade cristã, uma vez que, sob a égide do "somos todos filhos de deus", não sobra lugar para as diferenças étnico-raciais.

Nossa hipótese é de que o MNE expurga do campo protestante alguns símbolos tidos geralmente como expressivos da herança africana no Brasil, pelo menos do ponto de vista discursivo (à revelia da posição de Marco Davi de Oliveira), porque (i) o sistema não permite mediadores como no catolicismo e nas religiões afro-brasileiras; (ii) o candomblé é rejeitado como algo bom para pensar a cultura negra, porque ele só é lido na chave da religião, enquanto o catolicismo e o Estado o fazem considerando também a dimensão cultural (Oliveira, R. S., 2016); e (iii) há tal radicalização da noção de "herança africana" que chega a ser possível considerar as religiões abraâmicas (judaísmo, cristianismo e islamismo) como de origem africana (com fundamentação bíblico-histórica) sem, necessariamente, demonizar as religiões afro-brasileiras.

O material recolhido parece indicar que os evangélicos esvaziam os símbolos de africanidade de seu *éthos* religioso afro-brasileiro e os reinterpretam à luz do "cristianismo". Nessa lógica, faz sentido pensar Jesus como o "verdadeiro ancestral da capoeira", pois, se a capoeira é de origem africana, ela pertence aos africanos, e não ao complexo religioso afro-brasileiro (mesmo que ela tenha sido preservada no âmbito de seus terreiros). Sendo africana, portanto, também pode ser cristã, judaica ou até islâmica.

O MNE parece radicalizar o processo de "volta às origens" ou "reafricanização" iniciado por alguns pais e mães de santo. Só que agora o movimento é duplo: por um lado, buscam-se as raízes africanas do cristianismo, no sentido de "deseuropeizá-lo", e, por outro, as origens dos símbolos da negritude para "descandombletizá-los". Dito de outra forma, nem o cristianismo presente no Brasil (de origem europeia) nem as religiões afro-brasileiras são adequados para pensar a negritude. É preciso voltar à África e ali encontrar o cristianismo negro e os elementos culturais africanos sem as influências transatlânticas. Mas, nesse ponto, ainda não há consenso estabelecido — enquanto alguns procuram evidenciar os personagens negros presentes na Bíblia (na tentativa de produzir uma Bíblia da negritude), outros, como o pastor Marco Davi, se perguntam: "Quero saber onde estão os brancos na Bíblia!".[97] Essa empreitada, todavia, esbarra em inúmeras dificuldades, como as ações sistemáticas de intolerância religiosa, a desconfiança dos religiosos afro e de algumas esferas do movimento negro, além das acusações do próprio campo evangélico, por exemplo, de que os agentes do MNE estariam promovendo um cisma racial na igreja. Essa acusação por vezes também aparece no catolicismo, com relação à Pastoral Afro-Brasileira.

97 Marco Davi de Oliveira, entrevista concedida ao autor, 10 jan. 2016.

Em meu entendimento, isso ocorre porque as igrejas não estão apartadas dos valores das sociedades nas quais se inserem, e, no caso brasileiro, é corrente a acusação de que os militantes negros, ao reivindicarem políticas públicas, estão tentando radicalizar e instituir uma espécie de apartheid.

Considerações finais

O objetivo deste livro foi analisar, com base em três segmentos religiosos (afro-brasileiro, católico e evangélico), o modo pelo qual lideranças religiosas acionam categorias de identificação étnico-racial no diálogo com o poder público e como desenvolvem ações com vistas à efetivação de políticas públicas voltadas para a população negra no Brasil. Embora analisados de maneira separada, esses segmentos, ao meu ver, se inter-relacionam e formam um só campo de observação empírica.

Seguindo pistas deixadas por Hernani da Silva (2011), constatamos que é possível falar de três formas distintas de apropriação dos chamados símbolos das heranças africanas no Brasil, no campo religioso.

Com relação aos afro-brasileiros, nota-se um movimento em que os terreiros são "culturalizados" para que seja possível a efetivação de políticas públicas de patrimônio. Ao analisar o 1º Plano Nacional de Desenvolvimento Sustentável dos Povos e Comunidades Tradicionais de Matriz Africana e o debate em torno de sua promulgação, percebemos um movimento impulsionado por lideranças afro no sentido de extrapolar o campo "religioso" e se apresentar no espaço público como "comunidades tradicionais", dotadas de modos de ser e fazer específicos que precisam ser salvaguardados pelo Estado.

Nesse embate, o caráter "religioso" dessas "comunidades tradicionais" só emerge em situações de crise, como diante de uma ação depreciativa classificada pelos adeptos das religiões afro-brasileiras como "intolerância religiosa". Assim, na encruzilhada identitária entre religião e "cultura" em que eles se encontram, precisam a todo momento reforçar um ou outro aspecto.

Uma vez "culturalizadas", as religiões afro-brasileiras tornam-se aptas para ter parte de seus elementos inseridos no contexto litúrgico-católico. Não se trata mais, do ponto de vista dos fiéis e das lideranças, de sincretismo ou mistura, mas de inculturação, isto é, o processo pelo qual elementos ditos da cultura local são incorporados aos ritos, revelando o "jeito específico de um povo rezar", ou, no caso em questão, "o jeito negro de rezar".

O processo de inculturação das religiões afro-brasileiras promovido pelos agentes católicos, ao contrário do que poderia parecer à primeira vista, não invalida a ação dos afros, e sim a reforça. Como demonstramos no segundo capítulo, o diálogo estabelecido entre a Igreja católica (que já goza de legitimidade inconteste no espaço público e é interlocutora privilegiada dos dirigentes políticos) e pais e mães de santo também legitima as ações destes últimos. Ao assumir em suas liturgias elementos das religiões afro-brasileiras, considerando-os como "elementos culturais negros", a Igreja católica reforça a ideia de que foi no contexto dos terreiros que os símbolos das heranças africanas no Brasil foram preservados. Do mesmo modo, criar um núcleo de diálogo com representantes dessas religiões permite reafirmar a posição delas como tal (não que elas precisem do aval dos católicos, mas, no jogo das identidades, o reconhecimento do outro sobre uma identificação autoatribuída é importante para estabilizar as diferenças).

Se pensarmos num contínuo, um dos extremos seria ocupado pelas religiões afro-brasileiras como "lócus da cultura negra no Brasil"; no ponto intermediário, ficaria o catolicismo com suas liturgias inculturadas; e, no outro lado, estaria o movimento negro evangélico que começa a se configurar, rejeitando a incorporação dos símbolos das heranças africanas no Brasil.

De fato, os evangélicos têm desenvolvido um debate sobre as questões étnico-raciais no interior das igrejas e no espaço público sem fazer referência às religiões afro-brasileiras, apenas à Bíblia e a certa historiografia do cristianismo.

Para justificar o movimento no interior da Igreja, assim como fizeram os católicos no início de sua militância, os evangélicos apostam numa nova exegese bíblica e numa leitura da situação do negro brasileiro segundo essa nova interpretação. Considerando que não há, na cosmologia evangélica, lugar para os seres da mediação (como os santos no catolicismo), a busca pelos "personagens bíblicos negros" (ou até mesmo o projeto de uma Bíblia da Negritude) se torna muito mais relevante.

Rejeitar os "símbolos da negritude" obriga o movimento negro evangélico a estabelecer outro discurso de valorização da diferença étnico-racial e, até o momento, apostar na máxima de que todos são importantes perante deus, que não faz acepção de pessoas. Nesse diapasão, como dissemos, o racismo emerge como um pecado a ser superado pelos fiéis.

Seja por meio da "culturalização", da "inculturação" ou da rejeição das religiões afro-brasileiras, fato é que, ao se falar de identidade negra no contexto religioso investigado, além das categorias de classificação étnico-racial, talvez seja possível tomar o próprio termo "religião" entre aspas, assim como sugere Manuela Carneiro da Cunha para o termo "cultura". Ou ainda, nesse debate, é preciso deixar todos os termos em suspenso e observar as várias cores que a fé tem assumido.

Referências

AGIER, Michel. "Distúrbios identitários em tempos de globalização", *Mana*, v. 7, n. 2, p. 7-33, 2001.

AGIER, Michel. *La condition cosmopolite: L'anthropologie à l'épreuve du piége identitaire*. Paris: La Découverte, 2013.

ALBERTI, Verena & PEREIRA, Amilcar Araujo. "Movimento negro e 'democracia racial' no Brasil: entrevistas com lideranças do movimento negro", Centro de Pesquisa e Documentação de História Contemporânea do Brasil (CPDOC), Fundação Getúlio Vargas, 2005.

ALMEIDA, Ronaldo de. *A Igreja Universal e seus demônios: um estudo etnográfico*. São Paulo: Terceiro Nome, 2009.

ALMEIDA, Ronaldo de & MONTEIRO, Paula. "Trânsito religioso no Brasil", *São Paulo em Perspectiva*, v. 15, n. 3, p. 92-100, 2001.

AMARAL, Rita. *Xirê! O modo de crer e de viver no candomblé*. Rio de Janeiro: Pallas, 2002.

AMARAL, Rita & SILVA, Vagner G. da. "Foi conta para todo canto: as religiões afro-brasileiras nas letras do repertório musical popular brasileiro", *Afro-Ásia*, n. 34, p. 189-235, 2006.

AMSELLE, Jean-Loup. *L'ethinicisation de la France*. Paris: Lignes, 2011.

ANDERSON, Benedict. *Comunidades imaginadas*. São Paulo: Companhia das Letras, 2008.

APPADURAI, Arjun. *Modernity at Large: Cultural Dimensions of Globalization*. Mineápolis/Londres: University of Minneapolis Press, 1996.

APPIAH, Kwame Anthony. *Na casa do meu pai: a África na filosofia da cultura*. Rio de Janeiro: Contraponto, 1997.

ARAÚJO, Luiz Bernardo Leite. *Religião e modernidade em Habermas*. São Paulo: Loyola, 1996.

ARAÚJO, Melvina. "O vai e vem dos conceitos: de categoria analítica a categoria nativa ou vice-versa — o caso do sincretismo", *Debates do NER*, v. 12, n. 19, p. 121-40, 2011.

ASAD, Talal. *Genealogies of Religion: Discipline and Reasons of Power in Christianity and Islam*. Baltimore: Johns Hopkins University Press, 1993.

ASAD, Talal. *Formations of the Secular: Christianity, Islam, Modernity*. Stanford: Stanford University Press, 2003. [Ed. bras.: *Formações do secular: cristianismo, Islã, modernidade*. Trad. Bruno Gambarotto. São Paulo: Editora Unifesp, 2021.]

ATHIAS, Renato. *A noção de identidade étnica na antropologia brasileira*. Recife: Editora UFPE, 2007.

AUGRAS, Monique. *O duplo e a metamorfose: a identidade mítica em comunidades nagô*. Petrópolis: Vozes, 1983.

BALANDIER, Georges. *Afrique ambiguë*. Paris: Plon, 1957.

BARTH, Fredrik. "Problems in Conceptualizing Cultural Pluralism". In: MAYBURY-LEWIS, David (org.). *The Prospects for Plural Societies*. Washington: The American Ethnological Society, 1984, p. 77-87.

BARTH, Fredrik. "Les groupes ethniques et leurs frontières". In: POUTIGNAT, Philippe & STREIFF-FENART, Jocelyne. *Théories de l'ethnicité, suivi de Les groupes ethniques et leurs frontières*. Paris: PUF, 1995, p. 203-49. [Ed. bras.: "Grupos étnicos e suas fronteiras". In: POUTIGNAT, Philippe & STREIFF-FENART, Jocelyne. *Teorias da etnicidade, seguido de Grupos étnicos e suas fronteiras*. Trad. Élcio Fernandes. 2. ed. São Paulo: Editora Unesp, 2011, p. 187-227.]

BASTIAN, Jean-Pierre. "Os pentecostalismos: afirmação de uma singularidade religiosa latino-americana", *Estudos de Religião*, n. 27, jul.-dez. 2004.

BASTIDE, Roger. "Structures sociales et religions afro-brésiliennes", *Renaissance*, n. 2-3, p. 12-29, 1945.

BASTIDE, Roger. *Les Amériques noires*. Paris: Payot, 1967. [Ed. bras.: *As Américas negras*. Trad. Eduardo de Oliveira e Oliveira. São Paulo: Difel, 1974.]

BASTIDE, Roger. *As religiões africanas no Brasil: contribuição a uma sociologia das interpretações de civilizações*. São Paulo: Pioneira, 1989 [1960].

BASTIDE, Roger. *O candomblé da Bahia*. Trad. Maria Isaura Pereira de Queiroz. 2. ed. São Paulo: Companhia das Letras, 2001 [1989].

BECKER, Howard S. *Métodos de pesquisa em ciências sociais*. São Paulo: Hucitec, 1994.

BEESON, Anita S. *Political Identities: The Indigenous and Afrodescendant Women's Movements in Bolivia and Brazil, a Case Study*. Dissertação de mestrado. San Antonio: University of Texas, 2009.

BERGER, Peter L. & LUCKMANN, Thomas. *A construção social da realidade*. Trad. Floriano de Souza Fernandes. Petrópolis: Vozes, 1987.

BEYER, Peter. *Religions in Global Society*. Londres: Routledge, 2006.

BINA, Gabriel Gonzaga. *O atabaque na Igreja: a caminho da enculturação litúrgica em meios afro-brasileiros*. São Paulo: Editora do Brasil, 2002.

BIRMAN, Patrícia (org.). *Religião e espaço público*. Brasília: CNPq/Pronex, 2003.

BIRMAN, Patrícia. "Percursos afro e conexões sociais: negritude, pentecostalismo e espiritualidades". In: MENEZES, Renata & TEIXEIRA, Faustino (org.). *Religiões no Brasil atual*. Petrópolis: Vozes, 2006, p. 189-205.

BIZON, José & DRUBI, Rodrigo (org.). *A unidade na diversidade: coletânea de artigos em comemoração aos 40 anos do decreto Unitatis redintegratio sobre o ecumenismo*. São Paulo: Loyola, 2004.

BOFF, Leonardo & BOFF, Clodovis. *Como fazer Teologia da Libertação*. 8. ed. Petrópolis: Vozes, 2005.

BORGES, Rosangela. *Axé, Madona Achiropita! Presença da cultura afro-brasileira nas celebrações da Igreja Nossa Senhora Achiropita em São Paulo*. São Paulo: Pulsar, 2001.

BORTOLETO, Milton. *"Não viemos para fazer aliança": faces do conflito entre adeptos das religiões pentecostais e afro-brasileiras*. Dissertação de mestrado. São Paulo: Universidade de São Paulo, 2014.

BOURDIEU, Pierre. *A economia das trocas simbólicas*. Trad. Sergio Miceli, Silvia de Almeida Prado, Sonia Miceli e Wilson Campos Vieira. 3. ed. São Paulo: Perspectiva, 1992.

BOURDIEU, Pierre. *O poder simbólico*. Trad. Fernando Tomaz. Lisboa/Rio de Janeiro: Difel/Bertrand Brasil, 1998.

BRANCHINI, Diná da Silva. *Religião e identidade: um estudo sobre negros metodistas da Região Metropolitana de São Paulo*. Dissertação de mestrado. São Bernardo do Campo: Universidade Metodista de São Paulo, 2008.

BRANCHINI, Diná da Silva & KRONBAUER, Selenir Corrêa Gonçalves. "Encontros afro cristãos: histórico e memórias", *Identidade!*, v. 16, n. 1, p. 94-104, jan.-jun. 2011.

BRANDÃO, Carlos Rodrigues. *Identidade e etnia: construção da pessoa e resistência cultural*. São Paulo: Brasiliense, 1986.

BRITO, Deolino Pereira de. *A capoeira de braços para o ar: um estudo da capoeira gospel no ABC paulista*. Dissertação de mestrado. São Bernardo do Campo: Universidade Metodista de São Paulo, 2007.

BURDICK, John. *Blessed Anastácia: Women, Race and Popular Christianity in Brazil*. Nova York: Routledge, 1998.

BURDICK, John. "What Is the Color of the Holy Spirit? Pentecostalism and Black Identity in Brazil", *Latin American Research Review*, v. 34, n. 2, p. 109-31, 1999.

BURDICK, John. "The Catholic Afro Mass and the Dance of Eurocentrism in Brazil". In: GOLDSCHMIDT, Henry & MCALISTER, Elizabeth. *Race, Nation and Religion in the Americas*. Nova York: Oxford University Press, 2004, p. 111-32.

BURDICK, John. "Why Is the Evangelical Black Movement Growing in Brazil?", *Journal of Latin American Studies*, v. 37, n. 2, p. 311-32, maio 2005.

CAPONE, Stefania. *Os yoruba do Novo Mundo: religião, etnicidade e nacionalismo negro nos Estados Unidos*. Rio de Janeiro: Pallas, 2011.

CAPONE, Stefania & MORAIS, Mariana Ramos de (org.). *Afro-Patrimoines: Culture afro-brésilienne et dynamiques patrimoniales*. Paris: Les Carnets du Lahic, 2015.

CARNEIRO DA CUNHA, Manuela. *Antropologia do Brasil: mito, história e etnicidade*. São Paulo: Brasiliense, 1985.

CARNEIRO DA CUNHA, Manuela. *Cultura com aspas e outros ensaios*. São Paulo: Cosac Naify, 2009.

CARNEIRO DA CUNHA, Manuela. *Negros, estrangeiros: os escravos libertos e sua volta à África*. Rio de Janeiro: Brasiliense, 2012 [1985].

CASANOVA, Jose. *Public Religions in Modern World*. Chicago: University of Chicago Press, 1994.

CAVACA, Osmar. "As bases antropológicas do diálogo", *Revista de Cultura Teológica*, v. 14, n. 57, p. 29-44, out.-dez. 2006.

CELAM — CONSELHO EPISCOPAL LATINO-AMERICANO E CARIBENHO. *Documentos do Celam: conclusões das conferências do Rio de Janeiro, Medellín, Puebla e Santo Domingo*. São Paulo: Paulus, 2004.

CELAM — CONSELHO EPISCOPAL LATINO-AMERICANO E CARIBENHO. *Documento de Aparecida: texto conclusivo da V Conferência Geral do Episcopado Latino-Americano e do Caribe*. 2. ed. São Paulo: Paulinas/Paulus, 2007.

CNBB — CONFEDERAÇÃO NACIONAL DOS BISPOS DO BRASIL. *Ouvi o clamor desse povo: manual da Campanha da Fraternidade 1988*. São Paulo: Paulinas, 1988.

COELHO, Wilma Baía. "Uma reflexão sobre a naturalização da cor legítima no Brasil", *Interface: Revista do Centro de Ciências Sociais Aplicadas*, v. 2, n. 2, p. 85-98, 2005.

COLLINS, John. "'X Marks the Future of Brazil': Racial Politics, Bedeviling Mixtures and Protestant Ethics in a Brazilian Cultural Heritage Center". In: SHRYOCK, Andrew (org.). *Off Stage/On Display: Intimacies and Ethographies in the Age of Public Culture*. Stanford: Stanford University Press, 2004.

CONSORTE, Josildeth Gomes. "Em torno de um manifesto de Ialorixás Baianas contra o sincretismo". In: CAROSO, Carlos & BACELAR, Jeferson (org.). *Faces da tradição afro-brasileira: religiosidade, sincretismo, anti-sincretismo, reafricanização, práticas terapêuticas, etnobotânica e comida*. Rio de Janeiro: Pallas, 2002.

CORREDOIRA, Pilar Díez del Corral. *Ariadna, esposa y amante de Dionisio: estudio iconográfico de la cerámica ática*. Santiago de Compostela: Servizo de Publicacións e Intercambio Científico, 2007.

COSTA, Sergio. *Dois Atlânticos: teoria social, antirracismo, cosmopolitismo*. Belo Horizonte: Editora UFMG, 2006.

CRENN, Chantal & TERSIGNI, Simona. "Entretien avec Eric Fassin" e "Introduction: Corps en relations interethniques", *Corps*, n. 10, p. 21-6, 117-21, 2012.

DAMASCENO, Caetana M. "Ritual e conflito: quando se canta pra subir", *Estudos Afro-Asiáticos*, v. 18, p. 45-61, 1990a.

DAMASCENO, Caetana M. *Cantando pra subir: Orixá no altar, santo no peji*. Dissertação de mestrado. Rio de Janeiro: Universidade Federal do Rio de Janeiro, 1990b.

DANTAS, Beatriz Góis. *Vovó Nagô e Papai Branco: usos e abusos da África no Brasil*. Rio de Janeiro: Graal, 1988.

DE RUDDER, Véronique; POIRET, Christian & VOURC'H, François. *L'inégalité raciste: L'universalité républicaine à l'épreuve*. Paris: PUF, 2000.

DOMINGUES, Petrônio. "Movimento negro brasileiro: alguns apontamentos históricos", *Tempo*, v. 12, n. 23, p. 100-22, 2007.

DOMINGUES, Petrônio. "Movimento negro brasileiro: histórias, tendências e dilemas contemporâneos", *Dimensões: Revista de História da Ufes*, n. 21, p. 101-24, 2008.

DOUXAMI, Christine. *La politique du patrimoine culturel immatériel au Brésil: Une volonté politique de démocratisation et d'inclusion des "minorités"*. Paris: Les Carnets du Lahic, 2015.

DURKHEIM, Émile. *As formas elementares da vida religiosa: o sistema totêmico da Austrália*. São Paulo: Martins Fontes, 2000 [1912].

ESTERCI, Neide; FRY, Peter & GOLDENBERG, Mirian (org.). *Fazendo antropologia no Brasil*. Rio de Janeiro: DP&A, 2001.

FANON, Frantz. *Pele negra, máscaras brancas*. Salvador: Edufba, 2008.

FASSIN, Didier. "Ni race, ni racisme, ce que racialiser veut dire". In: FASSIN, Didier. *Les nouvelles frontières de la société française*. Paris: La Découverte, 2010, p. 147-72.

FAUSTO, Carlos. "Fragmentos de história e cultura tupinambá: da etnologia como instrumento crítico de conhecimento etno-histórico". In:

CARNEIRO DA CUNHA, Manuela (org.). *História dos índios no Brasil*. São Paulo: Companhia das Letras, 1992, p. 381-96.

FAVRET-SAADA, Jeanne & CONTRERAS, José. *Le christianisme et ses juifs (1800-2000)*. Paris: Seuil, 2004.

FERREIRA, Francirosy Campos Barbosa. *Entre arabescos, luas e tâmaras: performances islâmicas em São Paulo*. Tese de doutorado. São Paulo: Universidade de São Paulo, 2007.

FERRETTI, Sérgio. *Repensando o sincretismo*. São Paulo: Edusp, 1995.

FERRETTI, Sérgio. "O negro e cotidiano popular". In: LIMA, Tânia (org.). *Sincretismo religioso: o ritual afro*. Recife: Fundação Joaquim Nabuco, 1996.

FONSECA, Dagoberto José. "Consciência negra em cartaz: um ciclo se fecha e outro se abrirá". In: ROSA, Leandro da Silva *et al.* (org.). *Consciência negra em cartaz*, v. 1. São Paulo: Imprensa Oficial do Estado de São Paulo, 2010, p. 60-6.

FOUCAULT, Michel. *Vigiar e punir: história da violência nas prisões*. Trad. Raquel Ramalhete. 20. ed. Petrópolis: Vozes, 1987.

FREI BETTO. *Calendário do poder*. Rio de Janeiro: Rocco, 2007.

FRENCH, Jan Hoffman. *Legalizing Identities: Becoming Black or Indian in Brazil's Northeast*. Chapel Hill: The University of North Carolina Press, 2009. [Ed. bras.: *Tornar-se negro ou índio: a legalização das identidades no Nordeste brasileiro*. Trad. Iracema Dulley. São Paulo: FGV, 2021.]

FRESTON, Paul. "Protestantismo e democracia no Brasil", *Lusotopie*, n. 6, p. 329-40, 1999.

FRISOTTI, Heitor. "Teologia e religiões afro-brasileiras", *Cadernos do Ceas*, 1995 (especial 300 anos de Zumbi).

FRY, Peter. *A persistência da raça*. Rio de Janeiro: Civilização Brasileira, 2005.

GARCIA, Jerry & GARCIA Gilberto (org.). *Memory, Community and Activism: Mexican Migration and Labor in the Pacific Northwest*. East Lansing: Michigan State University Press, 2005.

GEERTZ, Clifford. *A interpretação das culturas*. Trad. Fanny Wrobel. Rio de Janeiro: TLC, 1989.

GEERTZ, Clifford. *O saber local*. Trad. Vera Mello Joscelyne. Petrópolis: Vozes, 1997.

GIDDENS, Anthony. *Modernidade e identidade*. Trad. Plínio Dentzien. Rio de Janeiro: Zahar, 2002.

GIKANDI, Simon. *Slavery and the Culture of Taste*. Princeton: Princeton University Press, 2011.

GIUMBELLI, Emerson. "A religião que a modernidade produz: sobre a história da política religiosa na França", *Dados: Revista de Ciências Sociais*, v. 44, n. 4, p. 807-40, 2001.

GIUMBELLI, Emerson. *O fim da religião: dilemas da liberdade religiosa no Brasil e na França*. São Paulo: CNPq/Pronex/Attar Editorial, 2002.

GIUMBELLI, Emerson. *Símbolos religiosos em controvérsias*. São Paulo: Terceiro Nome, 2014.

GODOI, Christiane Kleinübing; BANDEIRA-DE-MELLO, Rodrigo & SILVA, Anielson Barbosa da (org.). *Pesquisa qualitativa em estudos organizacionais: paradigmas, estratégias e métodos*. São Paulo: Saraiva, 2006.

GOLDSCHMIDT, Henry & MCALISTER, Elizabeth (org.). *Race, Nation and Religion in the Americas*. Nova York: Oxford University Press, 2004.

GOMES, Nilma Lino. "Educação e identidade negra". In: BRITO, Ângela Maria B. de & SANTANA, Moisés de Melo (org.). *Kulé Kulé: educação e identidade negra*. Maceió: Edufal, 2005, p. 8-17.

GREENFIELD, Sidney & DROOGERS, André (org.). *Reinventing Religion: Syncretism and Transformation in Africa and the Americas*. Lanham: Rowman & Littlefield Publishers, 2001.

GREVIN, Benoît; NEF, Annliese & TIXIER, Emmanuelle. *Chrétiens, juifs et musulmans dans la Méditerranée médiévale: Études en hommage à Henri Bresc*. Paris: De Boccard, 2008.

GRIN, Monica. "A celebração oficial da nova diversidade no Brasil", *Revista USP*, v. 68, 2006.

GUILLAUMIN, Colette. *L'idéologie raciste: Genèse et langage actuel*. 2. ed. Paris: Gallimard, 2002 [1977].

GUTIÉRREZ, Gustavo. *Teologia da Libertação: perspectivas*. São Paulo: Loyola, 2000.

HABERMAS, Jürgen. *Teoría de la acción comunicativa: complementos y estudios previos*. Madri: Cátedra, 2001.

HABERMAS, Jürgen. *Entre naturalismo e religião: estudos filosóficos*. Trad. Flávio Beno Siebeneichler. Rio de Janeiro: Tempo Brasileiro, 2007.

HAJJAT, Abdellali & MOHAMMED, Marwan. *Islamophobie: Comment les élites françaises construisent le "problème musulman"*. Paris: La Découverte, 2013.

HALL, Bruce S. *A History of Race in Muslim West Africa, 1600-1960*. Nova York: Cambridge University Press, 2011.

HALL, Stuart. "A questão da identidade cultural", *Textos Didáticos*, n. 18, dez. 1995.

HALL, Stuart. "Que negro é esse na cultura negra?". In: SOVIK, Liv (org.). *Da diáspora: identidades e mediações culturais*. Belo Horizonte: Editora UFMG, 2003.

HALL, Stuart. *A identidade cultural na pós-modernidade*. Trad. Tomaz Tadeu da Silva e Guacira Lopes Louro. 7. ed. Rio de Janeiro: DP&A, 2009.

HANNERZ, Ulf. *Conexiones transnacionales: cultura, gente, lugares*. Madri: Cátedra, 1998.

HARTOG, François. *Régimes d'historicité, présentisme et expériences du temps*. Paris: Seuil, 2003.

HERNANDEZ, Leila Leite. *África na sala de aula: visita à história contemporânea*. São Paulo: Selo Negro, 2008.

HOBSBAWM, Eric & RANGER, Terence (org.). *A invenção das tradições*. Trad. Celina Cardim Cavalcanti. São Paulo: Paz & Terra, 1984.

HOFBAUER, Andreas. *Uma história de branqueamento ou o negro em questão*. São Paulo: Editora Unesp, 2006.

HOORNAERT, Eduardo. *Formação do catolicismo brasileiro, 1550-1800: ensaio de interpretação a partir dos oprimidos*. 2. ed. Petrópolis: Vozes, 1978.

HOORNAERT, Eduardo *et al*. *O negro e a Bíblia: um clamor de justiça*. Petrópolis: Vozes, 1988.

INGOLD, Tim (org.). *Key Debates in Anthropology*. Londres: Routledge, 1996.

IBGE — INSTITUTO BRASILEIRO DE GEOGRAFIA E ESTATÍSTICA. *Metodologia do Censo Demográfico 2000*. Rio de Janeiro: IBGE, 2003.

IBGE — INSTITUTO BRASILEIRO DE GEOGRAFIA E ESTATÍSTICA. *Sinopse do Censo Demográfico 2010*. Rio de Janeiro: IBGE, 2011.

JORDAN, Winthrop D. *White over Black: American Attitudes toward the Negro, 1550-1812*. Chapel Hill: University of North Carolina Press, 1968.

JUNGES, Márcia. "Antônio Aparecido da Silva (Padre Toninho)", *IHU: Revista do Instituto Humanitas Unisinos*, n. 320, 21 dez. 2009.

KLOPPENBURG, B. (org.). *Compêndio do Vaticano II: constituições, decretos e declarações*. 29. ed. Petrópolis: Vozes, 2000.

LATOUR, Bruno. *Reflexão sobre o culto moderno dos deuses fe(i)tiches*. Trad. Sandra Moreira. Florianópolis: Edusc, 2002.

LAVALLE, Adrián Gurza. "Jürgen Habermas e a virtualização da publicidade", *Margem*, n. 16, p. 65-89, dez. 2002.

LENCLUD, Gérard. "Qu'est ce que la tradition?". In: DETIENNE, Marcel (org.). *Transcrire les mythologies: tradition, écriture, historicité*. Paris: Albin Michel, 1994, p. 25-43.

LESTRINGANT, Frank. *Le Huguenot et le sauvage: L'Amerique et la controverse coloniale, en France, au temps des guerres de Religion (1555-1589)*. Paris: Aux Amateurs de Livres, 1990.

LEVI, Giovanni. "Le passé lointain: Sur l'usage politique de l'histoire". In: HARTOG, François & REVEL, Jacques (org.). *Les usages politiques du passé*. Paris: Éditions de l'EHESS, 2001, p. 26-37.

LÉVI-STRAUSS, Claude. "Natureza e cultura". In: LÉVI-STRAUSS, Claude. *As estruturas elementares do parentesco*. Trad. Mariano Ferreira. Petrópolis: Vozes, 1974.

LÉVI-STRAUSS, Claude. *L'identité*. Paris: Quadrige/PUF, 1983 [1977].

LÉVI-STRAUSS, Claude. *O pensamento selvagem*. Trad. Tânia Pellegrini. Campinas: Papirus, 1989 [1962].

LÉVI-STRAUSS, Claude. "Introdução à obra de Marcel Mauss". In: MAUSS, Marcel. *Sociologia e antropologia*. Trad. Paulo Neves. São Paulo: Cosac Naify, 2003, p. 11-46.

LIBÂNIO, João Batista. *Teologia da Libertação: roteiro didático para um estudo*. São Paulo: Loyola, 1987.

LUMBALA, François Kabasele. *Alliances avec le Christ em Afrique: Inculturation des rites religieux au Zaïre*. Paris: Karthala, 1994.

MAFRA, Clara & ALMEIDA, Ronaldo (org.). *Religião e cidades: Rio de Janeiro e São Paulo*. São Paulo: Terceiro Nome, 2009.

MAGGIE, Yvonne. *O medo do feitiço: relações entre magia e poder no Brasil*. Rio de Janeiro: Arquivo Nacional, 1992.

MAILLET, Antoine. "Du débat politique à la salle de classe: Étude du conflit de représentations autours de la question racial au Brésil", Paris, Mémoire de Science Politique, Institut d'Etude Politiques de Paris. Mimeo., 2006.

MARIANO, Ricardo. *Neopentecostais: sociologia do novo pentecostalismo no Brasil*. São Paulo: Loyola, 1999.

MARINHO, Roberval. "Rememorando o Alaiandê Xirê". Mimeo., 2013.

MATORY, J. Lorand. "Yorubá: as rotas e as raízes da nação transatlântica, 1830-1950", *Horizontes Antropológicos*, v. 4, n. 9, p. 263-92, 1998.

MENDONÇA, Antonio Gouvêa. "Protestantismo brasileiro, uma breve interpretação histórica". In: SOUZA, Beatriz Muniz de & MARTINO, Luís Mauro Sá (org.). *Sociologia da religião e mudança social: católicos, protestantes e novos movimentos religiosos no Brasil*. São Paulo: Paulus, 2004, p. 49-79.

MENDONÇA, Antônio Gouvêa. *O celeste porvir: a inserção do protestantismo no Brasil*. 3. ed. São Paulo: Edusp, 2008.

MENEZES, Renata de Castro. "Religiões, números e disputas sociais", *Comunicações do Iser*, n. 69, p. 60-70, set. 2014.

MENEZES, Renata & TEIXEIRA, Faustino (org.). *As religiões no Brasil: continuidades e rupturas*. Petrópolis: Vozes, 2006.

MESSINA, Jean-Paul. *Culture, christianisme et quête d'une identité africaine*. Paris: L'Harmattan, 2007.

MICHEL, Patrick. "La 'religion', objet sociologique pertinent?", *Revue du Mauss*, n. 22, p. 159-70, 2003.

MINTZ, Sidney & PRICE, Richard. *O nascimento da cultura afro-americana: uma perspectiva antropológica*. Trad. Vera Ribeiro. Rio Janeiro: Pallas, 2003 [1992].

MIRANDA, Mário de França. "A Igreja Local como Igreja inculturada", *Revista Eclesiástica Brasileira*, n. 242, p. 333-48, jun. 2001.

MONTERO, Paula (org.). *Deus na aldeia: missionários, índios e mediação cultural*. São Paulo: Globo, 2006.

MONTERO, Paula & ALMEIDA, Ronaldo. "Trânsito religioso no Brasil", *São Paulo em Perspectiva*, v. 15, n. 3, p. 17-35, 2011.

MOORE, Carlos. *A África que incomoda: sobre a problematização do legado africano no quotidiano brasileiro*. Belo Horizonte: Nandyala, 2010.

MOTTIER, Damien. "Pentecôtisme et migration: Le prophétisme (manqué) de 'La Cité de Sion'", *Archives de Sciences Sociales des Religions*, n. 143, p. 175-93, jul.-set. 2008.

MUHR, Thomas. "ATLAS/TI: A Prototype for the Support of Text Interpretation", *Qualitative Sociology*, v. 14, n. 4, 1991.

MUNANGA, Kabengele. "Uma abordagem conceitual das noções de raça, racismo, identidade e etnia". In: BRANDÃO, André Augusto P. (org.). *Programa de educação sobre o negro na sociedade brasileira*. Niterói: Eduff, 2004a, p. 16-34.

MUNANGA, Kabengele. *Rediscutindo a mestiçagem no Brasil: identidade nacional versus identidade negra*. Belo Horizonte: Autêntica, 2004b.

NINA RODRIGUES, Raimundo. *O animismo fetichista dos negros baianos*. Rio de Janeiro: Fundação Biblioteca Nacional/Editora UFRJ, 2006 [1886].

NOGUEIRA, Regina. "1º Plano Nacional de Desenvolvimento Sustentável dos Povos e Comunidades Tradicionais de Matriz Africana", 14º Alaiandê Xirê: Seminário e Festival Internacional de Alabês, Xicarangomas e Runtós, São Paulo, 2 nov. 2013.

NOVAES, Regina Reyes & FLORIANO, Maria da Graça. "O negro evangélico", *Comunicações do Iser*, edição especial, p. 3-86, out. 1985.

NOVAES, Sylvia Cayubi. *Jogo de espelhos: imagens da representação de si através dos outros*. São Paulo: Edusp, 1993.

OLIVEIRA, Marco Davi de. *A religião mais negra do Brasil: por que mais de oito milhões de negros são pentecostais?* Viçosa: Ultimato, 2015.

OLIVEIRA, Marco Davi de. *A Bíblia e as cotas: reflexões pastorais sobre políticas de ações afirmativas*. São Paulo: Reflexus, 2016.

OLIVEIRA, Paulo César Pereira de. "Religiões no espaço público", 14º Alaiandê Xirê: Seminário e Festival Internacional de Alabês, Xicarangomas e Runtós, São Paulo, 31 out. 2013.

OLIVEIRA, Paulo de Sousa. *Os negros da Bíblia e os do Brasil*. São Paulo: Editora Sete, 2004.

OLIVEIRA, Rosenilton Silva de. "Religiões afro-brasileiras: da degenerescência à herança nacional — lendo Nina Rodrigues", *Nures*, n. 15, 2010.

OLIVEIRA, Rosenilton Silva de. *"Orixás, a manifestação cultural de Deus": uma análise das liturgias católicas "inculturadas"*. Dissertação de mestrado. São Paulo: Universidade de São Paulo, 2011.

OLIVEIRA, Rosenilton Silva de. *Orixás: a manifestação cultural de deus*. Rio de Janeiro: Mar de Ideias, 2016.

OLIVEIRA, Rosenilton Silva de. *A cor da fé: "identidade negra" e religião*. Tese de doutorado. São Paulo/Paris: Universidade de São Paulo/École de hautes études en sciences sociales, 2017.

OLIVEIRA, Rosenilton Silva de. "Educação para a diversidade racial no contexto brasileiro: o contexto das leis 10.639/2003 e 11.645/2008", *Argumentos: Revista do Departamento de Ciências Sociais da Unimontes*, v. 15, n. 1, p. 341-56, 2018.

OLIVEIRA, Rosenilton Silva de. "'Hoje eu orei, Ele é negro': a gênese do movimento negro evangélico no Brasil", *Religião & Sociedade*, v. 41, n. 3, p. 169-92, 2021.

ORO, Ari Pedro. "Neopentecostais e afro-brasileiros: quem vencerá esta guerra?", *Debates do NER*, v. 1, p. 10-37, 1997.

ORO, Ari Pedro; STEIL, Carlos A. & RICKLI, João. *Transnacionalização religiosa: fluxos e redes*. São Paulo: Terceiro Nome, 2012.

ORO, Ari Pedro; STEIL, Carlos Alberto; CIPRIANI, Roberto & GIUMBELLI, Emerson (org.). *A religião no espaço público: atores e objetos*. São Paulo: Terceiro Nome, 2013.

PACHECO, Lwdmila Constant. "Discussão acerca da influência da pertença religiosa na afirmação da negritude", 15º Encontro Nacional da Associação Brasileira de Psicologia Social (Abrapso), 30 out.-2 nov. 2009.

PADILLA, Carlos René. *Missão integral: o reino de Deus e a Igreja*. Viçosa: Ultimato, 2014.

PEREIRA, Amauri Mendes. *Trajetória e perspectivas do movimento negro brasileiro*. Rio de Janeiro: Nandyala, 2008.

PEREIRA, Cristina Kelly da Silva. "Religião e negritude: discursos e práticas no protestantismo e nos movimentos pentecostais", *Correlatio*, v. 9, n. 18, dez. 2010.

PERRONE-MOISÉS, Beatriz & SZTUTMAN, Renato. "Notícias de uma certa Confederação Tamoio", *Mana*, v. 16, n. 2, p. 401-33, 2010.

PIERUCCI, Antônio Flávio de Oliveira. *O desencantamento do mundo: todos os passos do conceito em Max Weber*. São Paulo: Editora 34, 2003.

POIRET, Christian; HOFFMAN, Odile & AUDEBERT, Cédric. "Contextualiser pour mieux conceptualiser la racialisation", *Revue Européenne des Migrations Internationales*, v. 27, n. 1, p. 7-16, 2011.

POUTIGNAT, Philippe & STREIFF-FENART, Jocelyne. *Théories de l'ethnicité*. Paris: PUF, 2008 [1995]. [Ed. bras.: *Teorias da etnicidade, seguido de Grupos étnicos e suas fronteiras*. Trad. Élcio Fernandes. São Paulo: Editora Unesp, 2011.]

PRANDI, Reginaldo. "De africano a afro-brasileiro: etnia, identidade, religião", *Revista USP*, n. 46, p. 52-65, jun.-ago. 2000.

QUEIROZ, Maria Isaura Pereira de. "Identidade cultural, identidade nacional no Brasil", *Tempo Social*, v. 1, n. 1, 1989.

QUEIROZ, Michele Oliveira de. *Pentecostalismo e negritude: um estudo sobre a visão das igrejas pentecostais de Santarém em relação às populações negras de suas comunidades*. Monografia. Santarém: Instituto Esperança de Ensino Superior, 2010.

REGINALDO, Lucilene. *A história que não foi contada: identidade negra e experiência religiosa na prática do Grupo de União e Consciência Negra (1978-1988)*. Dissertação de mestrado. São Paulo: Pontifícia Universidade Católica de São Paulo, 1995.

RIBEIRO, Claudio de Oliveira. "Prefácio". In: OLIVEIRA, Marco Davi de. *A religião mais negra do Brasil: por que os negros fazem opção pelo pentecostalismo?* Viçosa: Ultimato, 2015, p. 13-5.

ROCHA, José Geraldo. *Teologia e negritude: um estudo sobre os APNS*. Rio de Janeiro: Paillotti, 1998.

RODRIGUES, Elisa. *A mão de Deus está aqui: estudo etnográfico da Igreja Mundial do Poder de Deus*. Tese de doutorado. Campinas: Universidade de Campinas, 2014.

ROGOZEN-SOLTAR, Mikaela. "Managing Muslim Visibility: Conversion, Immigration, and Spanish Imaginaries of Islam", *American Anthropologist*, v. 114, n. 4, p. 611-23, dez. 2012.

ROY, Olivier. *La sainte ignorance: Le temps de la religion sans culture*. Paris: Seuil, 2008.

RUFINO, Marcos Pereira. "O código da cultura: o Cimi no debate da inculturação". In: MONTERO, Paula (org.). *Deus na aldeia: missionários, índios e mediação cultural*. São Paulo: Globo, 2006.

SAMARA, Eni de Mesquita (org.). *Racismo & racistas: trajetórias do pensamento racista no Brasil*. São Paulo: Humanitas, 2001.

SANCHIS, Pierre (org.). *Fiéis & cidadãos: percursos de sincretismo no Brasil*. Rio de Janeiro: Eduerj, 2001.

SANCHIS, Pierre. "Inculturação? Da cultura à identidade, um itinerário político no campo religioso: o caso dos agentes de pastoral negros". In: CAROSO, Carlos & BACELAR, Jeferson (org.). *Faces da tradição afro-brasileira: religiosidade, sincretismo, anti-sincretismo, reafricanização, práticas terapêuticas, etnobotânica e comida*. Rio de Janeiro: Pallas, 2002.

SANSONE, Lívio. *Negritude sem etnicidade: o local e o global nas relações raciais e na produção cultural negra do Brasil*. Trad. Vera Ribeiro. Salvador/Rio de Janeiro: Edufba/Pallas, 2004.

SANTOS, André Luís. *Religião e política: socialização e cultura política entre a juventude da Igreja Pentecostal Assembleia de Deus em Porto Alegre (RS)*. Dissertação de mestrado. Porto Alegre: Universidade Federal do Rio Grande do Sul, 2008.

SANTOS, Erisvaldo Pereira dos. *Formação de professores e religiões de matrizes africanas: um diálogo necessário*. Belo Horizonte: Nandyala, 2010.

SANTOS, Gislene Aparecida dos. *A invenção do "ser negro": um percurso das ideias que naturalizaram a inferioridade dos negros*. São Paulo: Educ, 2006.

SANTOS, Jocélio Teles dos. "As imagens estão guardadas: reafricanizações", *Comunicações do Iser*, n. 39, p. 50-8, 1989.

SANTOS, Jocélio Teles dos. *O poder da cultura e a cultura do poder: a disputa simbólica da herança cultural negra no Brasil*. Salvador: Edufba, 2005.

SANTOS, Lourival dos. *O enegrecimento da padroeira do Brasil: religião, racismo e identidade (1854-2004)*. Salvador: Pontocom, 2013.

SANTOS, Rafael. "Dimensões imateriais da cultura negra", *Teias*, v. 4, n. 7-8, 2003.

SANTOS FILHO, Gabriel dos. *O catolicismo brasileiro e a construção de identidades negras na contemporaneidade: um olhar socioantropológico sobre a pastoral afro-brasileira*. Salvador: Edufba, 2012.

SCHINELO, Edmilson (org.). *Bíblia e negritude: pistas para uma leitura afro-descendente*. São Leopoldo: Cebi/EST/Sinodal, 2005.

SCHNAPPER, Dominique. "Le sens de l'ethnico religieux", *Archives des Sciences Sociales des Religions*, n. 81, p. 149-63, 1993.

SCHWARCZ, Lilia Moritz. *O espetáculo das raças: cientistas instituições e questão racial no Brasil (1870-1930)*. São Paulo: Companhia das Letras, 1993.

SCHWARCZ, Lilia Moritz. "Complexo de Zé Carioca: sobre uma certa ordem da mestiçagem e da malandragem", *Revista Brasileira de Ciências Sociais*, v. 29, 1995.

SILVA, Edilson Marques da. *Negritude & fé: o resgate da auto-estima*. Santa Cruz do Rio Pardo: FFCLCQ, 1998.

SILVA, Hernani Francisco da. *O movimento negro evangélico: um mover do Espírito Santo*. São Paulo: Negritude Cristã, 2011.

SILVA, Rubens. *Negros católicos ou catolicismo negro? Um estudo sobre a construção da identidade negra no congado mineiro*. Rio de Janeiro: Nandyala, 2010.

SILVA, Tomaz Tadeu da. *Identidade e diferença: a perspectiva dos estudos da cultura*. 2. ed. Petrópolis: Vozes, 2003.

SILVA, Vagner Gonçalves da. *Orixás da metrópole*. Petrópolis: Vozes, 1995.

SILVA, Vagner Gonçalves da. *O antropólogo e sua magia: trabalho de campo e texto etnográfico nas pesquisas antropológicas sobre religiões afro-brasileiras*. São Paulo: Edusp, 2000.

SILVA, Vagner Gonçalves da. "Concepções religiosas afro-brasileiras e neopentecostais: uma análise simbólica", *Revista USP*, v. 67, p. 150-75, 2005.

SILVA, Vagner Gonçalves da (org.). *Intolerância religiosa: impactos do neopentecostalismo no campo religioso afro-brasileiro*. São Paulo: Edusp, 2007.

SILVA, Vagner Gonçalves da. "Religião e identidade cultural negra: católicos, afro-brasileiros e neopentecostais", *Revista Cadernos de Campo*, v. 20, n. 20, p. 295-303, jan.-dez. 2011.

SILVA, Vagner Gonçalves da. *Exu Brasil: o senhor de muitos nomes*. Tese de livre docência. São Paulo: Universidade de São Paulo, 2013.

SILVA, Vagner Gonçalves da. "Religion and Black Cultural Identity: Roman Catholics, Afro-Brazilians and Neopentecostalism", *Vibrant*, v. 11, n. 2, p. 210-46, 2014.

SILVA, Vagner Gonçalves da. *Terreiros tombados: laudos e reflexões sobre a patrimonialização de bens afro-brasileiros*. São Paulo: Secretaria de Cultura e Economia Criativa, 2021.

SOARES, Afonso Maria Ligorio. "Sincretismo afro-católico no Brasil: lições de um povo em exílio", *Revista de Estudos da Religião*, n. 3, p. 45-75, 2002.

SOARES, Afonso Maria Ligorio. "Teologia da Revelação e Negritude". In: GASS, Ildo Bohn; KRONBAUER, Selenir Correa Gonçalves & SANTOS, Sônia Querino dos (org.). *Negra sim, negro sim, como Deus me criou: leitura da Bíblia na perspectiva da negritude*. São Leopoldo: Cebi, 2006, p. 91-108.

SOUSA JR., Vilson Caetano de. *Encontro e solidariedade: Igreja católica e religiões afro-brasileiras no período 1955-1995*. Rio de Janeiro: Loyola, 2000.

SOUSA JR., Vilson Caetano de. *Roda o balaio na porta da igreja, minha filha, que o santo é de candomblé*. Tese de doutorado. São Paulo: Pontifícia Universidade Católica de São Paulo, 2001.

SOUZA, Marina de Mello e. "Catolicismo negro no Brasil: Santos e Minkisi, uma reflexão sobre miscigenação cultural", *Afro-Ásia*, n. 28, 2002.

STRATHERN, Marilyn. *O gênero da dádiva*. Campinas: Editora Unicamp, 2006.

TALL, Emmanuelle Kadya. "Comment se construit et s'invente une tradition religieuse", *Cahiers d'Études Africaines*, v. 167, 2002.

TALL, Emmanuelle Kadya. *Le candomblé de Bahia: Miroir baroque des mélancolies postcoloniales*. Paris: Éditions du Cerf, 2012.

TELLES, Mário Ferreira de Pragmácio. "Patrimônio cultural material e imaterial — dicotomia e reflexos na aplicação do tombamento e do registro", *Políticas Culturais em Revista*, v. 3, n. 2, 2011.

TOURAINE, Alain. *Podemos viver juntos? Iguais e diferentes*. Petrópolis: Vozes, 1999.

TOURAINE, Alain. *Un nouveau paradigme: Pour comprendre le monde d'aujourd'hui*. Paris: Fayard, 2008. [Ed. bras.: *Um novo paradigma: para compreender o mundo de hoje*. Trad. Gentil Avelino Titton. Petrópolis: Vozes, 2011.]

TURNER, Victor W. *O processo ritual: estrutura e antiestrutura*. Trad. Nancy Campi de Castro. Petrópolis: Vozes, 1974.

VALENTE, Ana Lúcia E. Farah. *O negro e a Igreja católica: o espaço concedido, um espaço reivindicado*. Campo Grande: Editora UFMS, 1994.

VERGER, Pierre. *Lendas africanas dos orixás*. Ilustrações de Carybé. Salvador: Corrupio, 1985.

VERGER, Pierre. *Notas sobre o culto aos orixás e voduns: na Bahia de Todos os Santos, no Brasil, e na Antiga Costa dos Escravos, na África*. São Paulo: Edusp, 2000 [1957].

VIER, Frei Frederico (org.). *Compêndio do Vaticano II: constituições, decretos e declarações*. 29. ed. Petrópolis: Vozes, 2000.

VILLAR, Diego. "Uma abordagem crítica do conceito de 'etnicidade' na obra de Fredrik Barth", *Mana*, v. 10, n. 1, p. 165-92, 2004.

VIVEIROS DE CASTRO, Eduardo. *A inconstância da alma selvagem e outros ensaios de antropologia*. São Paulo: Cosac Naify, 2002.

WALTER, Silvana Anita & BACH, Tatiana Marceda. "Adeus papel, marca-textos, tesoura e cola: inovando o processo de análise de conteúdo por meio do Atlas.ti", *Raep Administração: Ensino & Pesquisa*, v. 16, n. 2, p. 275-308, abr.-jun. 2015.

WEBER, Max. *A ética protestante e o espírito do capitalismo*. 15. ed. São Paulo: Pioneira, 2008 [1904].

WHEELER, Roxann. *The Complexion of Race: Categories of Difference in Eighteenth-Century British Culture*. Filadélfia: University of Pennsylvania Press, 2000.

WIRTH, Lauri Emilio. "Religião e etnia: sobre a preservação da identidade étnica no protestantismo de imigração", *Estudos Teológicos*, v. 38, n. 2, p. 156-72, 1998.

WIRTH, Lauri Emilio. "Protestantismos latino-americanos: entre o imaginário eurocêntrico e as culturas locais", *Estudos de Religião*, v. 22, n. 34, p. 105-25, 2008.

Foto: Acervo pessoal

ROSENILTON SILVA DE OLIVEIRA é docente no Departamento de Administração Escolar e Economia da Educação e no Programa de Pós-Graduação em Educação da Faculdade de Educação da Universidade de São Paulo (USP). É doutor em antropologia social pela USP e pela École de hautes études en sciences sociales (Ehess). Foi professor visitante no Instituto de Ciências Sociais da Universidade de Lisboa (Portugal) e docente convidado no Programa de Pós-Graduação em Educação da Universidade Lueji A'Nkonde (Angola) e no mestrado em estudos brasileiros da Universidade de Salamanca (Espanha). Coordena o Fateliku, grupo de pesquisa sobre educação, relações étnico-raciais, gênero e religião. Atualmente desenvolve pesquisa sobre educação, religião e políticas públicas com recorte étnico-racial. Contato: rosenilton.oliveira@usp.br.

Primeira edição, outubro de 2024
São Paulo, Brasil

Dados Internacionais de Catalogação na Publicação (CIP)
Angélica Ilacqua CRB-8/7057

Oliveira, Rosenilton Silva de
A cor da fé: "identidade negra" e religião / Rosenilton Silva de Oliveira — São Paulo: Elefante, 2024.
272 p.

Bibliografia
ISBN 978-65-6008-051-5

1. Antropologia 2. Negros 3. Religião I. Título

24-2932 CDD 306

Índices para catálogo sistemático:
1. Antropologia

elefante

editoraelefante.com.br
contato@editoraelefante.com.br
fb.com/editoraelefante
@editoraelefante

Aline Tieme [comercial]
Beatriz Macruz [redes]
Samanta Marinho [financeiro]
Yana Parente [design]

TIPOGRAFIA Arno Pro, Alright Sans & Pensum

PAPEL Cartão 250 g/m^2 & Pólen natural 70 g/m^2

IMPRESSÃO PifferPrint